中國學術思想 研究輯刊

十 二 編

林 慶 彰 主編

第20冊

《老子》「正言若反」之解釋與重建

曾 珮 琦 著

《老》《莊》生死觀研究

蘇 慧 萍 著

花木蘭文化出版社

國家圖書館出版品預行編目資料

《老子》「正言若反」之解釋與重建　曾珮琦　著╱《老》《莊》
生死觀研究　蘇慧萍　著 — 初版 — 新北市：花木蘭文化出版
社，2011〔民100〕
序2+目2+136面+目4+104面；19×26公分
（中國學術思想研究輯刊 十二編：第20冊）
ISBN：978-986-254-661-1（精裝）
1.老子　2.莊子　3.生死觀　4.研究考訂
030.8　　　　　　　　　　　　　　　　　100015928

ISBN-978-986-254-661-1

9 789862 546611

中國學術思想研究輯刊
十二編　第二十冊　　　　　　　ISBN：978-986-254-661-1

《老子》「正言若反」之解釋與重建
《老》《莊》生死觀研究

作　　者	曾珮琦╱蘇慧萍
主　　編	林慶彰
總 編 輯	杜潔祥
出　　版	花木蘭文化出版社
發 行 所	花木蘭文化出版社
發 行 人	高小娟
聯絡地址	新北市永和區中正路五九五號七樓
	電話：02-2923-1455／傳眞：02-2923-1452
網　　址	http://www.huamulan.tw　信箱 sut81518@gmail.com
印　　刷	普羅文化出版廣告事業
封面設計	劉開工作室
初　　版	2011年9月
定　　價	十二編55冊（精裝）新台幣90,000元

《老子》「正言若反」之解釋與重建

曾珮琦　著

作者簡介

曾珮琦，台北大學中國語文學士、淡江大學中文碩士，現就讀中央大學中文博士班。99 年板橋社區大學儲備講師。研究領域以先秦諸子、當代新儒學、中國思想史為主。曾發表〈論牟宗三先生對《老子》「正言若反」的解釋進路〉一文，刊載於《鵝湖月刊》第 383 期，2007 年 5 月。

提　　要

　　本文的目的在於：嘗試對《老子》「正言若反」一詞進行意義的理解與解釋的工作。尋找這個詞彙在《老子》中的定位，並以此展開《老子》的義理研究工作。

　　本文採用古典解釋學的方法，從語意分析與義理分析的角度，展開「正言若反」的哲學分析。發現「正言若反」包含了三個問題：第一，「道」的表述問題。「道」是不能使用語言來表達 因為語言是有限的 無法表達無限的「道」。但是離開語言《老子》亦無法表達其思想，因此《老子》仍必須使用語言來表達「道」。所以，他設計了「正言若反」這種特殊的表達方式，試圖超越語言的有限性，指向不可言說的「道」。第二，工夫論的問題。當「反」解做「返回」的意義時，所表示的意義是返回主觀心境做修養工夫，唯有透過主體修證才能體現「道」的境界。第三，政治哲學的問題。「正言若反」一詞所出現的語言脈絡，討論的是如何成為一國之君的問題，這是屬於政治哲學的問題。且在《老子》其他討論政治哲學的篇章中，也多以「正言若反」的方式來表達。所以，「正言若反」也包含了政治哲學的問題。

　　本文的研究成果：首先，透過《老子・七十八章》的分析，釐清「正言若反」一詞的意義，及其所涵蘊的問題性質。其次，證成「正言若反」是解讀《老子》的關鍵性鑰匙。

目次

自　序

　　當代中國哲學詮釋面臨到一個問題，許多學者常常以西方哲學概念來詮解中國原典，值得深思的是：西方哲學概念有其形成的歷史、文化背景脈絡，我們拿一個不同於中國本土文化的哲學概念或哲學體系來詮釋中國哲學，眞的能將原典的思想義理恰當的揭露出來嗎？或許有些學者認爲，西方哲學確有其所長，在中國哲學研究中若能結合西方哲學邏輯分析、概念分析與系統性的表述方式，確實能補足中國哲學之不足之處。這是因爲，中國哲學並不像西方哲學那樣，重視思辯，而是重視實踐，以解決當時代的社會、政治、人生問題爲出發點，所以並未像西方哲學那樣建構一完整嚴密的理論系統。然而，這個優點必須是以西方哲學能夠與中國哲學相應的此一前提之下方能顯現，如果西方哲學概念與中國哲學並不相應，那麼強以一個來自異文化的哲學概念來詮釋中國本土的原典時，就會產生扭曲、甚至是誤解的情況。筆者並不是反對以西方哲學概念來詮釋中國的經典，但是當在我們使用形上學、知識論、宇宙論等等西方哲學概念時，應當深思中國原典中究竟有沒有西方所謂的形上學、知識論、宇宙論？即便是一定要使用這些西方的哲學概念，也應當對其概念界定劃分清楚，才不會對讀者產生誤導。

　　這個問題是筆者一直以來很關心的議題，事實上在當今的中國哲學研究中，已經無法避免使用「格義」的方法來詮釋中國哲學。在魏晉南北朝時期，佛教剛剛傳入中國不久，當時的中國人以我們較爲熟悉的老莊思想去解釋較爲陌生的佛教思想。這樣的詮解方式當然是有問題的，雖然老子的「無」與佛教的「空」有相似之處，但詳究之這兩者並不相同。老子的「無」有實現、成全的意思，「無」是一種境界能夠實現天地萬物；而「空」則是「緣起性空」之義，一切的存在物都是因緣聚合而成的，沒有一定的必然性，這個「空」指的是萬事萬物都是因緣聚合而起的，所以我們不應當去執著它，認爲萬事

萬物是永恆不變的存在。在早期的佛教詮釋裡，「格義」是帶有貶義的詞彙。而到了今天，我們以較不熟悉的西方哲學來詮釋我們較為熟悉的中國哲學，已經成為一種研究的趨勢，似乎已經到了一種不得不然的地步。這應當與中國接受西方化的影響有關，以「格義」的方法來詮釋中國原典並非一定是壞的影響，能夠取西方哲學中的長處來彌補中國哲學的短處固然是一個優點。然而另一個更值得深思的問題是，當我們使用在異文化長養的西方哲學概念來詮釋中國哲學時，必需對兩者的概念意義做出明確的區分，例如：我們常常使用形上學來詮釋老莊，這時候我們可以問，老莊中真的有如西方哲學思維底下的形上學嗎？如果有，是不是應該更進一步的去證成之？這個是一個值得深思的問題，期望日後能有學者注意到並正視這個問題。

我的論文所要討論的並不是中國哲學在西方思潮的衝擊下要如何詮釋的問題，而是處理，當我們面對《老子》原典時要以什麼樣的態度去理解的問題。在中國哲學的詮釋研究中，一直都有這個問題，即我們在解讀原典時常常陷入一種斷章取義的謬誤中。之所以有這個現象的發生，乃在於大家往往忽略一個字、一個詞乃至於一個句子是在特定的語文脈絡中產生的，並不是孤立的憑空出現的。所以我們想要恰當的理解這個字、詞或句子，也必須要扣緊它所出現的語文脈絡，才能作出相應的理解；而不是將這個字、詞或句子，從其與文脈絡中抽離出來詳加分析就能了解這個字、詞或句子的涵義。本論文以《老子》「正言若反」的詮釋為例，從這樣的詮釋角度出發，希望能找出「正言若反」恰當的詮釋。

我的碩士論文能夠完成，首先要感謝王師邦雄先生與邱師黃海先生兩位老師的殷勤指導。我在大學時代即拜讀王師邦雄先生的《老子道》一書，當時深受啟發，引發我對《老子》哲學的濃厚興趣，覺得這套學問可以運用到生活中，解決我的生命問題，從此展開了長達十年的《老子》哲學研究。邱師黃海先生，在我的求學歷程中一直是扮演良師益友的角色，在我寫作論文的過程中與我討論很多，不厭其煩的教導我這個資質駑頓的學生，讓我深受感動。雖然寫作的過程中不是非常順利，常常被老師發回重寫，但也就是因為這樣的嚴格要求，讓我學習到如何撰寫一本學術論文。未來，我不一定會繼續從事哲學研究，但卻會將老師們的諄諄教誨永遠記在心中。

曾珮琦序于台北
2011 年 5 月

第一章 導 論

第一節 研究背景與問題的提出

　　《老子》這部原典異於先秦其他著作，如：《論語》、《孟子》等書之處在於，《老子》的注釋版本數量甚多，「道」之概念的解釋也是最具有歧義性的。造成這種情形的原因在於，《老子》書中並未對「道」做一清楚明確的定義，且時常使用「若」、「似」、「或」等疑似之詞來表述「道」，如：「豫兮若冬涉川，猶兮若畏四鄰，儼兮其若容，渙兮若冰之將釋，敦兮其若樸，曠兮其若谷，混兮其若濁。」〈十五章〉。《老子》企圖使用這些疑似之詞打破語言的有限性，提醒讀者不能以一般經驗的語言模式來定義「道」、規定「道」。除了疑似之詞的使用，《老子》還常使用看似相對、矛盾的字眼或句子來表述以「道」為核心的思想義理，如：「貴以賤為本，高以下為基。」〈三十九章〉；「弱之勝強；柔之勝剛。」〈七十八章〉「貴賤」、「高下」、「弱強」、「柔剛」等具有相對性字詞的使用，違反了一般邏輯、經驗語言的使用立場，這種語言表述方式以《老子》的話來說就是「正言若反」。後世許多雜揉黃老思想的著作，以《韓非子》為例，它將《老子》的「虛靜」思想轉化為陰謀權術的運用，致使《老子》的「虛靜」思想脫離了其原有的意義。這種解釋現象的形成原因，筆者以為那是後世讀者不了解《老子》「正言若反」，這種特殊的言說方式所導致。「正言若反」的言說方式不同於一般經驗語言的使用，也正因為如此，《老子》往往給人一種深奧難懂、玄之又玄之感。所以，我們可以說，不了解「正言若反」這個特殊的言說方式，我們就無法恰當地了解《老子》所

涵蘊的哲學思想。由此觀之,「正言若反」雖然只有四個字,且在《老子》中只出現過一次,從語言表述的層面來看,「正言若反」扮演了是否能讀懂《老子》的關鍵。然而《老子》所關心的問題不只是如何表述「道」,其真正的目的應是「道」的實踐問題,如何讓「道」落實在政治人生中,解決社會人生的問題,這才是《老子》最終的目的。那麼,我們可以探問,「正言若反」是否只能理解為《老子》的語言表述方式?抑或是,「正言若反」亦涵蘊了「道」的實踐層面的問題?如果答案是肯定的話,那這個假設又該如何證明其為真?基於以上這些問題,因此筆者擬從「正言若反」這個角度切入,來進行《老子》思想義理的解釋與重建的工作。

在《老子》研究中,「正言若反」的解釋並未受到重視。未受重視的原因可歸結為下列幾點:一者,為古代注釋家所忽略。這個現象或可上溯至《老子》原典,因為「正言若反」僅在《老子》書中出現過一次,即〈七十八章〉中。古代《老子》注釋家們,也並未將其當作是《老子》中重要的概念來理解。這可證諸於歷代注本,對「正言若反」一詞並未特別予以作注,僅是隨文注釋此一解釋現象。〔註1〕二者,「正言若反」一詞,直到現在也未有一個周延的定義。古代《老子》經典注釋,多將「正言若反」解釋為:「正言合道而反俗」。〔註2〕而近代的學者有照字面上的意義理解為「正面的話好像是反面的意思」;〔註3〕也有和古代經典注釋相近的解釋,如馮友蘭先生解釋為:「似

〔註1〕 有關《老子》「正言若反」經典注釋的問題,本文第三章將會詳細討論,這裡先略過不談。

〔註2〕 這個說法是蘇轍在《老子解》中提出的,他說:「正言合道而反俗。俗以受垢為辱,受不祥為殃故也。」與之相近的看法有:河上公《道德真經註》解釋云:「此乃正直之言,世俗不知以為反言」;范應元《老子道德經古本集註》注云:「故正言似與俗反也。」;釋德清《老子道德經解》亦云:「然柔弱無為,乃合道之正言,但世俗以為反耳。」;魏源《老子本義》注云:「此言若反乎俗情,而實含乎正道。俗以受垢受不祥為殃故也。下章和大怨有餘怨,亦承此意,而申之耳。」;李贄《老子解》云:「此蓋若反於正言,其實天下之正言也。不可不察也。」;焦竑《老子翼》引呂吉甫注云:「受國之垢與不祥,則過名之言也,名不足以言之也。……過名之言體道,體道言之正也。正言而曰:受國之垢與不祥,故曰:正言若反。」以上七家對「正言若反」一詞之解釋,大致上都認為「正言」是合道、體道之言;「若反」則反於世俗之言,與世俗的觀點相反。主張此一看法者,可以蘇轍《老子解》為代表。

〔註3〕 吳怡,《新譯老子解義》,(台北:三民書局,2002年),頁449。與吳怡相近的看法,尚有陳鼓應先生、朱孟庭先生以及黃釗先生等,他們大體上都將「正言若反」解釋為,「正面的話好像是反面的意思。」此處以吳怡先生的解釋為

乎是反，而卻眞正是正確的。」〔註4〕和張默生先生的解釋：「表面看來，多是與俗情相反，惟其如此，才可稱爲「正言」，也就是合於眞理的話。」〔註5〕不論是古代的經典注釋，或是近代學者的解釋，他們都從語言的角度來解釋「正言若反」，將之理解爲是《老子》的言說方式。古代經典注釋的注釋，主張「正言若反」是合於「道」的正言，與世俗觀點相反的一種特殊化的表達。近人的解釋則分爲兩種，一種是是照著字面的意思直接翻譯，字面上的解釋，固然能幫助我們了解這個詞所涵蘊的意義。但從「正面的話好像是反面的意思」的解釋來看，只是更增加了讀者的疑惑，我們還是無法了解「正言若反」這個概念的涵義。另一種則是和古代經典注釋的看法相近。三者，學界普遍主張「正言若反」是一種語言表述方式，所以往往只從語言哲學、言說方式或思想模式的角度來進行研究。這就使得「正言若反」的研究，只被限定在《老子》的語言表述方式或思想模式的範圍裡。

　　儘管「正言若反」在《老子》研究中不受重視，我們還是可以從近人的研究成果中窺見端倪。以研究進路區分，約可分爲四類：（一）辯證的研究進路。（二）語言哲學的研究進路。（三）思想模式與語言模式的研究進路。（四）方法論的研究進路。其中以第一類爲研究「正言若反」者最常採取之進路，此類進路的研究者，尤以牟宗三先生「辯證的詭辭」最具代表性。這裡指的的辯證法雖然是出自黑格爾哲學中的概念，但牟先生認爲《老子》「正言若反」即是辯證法「正反對立」、「否定的否定」、「矛盾的統一」的運用。

這類的看法之代表。

〔註4〕　馮友蘭先生的看法與經典注釋的解釋是非常相近的，他認爲《老子》中所說的道裡是跟一般人的常識相違反的，也同意「道」就是《老子》所認爲的眞理。但馮先生以素樸辯證法的標準，來檢視「正言若反」，將這樣的語言表達方式，歸結爲「相反相成」、「對立面互相轉化」。馮先生認爲正反是互相矛盾，並有一種對立的統一規律，認爲事物能夠從矛盾走向統一之發展，是經由鬥爭而來的。如：《老子》認爲「禍可以自動轉化爲福，沒有鬥爭，福也必然轉化爲禍」。馮先生認爲《老子》這種思想是不合事實的，他認爲對立面的互相轉化，是要經由鬥爭才能轉化的，所以他認爲嚴格的來說《老子》是不能說是「素樸的辯證法」。他以「素樸辯證法」來檢視《老子》的「正言若反」，這一點與經典注釋的解釋是有很大的分歧的。故筆者所說的相近，僅指他對於「正言若反」這個詞語的理解上，即與常識相違反的此一看法上，是與經典注釋的解釋相近。（參見馮友蘭，《中國哲學史新編（第2冊）》（台北：藍燈文化事業，1991年），頁40～46。）

〔註5〕　張默生，《老子章句新釋》（上海：東方書社，1946年，頁102。）

牟先生說：

> 辯證的詭辭，用老子的話，就是正言若反。黑格爾辯證法裡邊那些
> 話，譬如正反對立，否定的否定，矛盾的統一，這種方式在老子裡
> 邊早就有了。不過不用黑格爾那些名詞，但是表示得很活潑，若要
> 展開，就是黑格爾那些名詞，這就是辯證的詭辭。〔註6〕

「詭辭」是詭譎、奇詭、不正常，用來解釋《老子》中矛盾、自我否定的章
句。〔註7〕牟先生說：「老子《道德經》謂『正言若反』，詭辭便是若反的正言
了……至於辯證的精義，就在通過一個否定的過程而統一正反兩面，最後達
到破除正反兩面的表面分際而超越正反兩面的境界。」〔註8〕牟先生所謂「辯
證的詭辭」，即是消融普通所謂矛盾以達到另一種較高的境界。〔註9〕牟先生
在《中國哲學十九講》中以「後其身而身先，忘其身而身存」來舉例說明：「你
要使你自己站在前面，一定要通過一個對站在前面的否定；要後其身，要把
你自己放在後面。」〔註10〕依牟先生的意思，「身先」與「後其身」具有矛盾
關係，「身先」是把自己放在前面；而「後其身」是要讓自己站在後面，這裡
的矛盾在於，既然是把自己放在後面，又怎麼可能讓自己站在前面呢？因此
「後其身」與「身先」之間具有矛盾關係，而這個就是辯證的關係。《老子》
是透過消融矛盾關係，來提升至較高的境界，這個境界是超越於「身先」與
「後其身」之上的，這樣這兩者的矛盾就被化消了。戴璉璋先生對牟先生「辯
證的詭辭」有更為清楚的說明，他說：

> 老、莊在表述玄理時，對於這套辯證思維是有某種程度之自覺的。
> 所以《老子》表示「正言若反」，而《莊子》則說：「恢恑憰怪，道
> 通為一」。「正言」竟用「若反」的方式來表達，不是給人一種「恢
> 恑憰怪」的感覺嗎？「道」就在這裡「通而為一」上顯示出來。牟
> 宗三先生稱這些「恢恑憰怪」之言為「詭辭」。這些詭辭都是辯證的，
> 所以正式名稱當是「辯證的詭辭」（dialectical paradox）。就詭辭之為
> 辯證思維的產物而言，它當具備三個基本項，即正項、反項與超越

〔註6〕　牟宗三，《中國哲學十九講》（台北：台灣學生書局，1999年），頁142。
〔註7〕　牟宗三，《中國哲學十九講》，頁142～143。
〔註8〕　牟宗三，《宋明儒學的問題與發展》（台北：聯經出版事業股份有限公司，2003年），頁39。
〔註9〕　牟宗三，《理則學》（南京：江蘇教育出版社，2006年），頁235。
〔註10〕　牟宗三，《中國哲學十九講》，頁143。

項。〔註11〕

戴先生認爲辯證思維具備三個基本項，「正項」、「反項」、與「超越項」。所謂「辯證的詭辭」就是透過「正項」引致「反項」而達到「超越項」，這超越就是消融「正項」與「反項」之間所謂的矛盾，而達到「道通爲一」的更高境界。戴先生以「無爲而無不爲」來舉證說明，他說：

> 老、莊之證悟玄理，實際上有一辯證的思維，即由正、反兩項的消融，以引致超越理念。例如：以「爲」而「無爲」引致「無爲而無不爲」。其中「爲」是「正項」，「無爲」是「反項」，「無爲而無不爲」則是「超越項」。〔註12〕

「爲」是「正項」，「無爲」是「反項」，「無爲而無不爲」是超越「正項」與「反項」而達到的超越境界。曾昭旭先生也承襲了牟先生「辯證的詭辭」來解釋「正言若反」。曾先生認爲《老子》這種矛盾相的詭辭（paradox）的使用目的，在於解消對表相的執定以逼顯形上眞理，用遮此以顯彼的方式來表達，是因爲形上眞理是不可說的。〔註13〕而曾先生雖然認爲「正言若反」是一種言說方式，卻不只從語言表述的層面來理解。他認爲這樣特殊的言說方式，是爲了達到眞實之道德生活之目的而設計的，所以其目的是要逼顯形上之眞理，是要將「道」落實於現實生活之中。〔註14〕所以這樣「辯證詭辭」的表達方式，最終目的不在於如何表達，而在於如何實踐「道」。

第二類語言哲學的研究進路，可以伍至學先生的《老子反名言論》爲代表。〔註15〕從語言哲學的進路來研究《老子》的名言觀。他認爲「始制有名」（三十二章）在《老子》語言思路中揭露的是對語言之起源的原初洞見，是追問「有名」的發生學基礎。〔註16〕伍至學先生分析「反」有相反和返回兩

〔註11〕戴璉璋，〈玄思與詭辭──魏晉玄學契會先秦道家的關鍵〉，《國立台灣師範大學國文學報》第 42 期，2007 年 12 月，頁 35。

〔註12〕戴璉璋，〈玄思與詭辭──魏晉玄學契會先秦道家的關鍵〉，頁 35。

〔註13〕曾昭旭，《在說與不說之間──中國義理學之思維與實踐》（台北：漢光文化事業出版，1992 年），頁 73。

〔註14〕曾昭旭，《在說與不說之間──中國義理學之思維與實踐》，頁 72～73。

〔註15〕伍至學，《老子反名言論》（台北：唐山出版社，2002 年）。

〔註16〕伍至學先生說：「『始制有名』（三十二章）在老子語言思路中揭露的是對語言之起源的原初洞見，使吾人返歸至一切存在的源始奧秘深藏處來觀照『有名』之發生。此一對『名』之根源的反思，是從人的活動中反省『有名』如何產生的。簡言之，『始制有名』是追問『有名』的發生學基礎，但卻不是經驗的分析，而是先驗的還原。」（參見伍至學，《老子反名言論》（台北：唐山出版

種意義，進而去探究《老子》「反」的哲學思維，由反名言論的角度切入，從語言之本質、語言之異化、語言之超越，建構一套完整的老子語言哲學理論。〔註17〕另外，值得一提的是李宗定先生的博士論文《老子「道」的詮釋與反思——從韓非、王弼注老之溯源考察》，〔註18〕李先生這篇論文主要是探討韓非與王弼對《老子》「道」這個概念的解釋，並運用了高達美（H.G Gadamer）的解釋學理論建構其方法論，展開了一連串《老子》的解釋學工作。雖然李先生主要不是討論「正言若反」的問題，但是他在處理「道」與語言的關係的問題時，附帶提出了相關的看法。李先生認為從語法結構上來看：

> 老子在面臨已然成形的語言文字，並非採取單純地否定，而是思考該如何表述才不致於陷入其權力結構中，故其所使用「正言若反」語法，便是企圖使意義「逸出」語言文字牢籠的一種嘗試。老子用了許多「大A若B」的句型來描述「道體」及「道用」，B即非A，A與B兩者間有語義上正反矛盾的關係，照語法來說是不通的，可是這種邏輯上的衝突卻可逼使人們去思考「反者道之用」的意義。

〔註19〕

李先生認為「正言若反」是《老子》所使用的語法，並歸納出「大A若B」、「B即非A」的句型來說明「正言若反」的語法結構。依照李先生的看法，《老子》企圖使用A與B兩者看起來具有語意上正反矛盾的關係的語法結構，逼使人們超越語言的相對性、有限性，去思考「反者道之用」的意義。《老子》一方面使用語言文字表述「道」；一方面又提醒讀者不要拘泥於他所使用的語言文字中，李先生說：「『道』從語言中展現了存有，『道』在語言中找到了棲身之所。老子和禪宗所擔心的不是言語道斷，而是人們斟字酌句於形式的討論，爭訟於語法邏輯的討論，反陷溺於語言的大海，迷失了方向。所以，老子採用了『正言若反』的書寫方式，企圖顛覆『名／實』之間的絕對關係。」〔註20〕李先生雖然從語法結構上來分析「正言若反」的表述方式，但也認為

社，2002年1月），頁11。）
〔註17〕伍至學，《老子反名言論》，頁3～4。
〔註18〕李宗定，《老子「道」的詮釋與反思——從韓非、王弼注老之溯源考察》，國立中正大學中國文學研究所博士論文，2002年。
〔註19〕李宗定，《老子「道」的詮釋與反思——從韓非、王弼注老之溯源考察》，頁28。
〔註20〕李宗定，《老子「道」的詮釋與反思——從韓非、王弼注老之溯源考察》，頁29。

這種特殊的語法結構背後所展現的意義，是《老子》企圖顛覆名／實之間的絕對關係。李先生這篇論文從語言和存有的關係來討論「正言若反」，並從海德格（Heidegger）與高達美的哲學觀點來論述道和語言關係的問題。

　　第三類思想模式與語言模式的研究進路，前者以劉福增先生的《老子哲學新論》一書為代表。〔註 21〕劉先生認為《老子》習慣使用對反的用詞或概念的方式來造句和思考，他把《老子》這種習慣的思考方式叫做「對反的思想模式」。〔註 22〕劉先生認為所謂對反，並沒有對正反兩端予以指定，正反兩端是會隨著具體情況而改變的。〔註 23〕「正言若反」即是《老子》的對反思想模式。後者可以吳慧貞先生的碩士論文《《老子》正言若反的語言模式研究》〔註 24〕為代表。吳先生從知識論的角度來探究《老子》的思維模式，因為他認為「正言若反」的語言模式與思維模式是分不開的。他說：「語言表達我們的思維，而我們思維的內容，便是我們的知識。《老子》書中所要表達的，是從對於「道」的認識而來的知識。」〔註 25〕因此，他認為要了解《老子》的思維模式，就必須從知識論的角度著手。吳先生認為《老子》的「正言若反」所要表達的不是「反言」而是「正言」，「正言若反」在於使認知主體消解現象世界的二分性，進而泯除這種相對的區分以達至境界、契入實相的思維模式，是一種主客合一的境界。〔註 26〕

　　第四類方法論的研究進路，以林秀茂先生的博士論文《老子哲學之方法論》為代表。〔註 27〕林先生所謂的方法論乃方法的理論構造，方法的本義原指建立知識的程序及規則，引伸來說則指處理人生活動之態度、思路、方式和程序。〔註 28〕林先生認為《老子》哲學裡有三種方法，觀的方法、否定的方法和「正言若反」的方法。〔註 29〕除此之外，林先生也主張反有相反與返回二義之說，除了方法論之進路較為罕見之外，其他對於「正言若反」的看法較無新意。

〔註 21〕劉福增，《老子哲學新論》（台北：東大圖書股份有限公司，1999 年）。
〔註 22〕劉福增，《老子哲學新論》，頁 31。
〔註 23〕劉福增，《老子哲學新論》，頁 31。
〔註 24〕吳慧貞，《《老子》正言若反的語言模式研究》，國立台灣師範大學，2003 年。
〔註 25〕吳慧貞，《《老子》正言若反的語言模式研究》，頁 3。
〔註 26〕吳慧貞，《《老子》正言若反的語言模式研究》，頁 122～130。
〔註 27〕林秀茂，《老子哲學之方法論》，台灣大學哲學研究所博士論文，1994 年。
〔註 28〕林秀茂，《老子哲學之方法論》，頁 7。
〔註 29〕林秀茂，《老子哲學之方法論》，頁 8。

　　以上所列舉的四類研究進路，是前輩學者「正言若反」的研究中最具有代表性的看法，雖然他們所採取之角度各有不同、各有所重。第二、三類的研究進路認為「正言若反」是《老子》的語言表述方式之看法更為明確，不同的是，第二類是採取語言哲學之進路，而第三類則是從思想模式與語言模式來進行探討。第四類較前三類不同的是，他是從方法論的角度來討論這個問題，將「正言若反」視為《老子》哲學之方法來研究。但究以上諸家之看法，對「正言若反」的解釋一致上都認為它是《老子》的語言表述方式，或可稱為言說方式。牟先生雖從辯證發展之角度來解釋「正言若反」，認為它是解消正反兩面之矛盾，以達至「道」的境界。這樣的看法雖然不只涉及語言表述方式的層面，也涉及了工夫實踐的層次，與如何實踐「道」之問題。但牟先生是從語言表述方式的角度來切入的。牟先生認為「正言若反」就是道家所認為的最好的表述方式，它是要問如何以最好的方式來體現「道」的問題。〔註30〕「如何體現」是實踐層面的問題，但它亦預設了語言表述層面的問題，因為《老子》必須藉由語言指引吾人返回主觀心境做修養工夫，要實現「道」就必須透過工夫實踐來達到。「絕聖棄智」、「絕仁棄義」〈十九章〉這類的句子，在語言表述的方式上，它是屬於詭辭的，它是以遮撥的方式來表達的；但它這種遮撥、詭辭的表達方式的目的，乃在於讓聖智仁義回歸其本然之價值，不因吾人心知對於聖智仁義價值標準之規範而割裂、變質。前者是屬於語言表達的層次；後者則是實踐的層次。依牟先生之看法，《老子》是以「如何以最好的方式」來體現此聖智仁義，牟先生雖然用了「體現」這個實踐層面的概念來解釋，但亦預設了語言表達方式之問題。〔註31〕由此觀之，「正言若反」應該涵蘊了兩個層面的問題，一者語言表述方式之問題，一者「道」的實踐之問題。語言表述方式的問題，即是道和語言關係之問題；「道」的實踐問題則可從工夫論與政治實踐來討論。

　　綜觀以上諸家的看法，似乎主張「正言若反」為《老子》的語言表述方式已為定論。然而若我們回歸《老子》文獻去考察時，則可以發現「正言若反」這個詞語，只在《老子》中出現過一次，出現於〈七十八章〉。《老子》亦未明言「正言若反」即為他的語言表述方式或言說方式，那麼近代學者是根據甚麼樣的理由來主張「正言若反」是《老子》的語言表述方式呢？這個

〔註30〕牟宗三，《中國哲學十九講》，頁140。
〔註31〕牟宗三，《中國哲學十九講》，頁140。

問題，近代研究學者似乎並未給予說明。換言之，「正言若反」是《老子》的語言表述方式，是一個未被證成之論點，但在學界中卻已成普遍之共識。筆者認爲這可能是，《老子》書中出現許多和「正言若反」十分相似的句子，如「絕學無憂」〈二十章〉；「曲則全，枉則直，窪則盈，敝則新，少則得，多則惑。」〈二十二章〉；「企者不立，跨者不行，自見者不明，自是者不彰，自伐者無功，自矜者不長。」〈二十四章〉；「明道若昧，進道若退，夷道若纇。」〈四十一章〉等，這類正反相對的句子，一般都認爲這就是「正言若反」的語言表述方式。但只憑語法結構、語言形式，就判定「正言若反」是《老子》的語言表述方式，而忽略了「正言若反」義理角度的解釋。我們還可以進一步的去問，「正言若反」在《老子》除了扮演語言表述方式這個角色之外，還有沒有其他可能性的解釋？根據以上的懷疑，我們可以提出以下幾個問題，爲本文「正言若反」解釋與重建的工作，提供幾個方向：（一）「正言若反」是否爲《老子》表述「道」的言說方式？要證明這一點，首先我們必須對「正言若反」這個詞語的意義有所界定與釐清，所以我們應當先討論，「正言若反」在〈七十八章〉中應當如何解釋？進而去推論，爲何「正言若反」可以解釋爲是《老子》的語言表述方式。我們是從何標準來下定論？進一步以此標準，去判定《老子》篇章中哪些章句是屬於「正言若反」的語言表述方式。（二）除了語言角度，「正言若反」是否還有從另一個角度來解釋的可能？《老子》哲學並非是思辯的哲學，它和其他中國哲學一樣，所關切的都是如何解決現實人生的問題。所提出的一切理論，其目的都是指向實踐的。因此，我們可以問，《老子》提出「正言若反」這個概念，是否也有指向實踐之功能？筆者在本文研究中擬證成：「正言若反」不僅是《老子》表述「道」的言說方式，更可以通過「正言若反」一詞來收攝《老子》五千言的思想要旨。

第二節　本文的研究方法與論述程序

　　「正言若反」的解釋工作有兩個可採取的方法：其一，我們可從《老子》的經典注釋中去考察古代注釋家是如何對這個詞進行解釋，他們的解釋又進行到何種程度？其二，我們可依據《老子》文獻，對於「正言若反」這個命題來做探討。要進行第二種方法，我們必須先釐清「正言若反」此一論題之範圍。是否我們只需將「正言若反」視爲〈七十八章〉的一個詞語來理解，

還是應當將之視爲《老子》的語言表述方式來解釋才更爲恰當？想要釐定「正言若反」之範圍，首先我們必須先釐清「正言若反」這個詞的意義，以及在其語文脈絡之下，所應當被賦予的意義爲何？我們藉由對「正言若反」一詞意義之釐清，進而劃分出這個命題所涵蘊之問題性質。一旦確定了它所涵蘊的問題性質，則「正言若反」的論題範圍也就被決定了。

　　《老子》「正言若反」的解釋工作包含了哪些內容，我們可以從「解釋」（hermeneutics）一詞來作說明。「解釋」包含了理解（understanding）和詮釋（interpretation）兩大課題。關於 hermeneutics 大多數學者將之翻譯爲「詮釋學」，有些學者則贊同翻譯爲「解釋學」，並認爲「解釋學」的譯名較「詮釋學」更能表達出 hermeneutics 所涵蘊的理解（understanding）和詮釋（interpretation）兩個意義。贊同此說者有：岑溢成先生與陳榮灼先生。岑溢成先生所持的理由是，中文「解釋」一詞可以拆開來看，「解」可解釋爲「理解」，「釋」可解釋爲「詮釋」或「闡釋」；而若譯爲「詮釋」則只能表示（interpretation）而無法表達（understanding）的意義。〔註 32〕陳榮灼先生認爲譯爲「解釋學」並不會與「explanation」混淆，因爲一般都譯做「說明」。陳先生認爲應當譯做「解釋學」的另一項理由是，「詮釋」一詞根本沒有超出「解釋」的意思，而若仍將「explanation」翻成「解釋」的話，則無法看出「explanation」與「詮釋」有何差別。〔註 33〕沈清松先生則持有不同的看法，他認爲 hermeneutics 應當譯做「詮釋學」。他的理由是：第一，在項退結先生編譯的《西洋哲學辭典》中，「解釋」一詞已被用來翻譯「explanation」一詞，以有別於「理解」（understanding）一詞。第二，「解釋」這個譯名並無法適用於所有的情況，如：戲劇表演者對角色所做的詮釋或音樂演奏家對樂曲的詮釋，並不能以「解釋」一詞來取代。第三，「詮」字較「解釋」更爲適當。因爲「詮」字不僅有涉及到存在或文詞的意義之理解和詮釋的意義，更有表示眞正意義或眞理之所在。德文的 die Auslegung 一詞所具有說出、放出的涵義，中文的「解」和「釋」均有此義，所以在表達這一層涵義上，「解」、「釋」二字是重複了，因此沈先生認爲翻做「詮釋學」較爲恰當。〔註 34〕

〔註 32〕相關討論可參見岑溢成，〈釋經學、詮釋學、闡釋學、解釋學〉，《鵝湖月刊》，第 144 期，1987 年 6 月，頁 49～50。

〔註 33〕參見陳榮灼，〈關於哲學譯語問題〉，第 144 期，1987 年 6 月，頁 51～52。

〔註 34〕參見沈清松，《現代哲學論衡》（台北：黎明文化，1985 年），頁 291～294。與沈氏〈關於詮釋學的譯名商榷〉一文，刊載於《鵝湖月刊》，第 147 期，1987

　　以上兩種看法均有其理，但筆者以為「解釋」一詞似較於「詮釋」一詞更為適切，因為誠如岑溢成先生所說，「解」表示「理解」，「釋」則表達「詮釋」的意義，較能完整表達解釋學涵義。而「詮釋」雖有表達真正意義與真理的意思，但卻容易忽略了「理解」（understanding）的意義。再者，有關於「解釋」一詞無法適用於文化藝術表演上的問題，筆者認為此乃特殊情況之用法，可視為「解釋」hermeneutics 的特殊運用，在此情況下仍可譯做「詮釋」，然在人文學科的用法上，仍應以「解釋」一詞為佳。其三，關於譯做「解釋」有可能與 explanation 譯名重複而無法辨別之疑慮，筆者認為可採用陳榮灼先生的意見，將 explanation 改譯為「詮釋」或「說明」。基於以上幾點，本文將採用「解釋學」這個譯名。本文中有關文獻意義的理解（understanding）與詮釋（interpretation）的活動，均以「解釋」一詞來表示。因此我們若想要對「正言若反」進行解釋，必須要能先客觀地了解「正言若反」這個詞語所涵蘊的意義，此即是意義理解的工作。

　　在進行「正言若反」的意義釐清工作之前，我們先必須了解這個詞語的特殊性，以及其意義重建的困難性，我們才能確定應該採用何種方法來解釋。「正言若反」這個詞語的特殊性在於，它無法單憑字面上的意義，就判定這個詞語的意涵，因為字面上的解釋只能幫助我們了解每個字的意義，卻無法將它所涵蘊的義理思想完整地揭露出來。如果我們孤立的看這個詞語的每個組成的字眼時，「正言」這個詞可以解釋為「正面的話」也可以理解為「真正的言說」。「若」這個字的字面意涵則為，好像、看似等等；「反」字則可解作相反或返回。諸如此類，我們只能找出每個字可能的解釋，而無法判定這個字在這個詞語中應該選擇哪個意思才是恰當的。也就是說，透過訓詁學與語意分析的工作，我們只能找出這個詞語的每個組成字眼的可能性解釋，而無法判定哪個解釋才是恰當、適切的。所謂訓詁學，是依靠著文字學與聲韻學的幫助，讓我們可以判斷一個句子中某個字眼的意義之學問。〔註35〕所以在「正言若反」一詞的解釋上，光憑藉著訓詁學與語意分析的工作，是無法確切的掌握這個詞的意義。

　　那麼我們要如何把握這個詞的意義呢？邱黃海先生說：「決定一個字，在

　　　　年9月，頁52。
〔註35〕邱黃海，《從「任勢為治」說的形成論韓非思想的蛻變》，國立中央大學哲學
　　　　研究所博士論文，2007年，頁20。

一個特定的脈絡，會取甚麼意義，乃是這個句子本身的語意脈絡與文法結構。」〔註36〕可是「正言若反」是出現在《老子‧七十八章》的結語，只憑這個句子本身的語意脈絡語文法結構，還是無法確定這個句子本身的涵義。因此，邱黃海先生又指出：

> 而即便我們能了解每一個句子，也不表示我們能掌握文獻的義理。
> 想要掌握義理，就必須讓句子與句子間之意義的限定與規定所走的
> 理路能清楚地顯示，如果我們能掌握那在文獻脈絡中所顯示的一層
> 層的「志」，則我們就能掌握這個文獻的義理。如果這當中，因為各
> 種原因，使我們攪混了意義的脈絡、意義的理路，則誤解就會發生。
> 可見，要了解義理，它的工作對象不但不是那一個個的字，甚至也
> 不是句子，而是句子與句子之間的關係。〔註37〕

這也就是說，我們要釐清「正言若反」這個詞語應當作何解釋時，不應該孤立的看這個詞語，而應當放在其所出現的語文脈絡來看。藉由它所出現的上下文脈絡，來判定「正言若反」這四個字的各自涵義。所以當我們想要找出「正言若反」恰當的解釋，首要的工作是透過其所出現的語文脈絡來找尋，也就是透過「正言若反」上下文脈絡的分析，才能釐清這個詞語的意義。

那麼，訓詁學和語意分析的工作是不是派不上用場呢？答案是否定的，因為我們雖然無法只憑訓詁學和語意分析來判定「正言若反」一詞的意義，然而不可否認的是，字義的釐清可以幫助我們進行脈絡的分析，讓這個脈絡的意義更加顯明。此即邱黃海先生所說的：「如果訓詁明了、字義定了，整個句子是會更加明朗清楚的。但重點是，如果不清楚句子的文法結構、語意脈絡，則光有字音字形所指引的意義關涉點，訓詁也不能明。」〔註38〕所以字眼與句子的關係、句子與脈絡的關係，是兩個解釋學的循環，也就是部分和全體的循環。我們對「正言若反」這個詞語的解釋，必須透過它所出現的上下文脈絡來判定；而要使這個脈絡的意義更加顯明，又得經由字義訓詁的工作來達成。這裡可以引邱黃海先生的意見為佐證：「我們先掌握一個特殊句子的語意脈絡、語文法結構，然後透過字形與字音之意義的指引，才判斷、理解、解釋字義。等到字義清楚了以後，這個句子就會顯得更為透明。」

〔註36〕邱黃海，《從「任勢為治」說的形成論韓非思想的蛻變》，頁 19。
〔註37〕邱黃海，《從「任勢為治」說的形成論韓非思想的蛻變》，頁 26。
〔註38〕邱黃海，《從「任勢為治」說的形成論韓非思想的蛻變》，頁 25。

〔註 39〕運用在「正言若反」這個詞語的意義解釋上，我們必須透過它所出現的語文脈絡來判定，這個詞語所組成的每個字詞的涵義；而在進行脈絡的分析之前，我們還是必須透過字義訓詁與語意分析的工作來了解，這個詞所組成的每個字眼的意義，才能有效的掌握這個詞語所涵蘊的思想義理。所以我們可以得到這樣的結論：義理分析必須以語意分析為前提，而語意分析又必須扣緊脈絡而非孤立的來理解，如此我們才能獲得「正言若反」這個詞語的完整意義。

關於文獻脈絡的定位問題，這裡也應當有一個釐清。如前文所述，「正言若反」一詞的意義應當放在其所出現的語文脈絡（〈七十八章〉）中來考察，只有透過脈絡才能確定「正言若反」一詞所組成的每個字眼的意義。但有一點值得注意，〈七十八章〉也只是《老子》全體脈絡中的一部份而已。因此，我們除了從〈七十八章〉來了解「正言若反」這個詞語的涵義之外，還可以從整個《老子》的文脈來看。以部分來進行全體的了解，再由全體來定義部分。我們的進路是，先釐清「正言若反」在〈七十八章〉脈絡中的意義，透過〈七十八章〉的語意與義理分析尋找出「正言若反」所涵蘊的哲學問題，再透過這個問題意識來向整部《老子》提問，以尋找「正言若反」的恰當解釋與其在《老子》中的思想定位。

在版本的選擇上，本文以樓宇烈先生所校釋的王弼本《老子》〔註40〕為底本來進行研究，選擇這個版本的理由是：王弼所注的《老子》是目前學界公認較能符合《老子》原意的版本。在中國傳統眾多注老、解老的作品中，王弼的《老子道德經注》一向被視為老子的最佳注解。〔註41〕李宗定先生說：「王弼注一出，學者咸認為能一掃漢儒貴黃老、尚陰陽，以及視老子為權謀道術的思想，深化了老子形上學的內容，並在會通儒、道兩家上有精闢的論述。」〔註42〕可見王弼注不但是能闡發《老子》的絕佳注本，在中國思想的發展上亦有重要的地位。即便王弼本《老子》在成書時間上不如近代出土的《帛書老子》、《郭店楚墓竹簡老子》等文獻為早，但其在學術界有具有一定的公信力，基於上述幾點理由，故筆者選用王弼本作為本文研究的主要版本依據。

〔註 39〕邱黃海，《從「任勢為治」說的形成論韓非思想的蛻變》，頁 24。
〔註 40〕樓宇烈，《王弼集校釋‧老子指略》（台北：華正書局，1992 年）。以下徵引《老子》原文不另附注。
〔註 41〕李宗定，《老子「道」的詮釋與反思——從韓非、王弼注老之溯源考察》，頁 96。
〔註 42〕李宗定，《老子「道」的詮釋與反思——從韓非、王弼注老之溯源考察》，頁 96。

　　要釐清「正言若反」一詞的意義及其所涵蘊之思想義理，除了可從王弼本《老子》去作分析釐清之外，我們還應該輔以古代經典注釋版本來做考察，除了分析《老子》中的「正言若反」一詞之意義之外，也應該參照古代經典注釋家對這個詞語及其所涵蘊之問題的解釋與回應。本文採取的方法是，擬以王弼本《老子》作爲底本，從〈七十八章〉的語文脈絡中分析「正言若反」一詞的意義及其所涵蘊的問題性質，以此問題性質爲依據去探問其他各家古代《老子》注釋版本，藉以比較古代經典注釋家有哪些解釋是較於《老子》有所推進的，或是有所不足的地方？從這樣比較的方法中，我們更能夠客觀地掌握「正言若反」的意涵，對我們的解釋工作是有很大助益的。唯有了解了前人對此問題推進至何種程度，我們才能在此基礎下，進一步的建構「正言若反」完整的解釋。

　　本文的論述主體架構，是從理論上的邏輯次序來展開，先論述「道」的表述問題，再討論工夫論與政治哲學。本文係由二、三、四、五章構成，以下分別說明各章所討論的具體內容：

　　第二章「『正言若反』一詞的問題性質之釐清」，本章從《老子·七十八章》的語意分析，導出「正言若反」所涵蘊的問題性質，即語言表述方式與實踐兩個層面。語言表述方式，即爲「道」和語言關係的問題，探討「道」爲何不能以語言來表達？而語言其自身有甚麼樣的特質，不能表達形而上無限的道體？實踐層面則包括了修養工夫與政治哲學，「正言若反」涵蘊了如何回歸於「道」的問題。而想要實現「道」則必須透過吾人主體修證，透過主體生命的不斷超越，才能讓「道」實現出來。在政治的運用上，《老子》主張國君必須做此修養工夫，因爲政治上的一切問題來源，都是出自國君的多欲、有爲，只要國君能虛掉對外在價值標準的執定，做到無心無爲，則百姓就能在此虛靜的觀照之下自生自長，自我實現。

　　第三章「《老子》『正言若反』經典注釋的考察」，上述第二章已由〈七十八章〉的語文脈絡分析出「正言若反」的意涵，與其所涵蘊之問題性質。本章擬以王弼《老子注·老子指略》與釋德清《老子道德經解》兩個注本，爲《老子》經典注釋的代表，比較他們對「正言若反」的解釋，哪些是較於《老子》有所推進的？又哪些是不足於《老子》的地方？以了解前人對此問題了解到何種程度，有助於我們建構完整的「正言若反」解釋體系。至於筆者爲何選擇王弼與釋德清《老子》注釋版本來討論，請容筆者留待第三章第一節

「經典注釋之考察的原則與方法的建構」的討論時再做說明。

　　第四章「『正言若反』與『道』的表述問題」，本章首先論證「道」是不能以語言來表達的。再由此基礎上，進一步論證《老子》是以描述和指點的方式來指稱不可言說的「道」。這樣的方式是有別於一般語言的使用方式，其目的在於反轉吾人對於語言單一性思考的習慣。而「正言若反」是在這兩個基礎上的擴大運用，它不同於「稱謂」或「描述性語言」只用於指稱「道」這個特殊的對象的情況，如「有物混成，先天地生」；「吾不知其名，字之曰道」《二十五章》。前者是對道體的描述，後者則以稱謂的方式指稱「道」。「正言若反」的運用範圍涵蓋了《老子》全書，凡是涉及到「道」的思想，不論是「道」在政治人生上的具體實踐，或是形而上的論述，《老子》均是以「正言若反」的方式來表達。

　　第五章「『正言若反』的實踐哲學問題」，《老子》中的「反」字有兩種解釋：一是相反，一是返回、回返之意。在本章中所欲探討的是，當反字解作返回、復歸時，會為「正言若反」義理的理解帶來甚麼樣的轉變？返回、復歸又與《老子》「致虛守靜」的修養工夫及政治哲學產生甚麼樣的關聯？本章擬從〈七十八章〉的語文脈絡分析，找出「正言若反」與工夫論和政治哲學之間的關聯。上述兩點即是本章所欲探討的目標。

　　最後在本文第六章的部分，將對本文之工作作一個總結，綜述「正言若反」所涵蘊的思想義理，包括「道」的形上學、工夫論與政治哲學，以及「正言若反」表述方式的限制，並檢討本文研究的限制與未來可能的研究發展。

第二章　「正言若反」一詞的問題性質之釐清

　　本章的工作在於釐清「正言若反」一詞的意涵，並揭示其所涵蘊的哲學問題。本章旨在證成「正言若反」是《老子》表述「道」的言說方式，以及這樣的言說方式，在《老子》中是有其必要性與適切性的。試從三方面來探討：一、篇章歸屬問題的決定，二、「反」字的意涵與「正言若反」的解釋，三、「正言若反」之問題性的揭露。

　　「正言若反」看似不如《老子》經文其他名句來得重要，如：「道法自然」〈二十五章〉、「反者，道之動」〈四十章〉、「上德不德，是以有德」〈三十八章〉、「道常無為」〈三十七章〉等。而本論卻逕自以「正言若反」作為研究《老子》的進路。這很容易引發質疑：從「正言若反」來論述老子思想的必要性何在？「正言若反」這四個字何以能作為解讀《老子》五千言的關鍵性鑰匙？「正言若反」這句話能揭示於我們甚麼意義？能提供我們甚麼線索去解讀《老子》？「正言若反」在《老子》中該如何定位？很顯然的，在回答這些問題之前，我們必須對「正言若反」這句話的意義有初步的掌握，瞭解這句話應該如何去解讀？應該放在何種脈絡中去解釋？唯有在正確掌握了「正言若反」的意涵，我們才能進一步去說明「正言若反」在《老子》思想中的重要性，及其與《老子》思想性格的關聯性。

　　「正言若反」最常見的解釋，除了上章所引吳怡先生的看法：「正面的話好像是反面的意思」，尚有以下幾個解釋：「正道之言好像反話一樣」；〔註1〕

〔註1〕　陳鼓應注譯，《老子今注今譯》（北京：商務印書館，2007 年），頁 339。

「以反面的字詞意呈顯正面的意涵」〔註2〕或是「這是正面的話，卻如同反面的話」。〔註3〕這四個解釋雖略有出入，表達的意思卻大同小異，這四者不僅將「若反」解作「好像相反」，而且將「反」字理解為字詞上的相反，但是「正道之言」或是「正面的話」為甚麼會好像反話呢？為何反面的字詞能呈顯正面的意涵，難道正面的言說不能呈顯出正面的意涵嗎？由於這些解釋僅從字面的意義來了解，將「若反」解釋為好像相反，並未對「反」字之意涵加以規定與釐清，因而不僅未能將這個詞語解釋清楚，反而使得讀者產生疑惑。「相反」有多種解釋，可能是指字詞上的相反；也可能是指觀點、態度、事情上的相反。孤立的看這句話，我們實在很難斷定所謂「若反」究竟想要表達甚麼？再者，「正言」是否能理解為「正道之言」或是「正面的話」也是值得思考的。「正面」究竟指的是正反相對意義之下的意涵，或是另有所指？僅憑字面上的直譯並不能給我們清楚明確的解釋。

那麼「正言若反」一詞應該如何理解才算是恰當呢？才能使這個詞的意義清楚明白的顯現出來？我們先來檢視上面所舉的四種解釋，之所以無法讓我們對「正言若反」的意涵有清楚的了解與掌握的原因，乃是由於他們都是孤立的看這個詞，亦即把這個詞從它所出現的語文脈絡中抽離出來，致使我們無法依據上下文脈絡來判定「正言若反」這個詞的意涵。孤立的看這句話的結果是，不僅無法讓我們對這個詞有清楚的了解與把握，而且還有誤解的風險。筆者的主張是，想要適當的了解與把握「正言若反」一詞的意義，就必須從它所出現的語文脈絡來分析。所依據的理由是，唯有扣緊上下文的語言脈絡，才能清楚的掌握一個詞或一句話的意義。因為一個詞或一句話的意義，是透過上下文句來規定的。正如前文所引邱黃海先生的說法：「要瞭解義理，它的工作對象不但不是那一個個的字，甚至也不是句子，而是句子與句子之間的關係。」任何一個字、一個詞乃至一句話，它都不是憑空出現，這句話的意義必須透過它與上下文脈絡的關聯來了解。這也就是為甚麼牟宗三先生在解釋經典時，以「依語以明義」為初步之工夫。〔註4〕所謂「依語以明義」，就是要求必須扣緊經典的文句往復體會，確實了解字裡行間的意義，然

〔註2〕 朱孟庭，〈由老子「反」的哲學論其「柔弱」哲學的義涵〉，《哲學與文化》二十七卷第四期，2000 年 4 月，頁 389。

〔註3〕 黃釗，《帛書老子校注析》（台北：台灣學生書局，1991 年），頁 417。

〔註4〕 牟宗三，《現象與物自身·序》（台北：台灣學生書局，2004 年），頁 9。

後才能對義理的層次、範圍有所決定，切忌「浮泛」、「斷章取義」或「孤詞比附」。〔註 5〕因此我們如果要確實的掌握「正言若反」一詞的意涵，唯有扣緊它所屬的語文脈絡中來釐清，不可只憑孤立的一句話來揣測其義。

　　要作語文脈絡的分析，就要先對「正言若反」篇章歸屬的問題有所決定。是否「正言若反」一詞應當從王弼本歸屬於〈七十八章〉？依據朱謙之先生的《老子校釋》，所引吳澄的看法，認為「正言若反」當該歸屬於〈七十九章〉的起語。面對這兩種分歧的看法，篇章歸屬問題當如何決定，是我們在對「正言若反」一詞作語文脈絡分析之前，首先要解決的問題。若是無法釐清這個問題，則無法確定這句話的語文脈絡，以下針對此一問題試作討論。

第一節　篇章歸屬問題的決定

　　「正言若反」應當歸屬於《老子》〈七十八章〉或〈七十九章〉的問題，歷代注解家所持見解並不一致。王弼本將「正言若反」分屬於〈七十八章〉之末句，大部分的注本如：河上公《道德眞經註》、范應元《老子道德經古本集註》、王船山《老子衍》等皆從之。蘇轍《老子解》與憨山大師《老子道德經解》雖然於各章之前，並無如王弼本、河上公本編有章號，然「正言若反」這句話仍置於「聖人云」四句之末而非〈七十九章〉「和大怨，必有餘怨」之前，此編排方式同於王弼本。近代出土的帛書《老子》甲乙本與竹簡本《老子》，於《老子》各篇均不分章，因此「正言若反」在帛書《老子》與竹簡《老子》中並無分章的問題。朱謙之《老子釋證》則認為「正言若反」應當分屬於〈七十九章〉而非〈七十八章〉，朱先生引吳澄的說法來證明：

> 今案上章「聖人云」四句作結，語意已完，不應又綴一句於末，他章並無此格。「絕學無憂」章、「希言自然」章皆以四字居首，為一章之綱，下乃詳言之，此章亦然。又「反」、「怨」、「善」三字叶韻，故知此一句當為起語也。〔註6〕

〔註 5〕　牟先生說：「在了解文獻時，一忌浮泛，二忌斷章取義，三忌孤詞比附。須剋就文句往復體會，可通者通之，不可通者存疑。如是，其大端義理自現。一旦義理浮現出來，須了解此義理是何層面之義理，是何範圍之義理，即是説，須了解義理之『分齊』。分者分際，義各有當。齊者會通，理歸至極。……其初也，依語以明義。其終也，『依義不依語』。」（參見牟宗三，《現象與物自身・序》，頁9。）

〔註 6〕　朱謙之釋、任繼愈譯，《老子釋譯》（台北：里仁書局，1985 年），頁 303。

由這段文字可以看出，吳澄主張「正言若反」不應分屬於〈七十八章〉之末句，而應當分屬於〈七十九章〉之起句的理由有三：第一，從聲韻的角度來看，「反」、「怨」、「善」三字叶韻，所以「正言若反」應當作爲〈七十九章〉的起語。第二，「聖人云」四句已是一章結語，語意已經完結，《老子》其他篇章並無語意已完結者，又綴一句於末之例。第三，「絕學無憂」〈二十章〉與「希言自然」〈二十三章〉，都是以四字爲一章之首句，作爲一章之綱領，下面據此詳細論述之，因此這一章也應該是如此。第一點是由聲韻的角度來評斷，未涉及到語意問題。後兩點均是從《老子》其他篇章之體例來推斷本章之編排。

　　如果我們注意這三點的命題邏輯形式，則可以發現吳澄所提三點看法皆不能成立。第一點，「『反』、『怨』、『善』三字叶韻，故知此一句當爲起語也」，依據朱謙之先生的考訂，〈七十八章〉江氏《韻讀》：強、剛、行韻（陽部），垢、主韻（侯部），祥、王韻（陽部），言、反韻（元部）。〔註7〕朱先生據此認爲「正言若反」當屬下章，因爲反、怨、善爲元部聲，三字叶韻。〔註8〕但是，單憑反、怨、善三字叶韻，就斷定「正言若反」當屬〈七十九章〉，證據並不充分，《老子》文句雖有押韻，但並不似詩歌有嚴格的押韻規則可循。「正言若反」是否能歸屬於〈七十九章〉，應當從語文脈絡來觀之，而非由是否叶韻的觀點來判斷。

　　第二點，「今案上章『聖人云』四句作結，語意已完，不應又綴一句於末，他章並無此格。」這個說法可以改寫成，「在《老子》中，凡一章之結語者，語意已完，下無綴句之例」的主謂式全稱否定命題。從命題形式的角度來看，全稱否定命題的主謂關係是排斥關係。《老子》其他篇章的行文體例固然有跡可尋，可是如何保證此章必然也是如此，而沒有例外的情形？《老子》一章之結語，語意已完者，也未必全如吳澄所說無又綴一句之例，如：「故去彼取此」〈三十八章〉、〈七十二章〉；「聖人皆孩之」〈四十九章〉皆屬一章結語之後，又綴一句之例。即便是語意已經完結，下文仍可綴句，以收攝一章之要旨，並無不可。所以此句應該改寫成「在《老子》中，凡一章之結語者，語意已完，下不必無綴句之例。」的偏稱肯定命題，若是如此，主詞「凡一章之結語者，語意已完」與謂詞「下無綴句之例」是不充分條件關係。以此觀之，吳澄第二點理由並不能成立。

〔註7〕　朱謙之釋、任繼愈譯，《老子釋譯》，頁303～304。
〔註8〕　朱謙之釋、任繼愈譯，《老子釋譯》，頁304。

　　第三點，「絕學無憂」章、「希言自然」章皆以四字居首，爲一章之綱，下乃詳言之，此章亦然。」可以改寫成「在《老子》中，凡以四字爲首句者，爲一章之綱，下乃詳言之」的全稱肯定命題。這句話的重點不在於，四字是否居首？而在於以四字居首者，是否扮演著提綱挈領的作用？能否將一章的義理給串連起來？如果我們檢視「希言自然」與「絕學無憂」兩句與下文之關係，可以發現這兩個句子的確實爲一章之綱要。〔註9〕那麼「正言若反」是否能歸屬於〈七十九章〉的起句，也應該從這句話是否能作爲〈七十九章〉之綱要的角度來檢視。「正言若反」單從這句話來看，應當解爲：「若想要呈顯正面的意涵，就必須從好像相反的角度來言說」，那麼〈七十九章〉所關心的重點是否在此呢？我們順著〈七十九章〉的語文脈絡來考察：

　　　　和大怨，必有餘怨，安可以爲善？是以聖人執左契，而不責於人。

　　　　有德司契，無德司徹。天道無親，常與善人。

想要調和積重難返的大怨，必定會使對方受到委屈，所以無法完全將怨恨消彌。這難道是一個好的方法嗎？「契」是契約。楚人尚左，俗人立契，以左爲尊，故債權人執左契，用以責債，此俗人之所爲也，債責而不得，適足以構怨。〔註10〕聖人不執左契爲據，以責求對方，向對方討債，所以不會使雙

〔註9〕　先看〈二十三章〉：「希言自然。故飄風不終朝，驟雨不終日。孰爲此者？天地。天地尚不能久而況於人乎？」「希言自然」自然之至言即是無言之言，表示「道」是自己如此無心自然的存在。下言「飄風」、「驟雨」是屬於有心有爲，因此無法持久。造作「飄風」、「驟雨」的是天地，連天地都無法使之長久，更何況是有心有爲的人呢？「希言自然」所表示的是無心無爲的常道，即「道法自然」之意。只有常道才能持久，「飄風」、「驟雨」以及人爲都是「可道」，所以無法長久。

　　　　再看〈二十章〉：「絕學無憂。唯之與阿，相去幾何？善之與惡，相去若何？」〈二十章〉「唯」、「阿」、「善」、「惡」都是相對的標準用以說明事物，然事物的本身並無「唯」、「阿」、「善」、「惡」這些概念，這是人自己制訂出來的語言概念，大道的面前都是渾然無別。故曰：「相去幾何？」作爲一個字來看時，「唯」與「阿」是沒有差別的，「善」與「惡」也是渾然無別。「絕學無憂」即是「爲學日益，爲道日損」〈四十八章〉的意思，人透過學習則知識也與日俱增，但是學習知識的同時，心知也會執定這些由學習認知，所帶來對是非相對價值標準的執定，而此是非標準即是我們判斷外界事物優勝劣敗的價值準則。《老子》則認爲外界事物乃是自然的存在，並沒有所謂的是非善惡。而這些是非善惡的標準，對於我們爲道的路是有所阻礙的，因此必須損落心知對這些相對價值標準的執定。「絕學無憂」下文皆是詳細論述這個意思。以此觀之，「希言自然」與「絕學無憂」在一章之首，扮演著提綱挈領之作用。

〔註10〕　陳錫勇，《老子校正》（台北市：里仁書局，2003年），頁162。

方產生怨恨。帛書甲本作「聖（人執）右契，而不以責於人」。〔註11〕聖人反於世俗的作法，不以左契責求於人，不自恃己爲債權人去壓迫、責求對方，這樣就是有德的人。所以下面說「有德司契，無德司徹」，「徹」是稅法制度，有德的人執契約，重視與他人的信諾；無德的人以稅法制度去剝削、壓榨對方。本章結尾說，天道沒有特別與誰親近，只與善人親近，善人應指有德之人。不以任何一種形式，去責求、壓迫對方的人，就是善人，就是有德之人。

所以本章的重心應在於「不責於人，才是調和大怨最好的方法」，不以某種理由（如：契約、稅法）去責求、壓迫對方，這樣才能眞正的消彌怨恨。由此觀之，「和大怨」似乎是「正言」，「不責於人」似乎是「看似相反的言說」。但如果我們詳細考察則可以發現，「和大怨」和「不責於人」並不具有一種正反相對之關係，「不責於人」的結果也無法透過「和大怨」的方法來實現。因爲「和大怨」的反面應是「必有餘怨」；而「不責於人」的反面應是「責求於人」。但是從「必有餘怨」的角度，無法達到「和大怨」的目的；「責求於人」也無法使「不責於人」的義涵顯現出來。且本章的主旨乃是在於，指出世俗之人化解、調和大怨的方法是有問題的，因爲從世俗的角度出發，無論如何調和，都無法眞正的化解怨恨。下面只接著說「是以聖人執左契，而不責於人」，卻沒有直接的說明，「聖人執左契，而不責於人」即是化解大怨的方法。由此觀之，〈七十九章〉應是旨在點出「和大怨，必有餘怨」的弊病並予以批判，而非旨在討論「道」的表述問題或「道」的實踐問題。是故，筆者以爲若從〈七十九章〉的義理脈絡來看，「正言若反」若置於本章首句，無法達到提綱挈領的效果。

上面的論述已經證明了「正言若反」不當歸屬於〈七十九章〉的起語，接下來我們要檢視這個詞是否可以歸屬爲〈七十八章〉的末句？要了解「正言若反」是否爲〈七十八章〉的末句，單從這個詞語的字面意義是無法予以決定的，我們必須扣緊〈七十八章〉的語文脈絡來作分析，才能了解這個詞放在本章的末句時，是否能作爲〈七十八章〉的總結，能否達到收攝一章之旨的目的？如果答案是肯定的話，我們才能說，「正言若反」一詞應當歸屬於〈七十八章〉的結語，而非〈七十九章〉的起句。茲先錄出原文，再作分析：

> 天下莫柔弱於水，而攻堅強者莫之能勝，其無以易之。弱之勝強，
> 柔之勝剛，天下莫不知，莫能行。是以聖人云，受國之垢，是謂社

〔註11〕陳錫勇，《老子校正》，頁163。

　　稷主：受國不祥，是為天下王。正言若反。

這段話表達了三層涵義：第一，以水喻道。《老子》往往以水喻道，例如：
「上善若水。水善利萬物而不爭，處眾人之所惡，故幾於道。」〈八章〉這
裡表示水有三種特性：善利萬物、不爭與處眾人之所惡。其中，善利萬物
的特性必須透過不爭，才能使之實現出來，而「不爭」就是無心、無為。「水
善利萬物而不爭」即為「生而不有，為而不恃」〈二章〉的意思，道之所以
能生萬物，就在於「不有」，道不以萬物為己有，所以才能使萬物自生自長，
萬物的生就在「不有」的無心、無為中實現出來。「為而不恃」也是同樣的
意思，道不自恃其所為，才能實現它生長萬物的「為」，必先無為才能無不
為。無為是無掉、消解有為的心。這裡的「不爭」也是一樣，水無心、無
為，不與外物相爭，所以才能善利於萬物。「處眾人之所惡」，水性是往下
流的，這正是世俗所厭惡的。水有自處卑下的特性，此特性乃是順著水自
然的本性，是自己如此、自己而然的。水的柔弱就是「不爭」與「處眾人
之所惡」，簡言之就是自然、無為、無心。此三者特性與「道」相似，所以
老子說：「故幾於道」。由此可知，這裡的「天下莫柔弱於水，而攻堅強者
莫之能勝，其無以易之。」亦是以水喻道的例子。這兩句的意思是說：水
雖然是天下間最柔弱的東西，但它成就事物的力量卻也是最大的，天底下
任何都東西都無法勝過它。這句話是強調「柔弱」的重要，因為水有柔弱
的特性。這一句的主詞雖然是水，但其實《老子》真正想表達的是「道」
的柔弱、不爭、攻堅強者莫之能勝之性格，由於「道」是無法以感官經驗
感知的抽象概念，亦無法以語言定義分析，為了言說上的需要，以水柔弱
的特性來比喻道，方便讀者了解。

　　第二，強調行的重要，「弱之勝強，柔之勝剛」的道理是天下皆知，卻又
無人能做到。這句話的重點在於「天下莫不知，莫能行」，知是理論上的了解；
行是落實於生命上的實踐，僅僅闡明了道自然無心的性格，說明擁有此性格
的水能勝過堅強之物的道理，理論上的了解不等於生命的實踐，所以下文才
接著說「是以聖人云」，這句話意味著聖人要將這個道理，從理論的層次落實
到實踐的層面。

　　第三，論述成為社稷主、天下王的方法。「受國之垢，是謂社稷主；受國不
祥，是為天下王。」「社稷主」、「天下王」是一國之君。這句話是說，想要成為
天下間權力最大的人，擁有最高的榮耀，反而必須要能夠承受一國之污垢與禍

患（「受國之垢」、「受國不祥」）。郭鶴鳴先生對此有一段精闢的見解，他說：

> 所謂「反」，其意即指君王本來地位極為尊貴，權勢極為強大，高高
> 在上，崇隆顯赫，但是苟欲實行理想的政治之道，就必須要紆尊降
> 貴，「反」過來、倒過去虛己以禮賢，謙卑而下士，願意去受國之垢、
> 受國不祥。……世俗國君但知藉其權勢以行其令、止其禁，逞剛強
> 以遂其私欲，老子卻「反」其道而強調欲為社稷之主，則須自下以
> 受國之垢；欲為天下之王，更須自卑以受國不祥，所以說「正言若
> 反」，帝王之正道乃「反」乎時君世主之所行也！〔註12〕

世俗國君只看到他們所擁有至高無上的權力，心知執定君位的虛名，而忽略
了一國之君應該踏踏實實為國家百姓做事，而不是只陷溺於陰謀私欲的權力
爭奪中。因此《老子》認為想要成為一國之君，唯有解消心知對於君位虛名
的定執，才能放下身段謙卑的承受一國的污垢與禍患，這樣的人才能成為真
正的「社稷主」與「天下王」。從這段話來看，消解心知對於君位虛名的執定，
是實現一國之君實質內涵的成立條件。然這個結論是我們通過語意分析，所
發掘出來隱藏在《老子》文句中的意思。因此，我們要進一步的去問，在「是
以聖人云，受國之垢，是謂社稷主；受國不祥，是為天下王。」這一段話中，
哪一句涵蘊了「消解心知對於君位虛名的執定」的意思？很顯然的，是「受
國之垢」與「受國不祥」。垢是污垢；不祥是禍患。這兩句話字面上的解釋是，
承受一國的污垢與禍患，在《老子》的原文中並未對這兩句話做進一步的規
定與說明。嚴遵《老子指歸》對這兩句話的解釋，較《老子》更為清楚，我
們在這裡可引出來以資參考：

> 何謂受國之垢？曰：食民所吐，服民所醜；居民所使，樂民所苦，
> 務在順民，不遑適己。故民託之如父，愛之如母；願為臣妾，與之
> 俱死。何謂受國不祥？曰：忍民所醜，受民所惡；當民大禍，不以
> 為德；計在喪國，不失天心；慮在殺身，不失民福。〔註13〕

嚴遵對「受國之垢」的解釋是，吃人民所吐出來的食物，穿人民所厭惡的衣服。
以人民所苦的為樂，目的在服務百姓、順從百姓的要求；把自己的榮耀、需求

〔註12〕郭鶴鳴，〈「老子之道」詮釋觀點的重新擬議——讀劉笑敢教授〈關於老子之
道的新解釋與新詮釋〉與袁保新教授〈再論老子之道的義理定位〉後的思考〉，
《國文學報》，第27期，1998年6月，頁10。

〔註13〕嚴遵著，王德有譯注，《老子指歸譯注》，卷之7，〈柔弱於水篇〉，頁341～
343。

放在最後。所以人民是國君為父母，願意當他的臣妾，與他同死。「受國不祥」，是能忍受人民所厭的惡；承受人民的禍患，而不自以為有德。這樣的國君，是把自己個人的榮耀放在最後，人民的需求放在最前面，所以才能成為真正的一國之君，受到人民的擁戴。此即「後其身而身先，外其身而身存。」〈七章〉，將自己放在最後，才能使自己站在最前面。將自己置之於度外，才能夠保存得住自己。「後其身」、「外其身」是虛掉心知對自己生命形軀的固執，也就是「受國之垢」與「受國不祥」的意思。「受國之垢」與「受國不祥」是要虛掉心知對於國君個人榮耀的執定，把個人的需求、榮耀放在最後，把百姓的需求放在最前面，即是「務在順民，不違適己」。能為百姓承受大禍，卻不自以為有德，也是解消了對自己功勞的定執。虛掉心知對國君榮耀及權力的執定，即是《老子‧十六章》所說的：「致虛極」的工夫；因為虛掉心知對國君榮耀與權力的執取，所以能讓心不被外物誘惑牽引而出，此即是「守靜篤」的工夫〈十六章〉。由此可知，「受國之垢」、「受國不祥」與「後其身而身先，外其身而身存。」暗示了《老子》「致虛守靜」的修養工夫。用暗示一詞，在於表示「致虛守靜」的工夫義是隱藏在《老子》這樣看似相反的表述方式中，例如前文所舉的例子：「受國之垢」、「受國不祥」。垢與不祥，在一般人的觀念裡，是不好的意思，亦即是反面的意思。而《老子》往往透過這種看似相反的字眼，如：「後其身」、「外其身」、「不德」、「不仁」、「絕聖棄智」、「絕仁棄義」等，來暗示「致虛守靜」的工夫修養。「後」、「外」、「不」、「絕」等字眼，不是否定的意思，而是要吾人消解心知對於「聖」、「智」、「仁」、「義」、「身」、「德」的執定，唯有在主觀心境中鬆開吾人對「聖」、「智」、「仁」、「義」、「身」、「德」的執取，才能將「聖」、「智」、「仁」、「義」、「身」、「德」真正的價值意涵實現出來。此心知的消解就是「致虛守靜」的修養工夫，虛掉對相對價值標準的執定，返回主觀心境中做虛靜的工夫，才能實現「聖」、「智」、「仁」、「義」、「身」、「德」真正的價值，而不使這些價值因吾人的心之執定而僵化、扭曲。透過此工夫修養使吾人的生命，能從心知對於價值標準的執取中超脫出來，回歸到素樸自然的狀態，這時「道」就在吾人生命中顯現出來。而就在吾人與萬物各據其性、各正其位當中，主體回歸到本然之主體性，客體回歸道本然之客體性。〔註14〕透過「致虛守靜」的工夫修養，達到「一復」而「一切復」的狀態。〔註15〕由以上推論可知，「受國

〔註14〕袁保新，《老子哲學之詮釋與重建》，頁96。
〔註15〕袁保新，《老子哲學之詮釋與重建》，頁97。

之垢」、「受國不祥」這樣看似相反的字眼或句子，是「社稷主」、「天下王」的成立條件。而被實現出來的「社稷主」與「天下王」，即是「道」之境界的顯現。「受國之垢，是謂社稷主；受國不祥，是爲天下王」，這句話是在探討「道」的實踐問題，即如何透過語言的指點，讓道實現出來的問題？如何實踐「道」的問題，《老子》是透過看似相反的字眼或句子來表達。這種表達的方式，《老子》稱之爲「正言若反」。

　　由以上三層分析觀之，「正言若反」應爲〈七十八章〉的總結。因爲本章的思想義理皆是以「正言若反」的表述方式來表達，而在末句的部分以「正言若反」四字作結，提示這樣的表述方式即是「正言若反」，以此收攝一章之旨，是十分合理的。透過前文語文脈絡的分析，我們可以知道「天下莫柔弱於水，而攻堅強者莫之能勝，其無以易之」與「受國之垢，是謂社稷主；受國不祥，是爲天下王」均屬於「正言若反」的表述方式。所謂「若反」是《老子》中看似相反的字眼或句子，如「受國之垢」、「受國不祥」這樣的句子，是打破世俗之人對於一國之君的觀念。世俗之人都認爲一國之君應該高高在上，擁有最高的權力與榮耀；可是《老子》卻認爲要將一國之君的實質內涵實現出來，成爲實至名歸的一國之君，則必須要能承受一國的污垢與禍患，替百姓分擔苦難、解決問題。水的比喻也是同樣，在世俗觀點中，柔弱是不堪一擊的，《老子》卻認爲柔弱的水，對堅強事物的破壞力才是最大的，任何能摧毀堅強的東西都無法勝過它。這樣的表達方式就是「若反」。《老子》透過看似相反的字眼或句子，以解消世俗對於價值標準的執定。所謂的「相反」是相對於世俗觀點來說的，因爲諸如「受國之垢」、「受國不祥」、「弱之勝強」、「柔之勝剛」等句子，在世俗觀點中就是反言，可是從「道」的角度觀之，這樣的反言反而是能呈顯「道」真正的價值意涵的言說方式，所以《老子》說是「正言」。由這兩段話來看，無論是以水喻道、或是政治哲學的實踐問題，都是透過看似相反以呈顯合道正言的表述方式來表達。因此我們可以說，這一章之要旨就是「正言若反」。而透過「正言若反」想要表達的，就是那不可言說的形而上的「道」。由此我們可以說，本章的義理是以「正言若反」四個字來收攝，所以「正言若反」一詞應爲〈七十八章〉的結語，以此來收攝一章之旨，作爲本章之總結是非常合理的。所以我們得到這樣的結論：「正言若反」應歸屬於〈七十八章〉的末句而非〈七十九章〉的起語。

第二節 「反」字的意涵與「正言若反」的解釋

　　「正言若反」一詞應該如何解釋，除了必須從〈七十八章〉的語文脈絡來分析之外，字義上的訓詁工作亦可幫助我們了解這個詞的涵義。依據上一節對〈七十八章〉的分析論述，《老子》並未對「正言」與「若反」做出規定。《老子》只是在「聖人云：受國之垢，是爲社稷主；受國不祥，是爲天下王。」四句之後以「正言若反」一詞收攝一章之旨。從語文脈絡觀之，「受國之垢」、「受國不祥」應當是《老子》所謂的「若反」；而「社稷主」、「天下王」則是他所謂的「正言」。從語言表述方式看，「受國之垢」、「受國不祥」是透過「看似相反」的方式表達的語句，用意即在打破吾人對語言概念單一性的思考習慣，以呈顯「正言」的眞正意涵。從「道」的實踐層面來看，「受國之垢」、「受國不祥」是「社稷主」、「天下王」的實踐基礎。「社稷主」、「天下王」的眞正價値意涵能否被實踐出來，是由國君能否確實地實踐「受國之垢」、「受國不祥」來決定的。而以此實現出來的「社稷主」、「天下王」，即是能夠體現「道」的一國之君。所以我們可以說，「受國之垢」、「受國不祥」是「社稷主」、「天下王」的成立條件。因此，我們可以說，要實現「正言」唯有透過「若反」的方式。

　　我們能否因此而主張，「反」之一字即是「正言若反」的解釋關鍵？答案是肯定的，我所持的理由是：「正言」既然是必須透過「若反」的方式來實現，所以它的意義應當由「若反」來突顯。若由「正言」著手了解，則容易受到一般語言的有限性的影響，將正與反視爲相對的概念，這樣一來，反而會使得「正言若反」的解釋更加困難了。所以，我們可以說，「反」字是「正言若反」的解釋關鍵。

　　「反」字義的解釋，對於我們「正言若反」的解釋工作，能提供甚麼樣的線索？是本節所要討論的目標。《老子》中言「反」的原文共有四處，茲先將原文引出再做分析：

> 有物混成，先天地生，寂兮寥兮，獨立不改，周行而不殆，可以爲天下母。吾不知其名，字之曰道，強爲之名曰大。大曰逝，逝曰遠，遠曰反。〈二十五章〉

> 反者，道之動；弱者，道之用。天下萬物生於有，有生於無。〈四十章〉

古之善爲道者，非以明民，將以愚之。民之難治，以其智多。故以
智治國，國之賊；不以智治國，國之福。知此兩者，亦稽式。常知
稽式，是謂玄德。玄德深矣，遠矣，與物反矣，然後乃至大順。〈六
十五章〉

正言若反〈七十八章〉

由以上四則引文，我們可以很清楚地看到，《老子》不是用疑似之辭（或、似、
恍惚）來描述「道」，就是自覺地表示他在「強爲之名」，再不就是以一連串
意義獨立甚至相反（大、小、逝、遠、反）的概念來遮撥定名可能帶來的執
定。〔註16〕此大、逝、遠、反的概念應當如何了解，王邦雄先生說：

同時，亦表道之一往前行（大曰逝），與無遠弗屆（逝曰遠），此即
「周行而不殆」之意。「反」者所指者何，非相反相生之意，而是指
返歸其自身，不離其自身之謂。〔註17〕

王先生將「反」解作「返歸其自身」的意思。大、逝、遠表示「道」的運行，
是一往前行、無遠弗屆的，亦即「周行而不殆」。「道」是周遍無限的存在，
它實現萬物的作用是不會消失、減損的。其關鍵就在於，「道」有能返歸其自
身的作用，此其乃「反」的作用。「道」有能實現萬物的「有」性，亦有能反
歸其自身的「無」性。無而能有，有而能無，此即是「道」性，亦是「道」
之所以能作爲天下母的實現原理。〔註18〕此義可證諸《老子》首章：「無名天
地之始，有名萬物之母。故常無欲，以觀其妙；常有欲，以觀其徼。此兩者
同出而異名，同謂之玄，玄之又玄，眾妙之門。」和〈四十章〉：「天下萬物
生於有，有生於無。」何謂無？何謂有？牟宗三先生認爲，「無是個虛一而靜
有無限妙用的心境」；「有就是無限妙用、虛一而靜的心境的矢向性，用道德
經的話講就是徼向性」。〔註19〕「無」與「有」是「道」的雙重性。〔註20〕「無」
是沖虛玄德無限的妙用，但只有「無」無法實現天地萬物。「有」是創造萬物
的徼向性，一有徼向性出現而落在有中，停滯於「有」就成其爲有限，則失
去無的無限妙用。〔註21〕所以必需要解消此徼向性的有，此解消的作用就是

〔註16〕袁保新，《老子哲學之詮釋與重建》，頁177。
〔註17〕王邦雄，《老子的哲學》（台北：東大圖書股份有限公司，2004年），頁99。
〔註18〕牟宗三，《中國哲學十九講》，頁98。
〔註19〕牟宗三，《中國哲學十九講》，頁97。
〔註20〕牟宗三，《中國哲學十九講》，頁98。
〔註21〕牟宗三，《中國哲學十九講》，頁98～99。

「玄」與「反」。「玄」即是由「無」發出的「有」，不停滯於「有」的徼向性上，發出來又化掉而回到無。〔註 22〕「反」即是返歸其自身的作用，復歸於樸的意思。

　　「反者，道之動」的「反」，也是解作返回、復歸。即反歸於道的自身，復歸於樸的意思。徐復觀先生說：

> 所謂反者道之動的「反」，即回歸、回返之意。道要無窮的創生萬物；
> 但道的自身，決不可隨萬物而遷流，應永遠保持其虛無的本性；所
> 以它的動，應同時即為它自身的反。反者，反其虛無的本性。虛無
> 本性的喪失，即是創造力的喪失。同時，道既永遠保持其虛無本性，
> 它便不允許既生的萬物，一直殭化在形器界中，而依然要回到「無」，
> 回到道的自身那裡去；這是萬物之「反」，也即是道之「反」。否則
> 道之自身，便也將隨萬物的殭化而殭化。〔註 23〕

「道」創生了萬物之後，不能僵化在萬物之有中，必須返回自身虛無的本性。所謂虛無，並非是空無一物，而是指沖虛玄德無限的妙用。而「道」之動，就在返歸其自身中顯現。「弱者，道之用」，「道」實現萬物的妙用，就在柔弱中顯現。這裡的柔弱是虛是無，即「虛而不屈，動而愈出」〈五章〉、「有之以為利，無之以為用」〈十一章〉的意思。唯有虛、無才能生生不息的實現萬物。虛、無就是《老子》所說的「柔弱」，即無心而為，不干擾、不造作之意。下面一句說：「天下萬物生於有，有生於無。」「有」是徼向性，萬物在此徼向性中得以實現，而此徼向性又是來自於無。「道」的運行在返回其自身的過程中顯現；而「道」實現萬物的妙用，就在柔弱中發顯。天地萬物就在「反」與「弱」的妙用中實現出來。

　　〈六十五章〉的「反」，是否也能解作返回、復歸的意思？本章旨在論述在上位者，不應以智治國，因為智多是民之難治的原因。何謂智多？「智多」，即多欲；多欲則爭奪起而互相陷於危險。〔註 24〕「智多」即「明民」，王弼注云：「明，謂多智巧詐，蔽其樸也。愚，謂無知守真，順自然也。」「明」和「愚」顯然不能從世俗的觀點來了解。「明」在《老子》的看法中是多智巧詐，負面的意思。智巧乃是由於人的心知執取相對的價值標準，並不擇手段追逐

〔註 22〕牟宗三，《中國哲學十九講》，頁 99。
〔註 23〕徐復觀，《中國人性論史・先秦篇》，（台北：台灣商務印書館，1999 年），頁 347。
〔註 24〕徐復觀，《中國人性論史・先秦篇》，頁 353。

馳騁這些相對的標準，人為造作也就因之而起。人為造作會導致人心紛亂，產生邪淫妄作的情事，將彼此陷於危險。「愚」是就心知的無知無欲來說的，無知無欲才能返本復道，復歸於樸，使人遠離人為造作，返回生命的本真自然。故《老子》說：「古之善為道者，非以明民，將以愚之。」因此統治者不應該以智治國，因為統治者的治國方針會帶給人民影響。國君以智治國，則人民就多智巧詐，則國家也就會越見紛亂；反之，國君若以「道」治國，則人民就會無知無欲，守真自然。所以下面說「玄德深矣，遠矣，與物反矣，然後乃至大順」，「反」即是反歸其根，反歸其德。〔註25〕也是解作返回、復歸的意思。「玄德」，就是深遠而不可知的道之作用。〔註26〕也就是返回自然素樸的大道。《老子》主張國君應返回自然素樸的大道，如此國家就能處在和諧自然的狀態中。

〈七十八章〉的「反」又該如何解釋呢？從字面上來看，「正言若反」應解釋為：透過看似相反的字眼或句子，以呈現正言真正的價值意涵。從這樣的解釋來看，「若反」的「反」應當解為相反的意思。透過看似相反的字眼或句子，才能呈顯正言真正的價值意涵，何以故？因為若直接分析的說甚麼是「正言」，對「正言」下定義，吾人心知就會執定正言的概念。一旦吾人執定了甚麼是正言時，必定會有一個反言與之相對，這樣一來，正言就被分割、割裂了。《老子》從世俗觀點的反面角度來思考，使用看似相反的字眼或句子，避免吾人心知對於語言概念的執定，這樣才能將「正言」真正的價值意涵表達出來。

由以上前三則引文可知，《老子》的「反」是解作返回、復歸的意思。那麼，「正言若反」的「反」，是否也可解作返回的意思？一般來說，「反」有二義，一曰相反；一曰返回、回返。在上一節中，我們已從〈七十八章〉的語文脈絡中分析了「正言若反」的涵義，此處不再贅述。這裡想要討論的是，「正言若反」的「反」字，應當解作相反還是返回的意思，抑或是兩者皆能成立？若是這兩者皆能成立，那麼這兩種意思將會對「正言若反」的解釋產生甚麼樣的影響？解作相反時即表示「看似相反」的意思，而「看似相反」是從世俗的觀點來說的，若從「道」的角度來看，則無相反。關於此點，留待第四章再來詳細討論。

〔註25〕徐復觀，《中國人性論史·先秦篇》，頁353。
〔註26〕王邦雄，《老子的哲學》，頁99。

　　解作返回時,「正言若反」又表示甚麼意思呢?「正言」在《老子》中是表達道的言說,「道」不是抽象的思辨概念,它是必須透過工夫實踐而被實現出來的天地大路。而「若反」就是表示工夫實踐的意涵,透過反的作用,返回生命的本眞,自然素樸的大道。如此「正言」的價值意涵不僅被表達出來,更被實現出來。由此我們可以看到,「正言若反」除了如何表述「道」的問題之外,還有實踐哲學的意涵。返回、復歸即是「致虛守靜」的修養工夫,透過此工夫,解消心知對於相對價值標準的執定,回歸心靈虛靜的狀態,使心靈層次提升至「道」的境界。如:「絕聖棄智」、「絕仁棄義」字面上雖無法看出返回、復歸的意思,可是想要通過否定形式化、僵化的聖、智、仁、義,以實現聖、智、仁、義眞正的價值意涵,就必須通過返回、復歸的方式才能達到。唯有返回主觀心境,做「致虛守靜」的修養工夫,解消心知對於聖智仁義標準規範的執定,使心靈提升至虛靜的狀態,才能復歸聖、智、仁、義眞正的價值意涵。這種返回、復歸的意涵,我們無法直接從字面上看出,因爲它是隱藏在字裡行間。〔註27〕所以,我們必需要透過分析的方式,才能看到這層意思。從實踐層面的角度來看,「受國之垢,是謂社稷主;受國不祥,是爲天下王」,想要成爲一國之君,就必須要能承受一國之污垢與苦難。所以,「受國之垢」、「受國不祥」是「社稷主」與「天下王」的實現條件。《老子》是透過看似相反的字眼或句子,藉以提點「致虛守靜」主觀的修養工夫,以實踐「道」。在這個意義之下,「反」就不再是相反的意思,而應解作返回的返,如〈四十章〉:「反者,道之動。」的「反」。此反即返回吾人主觀心境做實踐的工夫,「道」就在此主觀心境的超越飛昇中實現出來。被實踐出來的道,具有正面的意涵;而表示正面意涵的語言就是「正言」,因此「正言」是合道之言,也是道化境界的顯現。此即釋德清《老子道德經解》所說的:「然柔弱無爲,乃合道之正言,但世俗以爲反耳。」〔註28〕通過「若反」的指點與暗示來實踐的正言,才是具有實質內涵的正言。

　　由以上所述,「正言若反」的「反」應有兩個意思:從字面上,可以解爲相反;透過分析的方式,則可以看出返回、復歸的意思。因此我們可以說,「正言若反」涵蘊了兩個方面的問題:一個是語言表述層面的問題,即以甚麼樣的言說方式來表達,才不會讓「道」在語言的使用中隱退其自身?另一個是

〔註27〕此一論點爲筆者與邱黃海老師討論時,由邱老師所提出。
〔註28〕袁保新,《老子哲學之詮釋與重建》,頁97。

「道」的實踐層面的問題，即如何透過語言的表達，讓道得以實踐出來？這個結論，是我們通過〈七十八章〉這個詞所出現的語文脈絡的分析得到的。

第三節　「正言若反」的問題性

要了解「正言若反」是否爲《老子》的語言表達方式，除了逐章逐句的分析，再加以歸納統整的方法之外。我們還可以直接從老子思想的基源問題來探問。只要確定了《老子》哲學的根本問題，再從上一節的結論來思考，「正言若反」所涵蘊的問題，是否能作爲回答《老子》基源問題的予料？如果答案是肯定的話，「正言若反」是《老子》的語言表達方式，這個命題就可以成立。

袁保新先生認爲，老子思想的基源問題，就是對「道」的失落與回歸的反省，他說：

> 老子的哲學確實是由現實人生的深切關懷開始，但是，當他發現政治的混亂與人生的困頓均是因爲「失道」的緣故之後，他所探問的每一個問題——如何實現理想的政治？如何成爲聖人？如何向上實現生命之善與大？也都可以歸化爲：「道」是如何失落的？眞正的「道」在哪裡？「道」是甚麼？我們應該如何體現「道」？換言之，整個老子哲學，其實都是圍繞著「道」一概念所展開的一系列價值根源的探索。因此，我們可以很肯定的說：老子思想的基源問題，就是對「道」的失落與回歸的反省。〔註29〕

袁先生在此處借用了勞思光先生「基源問題」這個概念，〔註30〕以說明《老子》的問題根源就是「道」的失落與回歸。「道」無疑是《老子》哲學的核心，也是《老子》一切理論的基礎，如同袁先生所言：整個老子哲學，其實都是圍繞著「道」一概念所展開的一系列價值根源的探索。「道」何以失落？與如何回歸於「道」？這兩個問題，能不能用《老子》裡的一句話或是一個詞來收攝呢？在這裡袁先生似乎並未給出說明。如果這兩個問題可以用《老子》

〔註29〕袁保新，《老子哲學之詮釋與重建》，頁91。

〔註30〕所謂的「基源問題」，勞思光先生說：「一切個人或學派的思想理論，根本上必是對某一問題的答覆或解答。……反過來說，這個理論的一切內容實際上皆是以這個問題爲根源。理論上一步步的工作，不過是對那個問題提供解答的過程。這樣，我們就稱這個問題爲基源問題。」（參見勞思光，《新編中國哲學史（一）》，（台北：三民書局，1991年），頁15。）

的話來收攝的話，那麼哪一句話最爲合適呢？能不能以「正言若反」一詞來收攝？要解決這個問題，我們首先必須先了解「道」的失落與回歸，是個甚麼樣的問題？他們是屬於哪些範圍的問題？然後再思考，「正言若反」是否能爲《老子》哲學的基源問題提供解答？以下由此展開論述。

　　「道」何以失落的問題，與道／言關係是相當密切的。袁保新先生說：

　　　無名之樸的「道」，是不可用名言概念加以指涉規限的，因爲「名」
　　　因「器」有，其作用即在於分別，因此名言概念只適用於一一不同
　　　的器物之上，不可用來徵定渾淪不可分的「道樸」。〔註31〕

「道」不可用語言來表達的理由是，名言概念指涉的對象，是那一一不同的器物，這些不同的器物是有固定形體、特定功用。名言概念也因爲所指涉對象的不同，而以不同的符號來表示，以便於區分現象世界中千差萬別的事物。而「道」是渾淪不可分割的。所謂渾淪，即表示吾人無法以感官知覺來認識；而名言概念所指涉的對象，都是可以透過吾人感官經驗來認識的。再者，「渾淪」也表示「道」無所不包，是一個無限的存在；而用以指涉個個具體事物的名言概念，因爲指涉對象之不同，也限制了這個概念的運用範圍。如：「花」這個語言符號，它的運用範圍只限於花這個具體的事物，它不能表示草、樹或是其他的東西。基於以上兩點，我們可以知道，「道」是不可以用名言概念來表達的。問題就在於人們往往想用有限的語言，去表達那不可言說的「道」。《老子》說：「道可道，非常道；名可名，非常名。」〈一章〉就是在告知讀者，「道」是不能透過語言來表達的。這句話是說，可以用名言概念來表達的「道」，就不是永恆不變的常道；可以用一般名言概念來了解的名，就不是《老子》用來表達道的常名了。因爲名言的本質在於區分（distinction），〔註32〕若以有限的名言去表達那無限不可分割的道之整全，就會造成「道」的割裂與封限。

　　「道」失落的原因，除了名言自身的有限性之外，還有另外一個更爲關鍵的理由，乃是心知的介入與執定。袁保新先生說：

　　　「大道」的廢失，真正的關鍵不在「始制有名」或「散樸爲器」，而
　　　是吾人心靈對名器的執著，遺忘了「大道」。〔註33〕

由這段話我們可以了解，心知對名言概念的執定，才是使大道失落的真正關

〔註31〕袁保新，《老子哲學之詮釋與重建》，頁93。
〔註32〕袁保新，《老子哲學之詮釋與重建》，175。
〔註33〕袁保新，《老子哲學之詮釋與重建》，頁94。

鍵。人一旦執取語言概念，就會落入語言的相對性中而將各種分別予以固定，也因爲這種分別與固定，而造成各種不同的事物乃至各種不同觀點的隔絕。〔註34〕「可道」、「可名」是心知對於語言概念的認可與執定，此心知認可與執定會使人與大道漸行漸遠。王邦雄先生說：

> 良心的認可，代表有心的執著，有心有爲，構成人爲造作，就不再
> 是無心無爲的自然虛靜了。人心認可言說的道，人心認可引導的名，
> 是相對的規定，因人因時因地而不同，所以它是變動的，且人爲造
> 作是人做出來的，所以可能是虛假的。〔註35〕

可道、可名，會引發人心對名言概念的執定，而使得「道」在此相對規定中，失去原有的素樸與恆常，造成大道的失落。失去實質內涵的「道」，就只剩下徒具虛名而無實質內涵的空概念。所以可道、可名非但無法將「道」的實質內涵呈現出來，反而還會造成「道」的割裂。

　　由以上論述可知，「道」的失落，是由人心對名言概念的認可與執定所造成。根本的問題不在語言自身，而在於心知是否執取此語言概念的使用。所以當《老子》說：「道可道，非常道；名可名，非常名。」的時候，並不是要否定語言或是取消語言的價值與功用。而是要提醒吾人，不要以語言概念來定義道、規範道，否則將使「道」在語言的使用中隱退其自身。而要如何用語言來表達道，而不致使「道」在語言的使用中隱退？就成了《老子》哲學裡的一個重要問題。因爲縱然《老子》主張「不言之教」、「道隱無名」，但他總是必須透過語言文字來傳揚其學說，所以如何以語言來表達「道」？就成了《老子》哲學中極爲重要的課題。那麼《老子》是以甚麼樣的方式，來爲這個問題提供解答？對於這個問題，我們可分爲兩個層面來做說明：第一個層面是「道」的描述與指點。《老子》對道體的語言表達是採用描述與指點的方式，透過「道」、「玄」、「一」、「大」等稱謂來暗示那形而上整全不可分割的大道。依據王弼對「名號」與「稱謂」之區分，一般用以指涉現象界外延真理的是「名號」，「名號生乎形狀」、「名也者，定彼者也」〈老子指略〉，名號是定名，它的功用在於區分各個事物之間的差別。用以暗示和指點那形而上內容真理的語言是「稱謂」，「稱謂出乎涉求」、「稱也者，從謂者也」〈老子

〔註34〕邱黃海，〈「道」的旅遊指南──《莊子‧秋水》「河伯與海若的對話」之解析〉，《玄奘學報：人文專刊》第四期，2001 年 10 月，頁 164。
〔註35〕王邦雄，《21 世紀的儒道》（台北：立緒文化，1999 年），頁 90。

指略〉，稱謂則是爲了言說上的需要，而給予的一個稱呼。

　　第二個層面是「正言若反」的語言表達方式。「正言若反」所欲探問的問題，是如何以最恰當的方式來表達「道」，如何表達才不會讓「道」被語言的有限性來限制，而在此限制中隱退。《老子》所探問的方式，是運用看似相反的字眼或句子來表達。此類字詞包括否定字在內，打破吾人單一性的思考模式，解消心知對於名言概念的定執，才能將「道」的眞正意涵給表達出來，這種言說方式就是最好的表達方式。如：「上德不德，是以有德。」〈三十八章〉；「不尙賢，使民不爭；不貴難得之貨，使民不爲盜；不見可欲，使民心不亂。」〈三章〉；「絕聖棄智，民利百倍：絕仁棄義，民復孝慈；絕巧棄利，盜賊無有。」〈十九章〉等等。王邦雄先生也說：

> 「正言若反」，是以負面的表示以呈顯正面的意義，不正面說是甚麼，而僅負面說不是甚麼，也就是不以表詮，而出以遮詮，以遮撥的辯證，消解名言概念的定限，在不可說之中，以達到對道有所說的目的。〔註36〕

由此觀之，「正言若反」是屬於道／言關係的範圍。「正言若反」是藉由反轉世俗思考觀點的方式，以呈顯出合道的正言。「不正面說是甚麼，而僅負面說不是甚麼」，因爲從正面以語言界定正言的意涵，吾人心知即會執定此正言的意涵，而使得眞正的「正言」意涵反而無法顯現出來。心知的認可與執定，會造成道化之正言的割裂、扭曲。所以不能以分析的方式來表達正言的涵義，必須以遮撥的方式來指點、暗示道化的正言。故如何以語言表達「道」，而不使「道」在語言中隱退其自身，就是「正言若反」涵蘊的問題性之一。上面所述的這兩個層面，留待第四章再詳盡論證，此處只說明「正言若反」涵蘊了哪些問題性質。以上是從道／言關係來探討「正言若反」所涵蘊之問題性，下面將從道的實踐層面來討論。

　　如何回歸於道？是屬於工夫實踐範圍的問題。袁保新先生解釋說：

> 「大道」在人間世界的失廢，源於人心在名器中不能抱樸歸眞，循名忘實，捨本逐末，所以重返「大道」的懷抱也必須一一化解由虛妄主體而來的有爲造作，以「損之又損」的實踐工夫復歸到吾人生命本然虛靜的狀態……在此，我們可以發現：「道」之顯隱與吾人生命能否虛靜有極密切的關係，而「道」之能否重返人間又與聖人之

〔註36〕王邦雄，《老子的哲學》，頁98。

治息息相關。〔註37〕

「大道」在人間世界失廢的原因，在於人的心知執定外在的名器，並引發一連串人爲造作之活動，使得人世間一切價值，變成徒具虛名而無實質內涵的形式。而唯有透過吾人主體「損之又損」工夫的實踐，可返回生命本然虛靜的狀態。使人世間一切的價值，均能實現其眞正的意涵，復歸其自己，即是大道的實現。這段文字有兩個重點：（一）要回歸素樸的大道，唯有通過主體「致虛守靜」的工夫修養。（二）「道」能否重返人間與聖人之治是息息相關的，換句話說，「道」能否重返人間，端看統治者是否能體現《老子》的無爲治道。

吾人唯有通過「致虛守靜」主體修養工夫，方能回歸素樸大道。支持此一主張得以成立的理由在於：一、「道」是可以藉由主體修養工夫實踐出來。二、「致虛守靜」的工夫可以解消心知對於名器的執定。關於第一個理由，我們可以證諸於《老子・四章》：

　　道沖而用之或不盈，淵兮似萬物之宗。挫其銳，解其紛，和其光，
　　同其塵。湛兮似或存，吾不知誰之子，象帝之先。

「道」能實現天地萬物，可爲萬物之宗主，但此宗主僅是一個姿態，故曰「似」。沖虛玄德的「道」，是通過「挫其銳，解其紛，和其光，同其塵」之工夫而實現。「挫」、「解」、「和」都是解消「道」自身的光芒與功勞。「道」是天地萬物得以存在之根源，因而有實現萬物的功勞。所以必須解消此功勞，與伴隨此功勞所帶來的榮耀與光芒，而達至「同其塵」的境界。「同其塵」，解消自己的光芒與萬物混而爲一。因此，「道」實現其自身，是通過主體工夫的修養而成。「挫其銳，解其紛，和其光，同其塵」可化歸爲「致虛極，守靜篤」〈十六章〉的修養工夫。挫、解、和都是「虛」的工夫，解消心知對外在相對價值觀點的執定；「靜」的工夫在於，心在虛掉心知對一切價值標準的執定後，所呈現的心如止水的狀態。由此我們可以說，「致虛守靜」是實現「道」的工夫。第二個理由，其實已包含在第一項理由中，吾人必須要先解消心知對名器的執定，才能讓「道」於主觀心境中實現出來。而消解心知執定的工夫即是「致虛守靜」。

通過修養工夫實踐出來的「道」，是否僅能存在於吾人主觀心境之中，而不具有現實的意義呢？如果是這樣的話，那麼《老子》也無須一再強調，統

〔註37〕袁保新，《老子哲學之詮釋與重建》，頁97～98。

治者必須透過工夫修養，才能將理想的無爲治道實現出來。這樣的例子，除了可見諸於〈七十八章〉之外，還可見於〈五十七章〉：

> 以正治國，以奇用兵，以無事取天下。吾何以知其然哉？以此。天下多忌諱，而民彌貧；民多利器，國家滋昏；人多伎巧，奇物滋起；法令滋彰，盜賊多有。故聖人云，我無爲而民自化，我好靜而民自正，我無事而民自富，我無欲而民自樸。

此章一開頭就指出，以正治國會造成以奇用兵的結果。其所依據的理由是：天下多忌諱，反而使得人民越加貧窮。「忌諱」、「利器」、「伎巧」、「法令」都是人爲造作，以此治國只會使得國家越來越亂。理想的聖人之治應是，「我無爲而民自化，我好靜而民自正，我無事而民自富，我無欲而民自樸」。制定法令、利器、伎巧，只會使人心更加執取法令、利器、伎巧所帶來的相對價值標準，引發出更多的人爲造作來，而使得國家愈加昏亂、盜賊越來越多。《老子》的反省是，唯有通過無爲、無欲的工夫，消解心知對於外在標準的執定，才能返回生命素樸的大道，徹底解決這些弊病。這一章是藉由聖人之口，告知統治者治理國家所應抱持的態度，所以文句中屢次出現「民」，而在當時能夠治理國家、人民的當然也只有統治者了。當國君能實踐「無爲」、「無欲」的修養工夫時，就能讓人民自生自長、各歸其位，而讓「道」在整個現實世界中實現。從這個例子，我們可以看出「道」與政治之關聯。

《老子》對於「道」實踐的指點，是以甚麼樣的言說方式來表達？以上面所舉〈五十七章〉的例子來看，「無爲」、「無欲」在世俗觀念裡，是消極無所作爲的，因此一般人都視爲是反面的意涵。《老子》卻說唯有通過反面的無爲、無欲，才能徹底解決國家滋昏、盜賊多有的弊病，才能將道化的政治實現出來。這是透過具有反面意涵的字眼或句子，來暗示吾人返回生命主體實踐「致虛守靜」的修養工夫，透過此工夫的實踐，讓「道」在人間世界實現出來。在「道」的實踐意義下，這些具有反面意涵的字眼或句子，不但是相反的意思，也有返回的意思。在如何回歸於道的反省之下，即有返回生命的大道之意。這類的語言表述方式在《老子》中頗多，如：「後其身而身先，外其身而身存。」〈七章〉以世俗的觀點來看，使自己站在前面（身先）是正面的意思；而「後其身」是把自己放在最後，則是反面的意思。但《老子》的「身先」是通過「後其身」才能實現出來的。「後其身」是解消心知對於己身的執定，唯有虛掉對於生命形軀，以及個人的榮辱的執取，才能夠使眞正的自己實現出來，此即《老子》所

謂的「身先」。又如：「絕仁棄義，民復孝慈。」〈十九章〉「仁義」在世俗觀點裡是正面的意思，而《老子》在仁義之前分別加上絕棄二字，表示對世俗觀念裡的仁義是採取否定態度。否定了世俗對仁義的定義與規範之後，才能使人民將孝慈的行為實現出來，而非只是徒具仁義虛名的空概念，而無仁義的實質內涵。這樣的言說方式，就是《老子》說的「正言若反」。這樣的言說方式，恰好替如何回歸於道這個問題，提供了解答。

　　由以上推論可知，「正言若反」是為《老子》的基源問題提供解答。一方面，「正言若反」是對道在人間世界失落的問題提供解答，透過具有反面意義的字眼或句子，呈顯出合道的正言。以避免心知對名言概念的執定，讓「大道」在名言的使用中隱退。另一方面，「正言若反」是對道的回歸的問題提出反省。藉由具有反面意義的字眼或句子，暗示或啟發吾人當返回主觀心境，實踐「致虛守靜」的修養工夫，使「道」得以在人間世界中實現。因此，「正言若反」不但是表達「道」的言說方式；同時也是指點吾人返回主觀心境，通過修養工夫讓「道」在人間世界實現出來的方法。因此我們可以很肯定的說：「正言若反」涵蘊的問題性質，就是「道」的表述與實踐哲學。有關「正言若反」的實踐問題，可反映在工夫論與政治哲學上。由此，我們可以看出，正言若反涵蘊了三個問題，即：「道」的表述、工夫論與政治哲學。筆者將以這三個問題，為本文的主要關懷，以此展開論述。

第三章　《老子》「正言若反」經典注釋的考察

第一節　經典注釋之考察的原則與方法的建構

　　在前一章中，我們透過〈七十八章〉的語意分析，釐清了「正言若反」一詞在《老子》中所涵蘊的兩個問題性質，即是「道」的表述與實踐。然而我們若想適切地了解「正言若反」的意涵，以及「正言若反」與其它八十章的關係，並將之所涵蘊的問題清楚的展現出來，只有依據《老子》原典之分析考察是不足夠的。《老子》原典之分析，固然是我們理解「正言若反」最主要的依據，但若想要從現代解釋學的角度，有系統的建構出我們對「正言若反」的解釋，除了要有文獻的依據與義理的分析之外，還必須立足於《老子》經典注釋系統中，考察中國古代注釋家對「正言若反」所涵蘊的問題了解了多少？對於此問題又回應到何種程度？如此，我們才能在前人的研究基礎上，進一步重建出「正言若反」的解釋。

　　中國哲學史上，《老子》的注釋作品數量非常多，最早的當以《韓非子》〈解老〉、〈喻老〉為主。根據魏元珪先生的統計，自兩漢以下以迄明清注老釋老之輩不下三百三十餘家。〔註 1〕老學史上各時代最具代表性者有：兩漢的《河上公章句》、嚴遵《老子指歸》；魏晉王弼的《老子注》；隋唐五代的成玄英《老子注》、杜光庭《道德經廣聖義疏》；宋朝的蘇轍《老子解》、范

〔註 1〕　魏元珪，《老子思想體系探索》（台北：新文豐出版社，1997 年），頁 205。

應元《老子道德經古本集注》；明朝的焦竑《老子翼》、釋德清《老子道德經解》；清朝的王夫之《老子衍》、魏源《老子本義》等注釋作品。這些注本雖然都圍繞著《老子》原典進行解釋，即劉笑敢先生所指出的：「中國哲學詮釋傳統的特點是以相當完整的經典注釋的方式建立新的哲學體系。」〔註2〕這也就意味著，雖然歷代的注釋家們儘可能一字一句的詳盡注釋，企圖發掘《老子》原意，另一方面他們在注釋的過程中，又不可避免的受到時代背景、學術氛圍以及注釋者主觀意見的影響，而使得《老子》在解釋上產生分化的現象。從歷代老子學的演變發展來看，有以《莊子》之言解《老》者；有以佛家之言解《老》者；有以兵家之言解《老》者；有以黃老之言解《老》者；有以陰陽家之言解《老》者；有以道教之言解《老》者；甚而有以儒家之言解《老》者。〔註3〕隨著注釋家解《老》觀點之不同，對於「正言若反」一詞的解釋以及對《老子》名言觀的理解相對的也會有所不同。本章想要探問的是，這些解釋的分歧是否會影響到各家對「正言若反」的解釋？換言之，「正言若反」的解釋是否會因注釋者的「前理解」〔註4〕之不同而產生分化？並進一步探問，在《老子》經典注釋作品中，對於「正言若反」所涵蘊的問題的注意程度又是如何？是否將之視為《老子》中的根本問題來尋求解答，抑或是只是當作《老子》中的一個詞語僅隨文附注而已？

　　想要從經典注釋中，考察他們對於《老子》「正言若反」的解釋是有困難的。因為古代《老子》注本是採用隨文作注的方式，扣緊原典一字一句的詳盡注解，而對於「正言若反」一詞的解釋，也僅僅是隨文注解而已，甚至有些注本對這個詞語並沒有作注，如：王弼的《老子注》、王夫之的《老子衍》等，可見古代的《老子》注釋家們，並未將其當作是《老子》中重要的概念來理解。古代注釋家有以一個命題統貫《老子》全書要旨的例子，例如：王弼以「崇本息末」這個命題來統攝《老子》五千言之旨，並作為他解釋經典的方法。王弼說：「《老子》之書，其幾乎可一言而蔽之。噫！崇本息末而已

〔註2〕　劉笑敢，〈經典詮釋中的兩種內在定向及其外化——以王弼《老子注》與郭象《莊子注》為例〉，(《中國文哲研究集刊》第26期，2005年3月)，頁287。
〔註3〕　江淑君，〈蘇轍《老子解》義理內蘊探析——兼論「儒道交涉」的老學視域〉，《淡江大學中文學報》第7期，2001年6月，頁120。
〔註4〕　伽達默爾（H.G Gadamer）在《真理與方法》一書中說：「一切理解都必然包含某種前見，這樣一種承認給予詮釋學問題尖銳的一擊。」(洪漢鼎譯，《真理與方法》(北京：商務印書館，2007年)，頁368。)

矣。」〔註5〕又如：釋德清以「離言體道」說明《老子》「道」之不可言說性，以「離言體道」表示《老子》的語言特色。〔註6〕但卻沒有注釋家以「正言若反」這個詞語來收攝《老子》的思想義理。基於此點，導致我們想要在古代《老子》注釋中，考察他們對「正言若反」所涵蘊的哲學問題之理解是有所困難的。經典注釋家們雖然針原典一字一句詳盡的注釋，幫助我們解決字句上的疑惑，但卻未對《老子》做系統性的解釋與討論，對於「正言若反」的問題，雖然注釋家們或多或少都有注意到，卻也只是隨文點撥而已。因此我們若要了解《老子》注釋家們對於這個問題究竟了解到何種程度？就只能透過向文本提問的方式來尋求解答。伽達默爾（H.G Gadamer）在《真理與方法》中說：「誰想尋求理解，誰就必須反過來追問所說的話背後的東西。他必須從一個問題出發把所說的話理解為一種回答，即對這個問題的回答。」〔註7〕所以我們若想了解《老子》注釋作品對於「正言若反」這個問題看到了甚麼？我們就必須向這些注釋作品提問，從他們對《老子》的解釋中尋求答案。

　　要依據甚麼樣的準則去向經典提問，是一個值得深思的問題。想要讓「正言若反」這一個詞語及其所涵蘊之哲學問題，在各個不同的《老子》注釋系統中清楚的顯現出來，就必須先建立一個檢別的原則，探討哪些注釋作品是對「正言若反」所涵蘊之哲學問題是有回應的，哪些是沒有回應的？如此我們才能進一步的探問，這些注《老》作品對於「正言若反」理解到何種程度？是否能夠清楚的將其彼此之差異展現出來？在釐清了這些問題之後，我們才能以前人的研究成果為基礎，進一步建構出「正言若反」的重新詮解。基於此目的，筆者擬從下列兩個解釋原則，作為我們考察的方法：即語意與義理的分析考察。

　　所謂語意的分析考察，即是從文字、句子中所呈顯出來的意義進行分析，考察這個字或是這個句子所欲傳達給我們的意思。如前章所述，要想恰當地理解一個字、一個詞乃至於一個句子，都必須放在該字、該詞或該句所出現的語文脈絡中來了解，若是孤立的看，很容易就會陷入斷章取義的謬誤。根據這一個原則，當我們運用至「正言若反」的語意分析考察上時，是直接就

〔註5〕　樓宇烈，《王弼集校釋‧老子指略》，頁198。
〔註6〕　釋德清云：「老子恐人將言語為實，不肯離言體道，故以此等疑詞以遣其執耳。」（參見憨山大師，《老子道德經憨山註‧莊子內篇憨山註》，（台北：新文豐出版社，2004年），頁56。）
〔註7〕　伽達默爾著、洪漢鼎譯，《真理與方法》，頁501。

「正言若反」這個詞，來審視經典注釋對它的解釋。但是只從這個詞的注文中，很難將該注本對於「正言若反」的解釋明確地顯示出來。所以我們不能只是注意他們對「正言若反」一詞如何解釋，更應該從整個篇章的脈絡來尋找，他們爲甚麼要這樣解釋的原因與理由。故語意的分析考察，是將討論範圍限定在〈七十八章〉「正言若反」一詞，所出現的語文脈絡中。畢竟，「正言若反」在〈七十八章〉中，乃是一章之結語，收攝一章之旨。我們更應該順著上文來考察分析，才能了解何以能得出「正言若反」這個結論？隨著各個注釋系統之不同，對於〈七十八章〉語文脈絡詮解之差異，或多或少也會影響到「正言若反」這個結論的解釋。這是用以評判《老子》注釋作品，是否切合《老子》「正言若反」解釋的第一項判斷原則，當然，這必須是在該注本對「正言若反」一詞，有所注解的情況下而論的。

　　義理的分析考察，則是走出「正言若反」所出現的語文脈絡之外，以整部《老子》作爲考察的範圍。若想要完整的了解《老子》注釋家們對「正言若反」所涵蘊的哲學問題回應到何種程度，單憑「正言若反」一詞與其脈絡的考察是不足夠的，特別是當我們所面對的注本，是對「正言若反」一詞沒有注解的時候，這個面向的探討就變得十分重要。而《老子》的基源問題：道的失落與回歸，是透過「正言若反」一詞來收攝的，所以若想要徹底的釐清，《老子》注釋家們是如何來回應這個問題的，就不能只從「正言若反」一詞的解釋來看。而必須以「正言若反」所涵蘊以探問的三個問題：道的表述、工夫論與政治哲學的問題。以上這兩個原則提供我們兩個很好的角度，去考察《老子》經典注釋中對於「正言若反」的解釋。

　　筆者以語意與義理的分析爲兩大原則，考察《老子》經典注釋對「正言若反」的解釋，所依據的理由是：（一）從語意分析的角度，我們可以了解經典注釋家對於這個詞是採取怎麼樣的解釋。這樣的解釋是否能將「正言若反」的涵義揭露出來？由此我們可以了解，經典注釋家對於這個詞了解到何種程度。（二）從義理分析的角度，可能有兩種情況：一是注釋作品對「正言若反」一詞是缺注的情形，如王弼《老子注》；另一是注釋作品對「正言若反」一詞的解釋，不足以讓我們清楚的了解他們的解釋與主張，如：嚴遵《老子指歸》。因此，筆者採取這兩個解釋原則，作爲「正言若反」經典注釋中的考察方法。

　　經典注釋中對「正言若反」的解釋，是從兩個角度予以注釋：一個是從語意的層面；另一個則是從義理的角度。因此不管我們從哪一個角度切入，都無

法完整的了解「正言若反」在《老子》經典注釋中的面貌。因爲語意分析可以幫助我們釐清這個詞的字面意義；而義理分析則能幫助我們揭露出，注釋作品對「正言若反」所涵蘊的問題性質。只探討字面的意義，容易陷於斷章取義的謬誤；只探討「正言若反」所涵蘊的問題性質，也容易忽略這句話語意上應該如何理解的問題。誠如邱黃海先生在其博士論文中所說：「爲了唸懂一個句子，我們需要訓詁學、文法學乃至於語意學；爲了掌握義理，我們必須有問題意識與概念思辨的訓練。」〔註8〕所以這兩種角度的探討，對於我們試圖建構出「正言若反」經典注釋的解釋樣貌是有幫助的，且是缺一不可。

接下來要處理的是注本選擇的問題。《老子》注本浩如煙海，以一本碩士論文的篇幅來說，不可能逐一去考察，所以我們只能選擇某幾家來做討論。且根據前文所述，我們很難找到一個同時包含了「正言若反」，語意分析與義理分析的注本，因此本文採取的作法是，各選擇一個注本作爲這兩個面向的考察對象。在語意分析的考察方面，選擇的是釋德清《老子道德經解》；在義理分析的考察方面，選擇的是王弼《老子注》與〈老子指略〉。以下將說明選擇這兩個注本，所依據之理由。

筆者選擇了釋德清《老子道德經解》，作爲與語意分析的考察對象，所依據的理由是：釋德清《老子道德經解》是少數對於〈七十八章〉有詳盡注釋的《老子》版本之一，我們比較容易清楚的掌握釋德清對於「正言若反」語意上的理解。再者，筆者認爲釋德清對於「正言若反」一詞的解釋，有助於我們對這個詞彙意義之把握。

義理考察的部分，筆者選擇王弼的《老子注》與〈老子指略〉爲討論對象。先討論選擇王弼本的理由爲何？王弼的《老子注》對「正言若反」一詞沒有字面上的解釋。而〈七十八章〉整章，也就只有「天下莫柔弱於水，而攻堅強者莫之能勝，其無以易之。」有注，而底下的經文通通是缺注的情形。由本論第二章所做的《老子・七十八章》的語意分析，我們可以知道，了解「正言若反」最重要的文句脈絡是「是以聖人云」下面四句。而王弼此處沒有注文，所以我們便無從理解他對「正言若反」的語意解釋。但是若從義理解釋的角度來看，則王弼對於「正言若反」所涵蘊的三個問題：「道」的表述、工夫論與政治哲學，又是能夠有所回應與更進一步的闡發。例如：他以「名號」和「稱謂」的區分，成功解決了《老子》既然否定了「道」是可以用言

〔註8〕邱黃海，《從「任勢爲治」說的形成論韓非思想的蛻變》，頁 27。

說的方式來表達，卻又自述五千言來陳述其學說的困惑。他不僅以名、稱之區分為《老子》道／言關係做了一個恰當的說明，所謂恰當，乃是以其不悖於《老子》「道可道，非常道；名可名，非常名。」的看法來說的。《老子》並未對語言做出名、稱之區分，他只是在指述道體時說：「吾不知其名，字之曰道，強為之名曰大。」〈二十五章〉，以「字之曰」、「強為名之」來強調他所使用的語言，不能以一般的語言概念來理解之。而王弼以名、稱之區分，對《老子》用以指稱道的語言與一般語言做一個分辨與說明，乃是較《老子》更進一步的。「正言若反」所涵蘊的工夫論與政治哲學的問題：藉由看似相反的字眼或句子，暗示或啟發吾人於主觀心境中實踐「致虛守靜」的修養工夫，讓「道」得以在人間世界中實現。王弼則是以「崇本息末」來回應，如「見素樸以絕聖智，寡私欲以棄巧利，皆崇本以息末之謂也。」；〔註9〕又如「絕聖而後聖功全，棄仁而後仁德厚」。〔註10〕因此，我們可以初步的同意，王弼《老子注》雖然沒有「正言若反」一詞的注文，但他對於這一詞語所涵蘊的三個問題，卻能提供很好的解答與回應。再加上王弼《老子注》在老學研究發展史上，有著極重要的代表性與地位，基於以上這幾點理由，故筆者將之列入本章所欲討論的對象。

第二節　釋德清《老子道德經解》「正言若反」的解釋

以下擬從釋德清《老子道德經解》，探問他是如何來理解「正言若反」一詞？並檢視他的解釋是否具有足夠的說服力？以下先錄出釋德清〈七十八章〉的注文，再作分析：

> 此結通篇柔弱之意，欲人知而能行也。無以易之。易，輕易也。即左傳訓師無易敵之意。謂師之柔弱，則敵人有以料而易之以取勝。至若水之柔弱，則人莫能料。莫能料，故無以易之，而卒莫能以取勝。此所以攻堅強者莫之能先。莫能先，謂無有過於此也。世人皆以柔弱為不足取，率輕易之。故天下皆知之而莫能行，以柔弱為垢辱不美之稱故也。祥，猶嘉美也。是以凡稱人君，則曰乾剛能斷有為，遂以為明君。若夫無為，則國人皆以柔弱為恥辱而不美矣。故

〔註 9〕 樓宇烈，《王弼集校釋》，頁 198。
〔註10〕 樓宇烈，《王弼集校釋·老子指略》，頁 199。

聖人云，果能以柔弱處上，恬淡無爲，能受一國之恥垢者，則爲社
稷眞主。能受一國不美之名者，則爲天下明王矣。如堯之垂拱無爲，
則野老謳曰，帝力有何於我哉。此受國之垢也。然柔弱無爲，乃合
道之正言，但世俗以爲反耳。〔註11〕

這段注文一開頭就點出〈七十八章〉之旨，釋德清以爲本章旨在闡明柔弱之
意，要吾人在理論上了解之後，還要能夠實踐出來。釋德清認爲《老子》的
柔弱之意，天下人皆知卻無法實踐的原因是，柔弱在世人的觀念中是不可取
的。以行軍打仗爲例，軍隊的柔弱，是可以被敵人所掌握，而輕易的取勝。
而《老子》以水的柔弱比喻「道」，表示「道」無法被人掌握的特性，因此沒
有任何東西可以勝過它。因此水可以勝過所有能摧毀堅強的事物。這一段話
表示了三個重點，第一，《老子》所主張的柔弱不能以世俗觀點來理解。第二，
柔弱即是「道」的特性之一，所以本章注文結尾說「柔弱無爲，乃合道之正
言」。柔弱無爲與道的特質相合，所以說它是正言。第三，由以上兩點可知，
《老子》柔弱無爲的「道」，在世俗之人的觀念裡是反面的意思。這就可以爲
「天下皆知之而莫能行」給出充分的理由，因爲《老子》所說的柔弱，在世
俗的眼光裡是垢辱不美之言。在政治上要能實踐柔弱無爲，且能夠承受因爲
實踐柔弱無爲，而遭受世俗之人的批判辱罵，才是眞正的明君。因爲世俗之
人觀念中的明君，是「乾剛能斷有爲」，而《老子》提倡的柔弱無爲，正好與
此種觀點相反。所以能夠忍受一國不美之名與恥垢的人，才能實踐柔弱無爲
的政治，這樣的人才是眞正的明君。從這樣的解釋，我們可以知道，釋德清
是在找出爲甚麼天下人無法實踐柔弱無爲的理由，他提出的理由有二，第一
柔弱無爲在世俗人的觀念裡是不好的話，不可取的。第二，天下人皆從世俗
觀點出發，而不從反面去思考，以致於無法忍受別人的批評辱罵，所以無法
實踐「道」。釋德清是順著這樣的脈絡，來解釋「正言若反」。他說：「然柔弱
無爲，乃合道之正言，但世俗以爲反耳」，柔弱無爲是合於道特性的言說，但
是在世俗人的觀念裡，這卻是反面的話。此與蘇轍《老子解》「正言若反」的
注釋頗爲相近，蘇轍說：

正言合道而反俗。俗以受垢爲辱，受不祥爲殃故也。〔註12〕

蘇轍認爲世俗之人以承受污垢爲屈辱，承受不祥爲災禍。基於這樣的觀點，

〔註11〕釋德清，《老子道德經憨山註・莊子內篇憨山註》，頁146。
〔註12〕釋德清，《老子道德經憨山註・莊子內篇憨山註》，頁146。

合道的正言在他們的眼中，自然就成了反面的話。儘管解釋的脈絡不同、表達的方式略有差異，蘇軾和釋德清都得出了「正言合道而反俗」的結論。

我們現在要來檢視，「正言合道而反俗」這個解釋，是否具有說服力？對於「正言若反」一詞而言，是否算得上是一個恰當的解釋？《老子》說的柔弱無為、受國之垢與不祥，是合於道性質的正言，合道的正言在世俗人的觀念中是相反的意思。這樣的解釋僅表示了，《老子》的正言是不能從世俗的角度來理解。若從這樣的詮解來看，則「正言若反」與「道可道，非常道；名可名，非常名」的意思是相關聯的。即「道」不能以語言概念來表達，否則就不是恆常不變的「道」了。語言概念是以具體有形的事物為指涉對象，這樣的語言概念是有其指涉範圍，即是有限的。而「道」是超越於感官經驗之上，是無限、無所不包的存在，這樣的「道」自然不能以有限的語言來概括。而世俗的看法，也是有其限制的。世俗的觀點、看法是從某個角度出發，一旦被大家認同了，這個觀點就變成唯一的真理。所以《老子》說：「天下皆知美之為美，斯惡矣；皆知善之為善，斯不善矣。」美與善一旦成了某種標準，且執持此標準去評判天下間所有的事物，若無法符合美善的標準，就說它是不美、不善。美善的自身就在這種分別中隱退了。世俗的觀點和看法仍在語言概念的使用範圍，因此《老子》的「道」不僅無法以有定限的語言概念來表達，也無法以世俗所認可的觀點、標準來理解。從此一原則來看，「正言合道而反俗」的解釋雖不悖於《老子》，但也並未將「正言若反」這句話所應包含的意義，充分地表達出來。

從語言表述問題的層面來看，「正言若反」一詞在《老子·七十八章》所呈顯的意義應該是：透過看似相反的字眼或句子，打破吾人對於語言概念的單一性思考習慣，以呈顯出「正言」的真正意涵。但在「正言合道而反俗」的解釋中，無法看出這樣的意思，它只能表示《老子》道化的正言是與世俗觀點相反的。從「道」的實踐層面來看，「正言若反」是藉由看似相反的字眼或句子，暗示或啟發吾人當返回主觀心境，實踐「致虛守靜」的修養工夫，使「道」得以在人間世界中實現。從釋德清〈七十八章〉的注文來看，雖然此段注文旨在要人能實踐《老子》柔弱無為的道，且亦將「受國之垢」、「受國不祥」二句，視為實踐社稷真主之方法。但他非是將「受國之垢」、「受國不祥」解作要認真的為國家百姓做事，而是將之解為必須能忍受別人的批評辱罵，才能成為真正的一國之君。這樣的解釋雖與《老子》意旨有些出入，

但釋德清大致上是同意，將「受國之垢」、「受國不祥」這樣與世俗觀點相違背的反言，視爲實踐《老子》合道正言之條件或方法。所以，我們可以說，釋德清是從「道」的實踐層面來解釋「正言若反」，而忽略了語言表述方式的問題，也因此他無法將「正言若反」的意涵完整地揭露出來。雖然釋德清對「正言若反」的解釋只揭露了部分的意義，但他較《老子》更爲清楚的界定了「正言」與「若反」之意義。以合道之言解釋正言，以反俗解釋「若反」。

第三節　王弼《老子注・老子指略》「正言若反」的解釋

這一節我們要探討的是，王弼對「正言若反」的解釋，是否能將它所涵蘊之問題性質，即，將「道的語言表述方式與實踐層面」給揭露出來？這可以分爲兩個方向來討論。首先我們從王弼對《老子》名、稱的區分，來討論《老子》的名言概念的使用方式。其次，從王弼所提出的「崇本息末」此一概念，來討論其與「道」的實踐有何關聯？又與「正言若反」的語言表述方式有何關聯？

一、王弼「名號」與「稱謂」的區分

王弼是通過名言的區分來認識《老子》的「道」。要證成此一主張，我們先要了解王弼名、稱所指爲何？然後再說他爲何要做此區分？這與《老子》言說方式的主張有何相應之處？最後我們才能判定，這樣的區分，是否能夠解決《老子》「道可道，非常道」所涵蘊之內在的矛盾？

王弼對「名」、「稱」之區分，《老子指略》云：

名也者，定彼者也；稱也者，從謂者也。名生乎彼，稱出乎我。故涉之乎無物而不由，則稱之曰道；求之乎無妙而不出，則謂之曰玄。……名號生乎形狀，稱謂出乎涉求。名號不虛生，稱謂不虛出。故名號則大失其旨，稱謂則未盡其極。〔註13〕

此段文字在於分區名號與稱謂之不同。名號，是根據客觀的事物來規定的，是與認識主體相對的客觀事物而產生的。〔註14〕故曰：「名也者，定彼者也。」

〔註13〕樓宇烈，《王弼集校釋・老子指略》，頁197～198。
〔註14〕莊耀郎，《王弼玄學》，國立台灣師範大學國文研究所博士論文，1991年，頁70。

這樣的名號只能指涉現象界，只能指涉吾人感官所經驗到的具體有形之物。王弼注云：「可道之道，可名之名，指事造形，非其常也。故不可道，不可名也。」〔註15〕王注以「指事」與「造形」作為可道與不可道，可名與不可名之分界，藉以分別常道與非常道，常名與非常名之不同。〔註16〕何謂「指事」？又何謂「造形」？牟宗三先生解釋說：

> 「指事」意即指陳一具體之物事，指述一特定之對象。可道之道，可名之名，皆指陳一具體物事，指述一特定對象之道與名也。……造形者即尋形、循形之謂。言可道之道，可名之名，皆指乎事，循乎形，故非恆常不變之大道。指乎事，則為事所限。循乎形，則為形所定。自非恆常不變之至道。而亦唯事與形始可以言詮，始可以名名。以言詮者，用今語言之，即可用「一定概念」去論謂之之意也。以名名者，用今語言之，即可用量名，質名，關係名等一定之名去指示之之謂也。涉事造形，而可以名名所成之「定名」，即可名之名也。〔註17〕

牟先生對「指事」與「造形」之意義有一清楚的規定。「指事」者，指涉一特定之對象，此對象為一具體之事物。「造形」是依據事物的形狀而制定的相應的名，有固定形狀就有一定界限，因為所指涉之事物有特定之形體，所以此名也有分限。這樣的名是有限制的，不是無所不包的名，所以無法來指涉「常道」。因為「常道」的特質剛好與名號「指事造形」的特質相反，它不是具體有形的事物，亦無法通過吾人感官經驗來認識。且常道是無所不在、無所不包，而名號具有一定分限，只能指涉特定單一事物，由於「名號生乎形狀」、「名號不虛生」等特性，前者表示名號是根據事物具體形狀而制定的。後者則表示名號有客觀之事物作為相對應之指實對象。〔註18〕是故名號無法表達永恆不變的常道，否則大失其旨矣。王弼以「指事造形」將名號的特質規定清楚，也藉此說明了為何《老子》說「道」是不可道、不可名。

「稱也者，從謂者也」、「稱出乎我」、「稱謂出乎涉求」，「稱」是出於主觀上所欲表達的意思而給予的，不是指涉外在客觀特定的對象。《老子》中的

〔註15〕樓宇烈，《王弼集校釋・老子指略》，頁1。
〔註16〕牟宗三，《才性與玄理》，頁128。
〔註17〕牟宗三，《才性與玄理》，頁129。
〔註18〕莊耀郎，《王弼玄學》，頁70。

「道」、「玄」、「深」、「大」、「微」、「遠」，皆是稱謂而非定名。「稱謂」雖不能完全的指涉物的「意義內容」，但經由眾多的觀點或意義的延伸，它至少打破了單一觀點的思維法則而指出一意向，此一意向雖非實指，不能有意義上的一一對應，但至少它具有啓發與暗示的功能。〔註 19〕以王弼對「玄」字的注解爲據：「玄者，冥默無有也。……而言同謂之玄者，取於不可得而謂之然也。不可得而謂之然，則不可以定乎一玄而已。若定乎一玄，則是名則失之遠矣。」〔註 20〕「稱謂」雖然能指稱道，在王弼看來「名」、「稱」都是有限制的，《老子指略》云：

> 名之不能當，稱之不能旣。名必有所分，稱必有所由。有分則有不
> 兼，有由則有不盡；不兼則大殊其眞，不盡則不可以名，此可演而
> 明也。〔註 21〕

「稱之不能旣」、「稱必有所由」、「有由則有不盡」這是表示，稱謂無法完全將「道」無限的內涵表達出來。「道」、「玄」、「深」、「大」、「微」、「遠」這些詞語，原本都是「名號」，它們都有所指涉的特定意義。用來稱呼「道」時，這些詞語就成了「稱謂」而非定名，「稱謂」是「名號」延伸的使用，它之所以無法將「道」不受限制的特性表達出來，就在於「道」、「玄」、「大」這些詞語本身是帶有一定性質分限的，要除去其自身的限制，它們才能成爲指稱「道」，表示無限的「道」的稱謂。王弼對如何以語言表述道，而不使道自身在語言中隱退？問題之反省，就表現在「名號」與「稱謂」的區分上，藉由這種區分來說明，《老子》所使用的語言與一般名言概念使用之不同。《老子》用來形容道體的語言，是出自於主觀涉求的稱謂，而非是對應於客觀指涉對象的名號，因此稱謂具有暗示與指向「道」的功能。

　　王弼藉由名號與稱謂的區分，不僅分別了指涉現象界具體事物語言概念，與指稱形而上無限的道體語言之不同，而且還化解了《老子》「道可道，非常道」內在的矛盾。《老子》既說「道」是不能用語言來表達，卻又爲何仍以語言文字來傳達他的思想，這似乎是自相矛盾的作法。但經由王弼名號與稱謂之區分，我們可以了解，《老子》說不可道、不可名，不是要否定語言的

〔註 19〕蔡振豐，〈嚴遵、河上公、王弼三家《老子》注的詮釋方法及其對道的理解〉《國立台灣大學文史哲學報》，2000 年 6 月，頁 11。
〔註 20〕樓宇烈，《王弼集校釋》，頁 2。
〔註 21〕樓宇烈，《王弼集校釋・老子指略》，頁 196。

價值與功用。而是要表示「道」不能以具有「一定內容」的語言概念來論謂，因為這樣的語言概念不僅無法將「道」的意涵表達出來，反而還會使「道」產生割裂，讓「道」在人間世界中失落。因此在名言概念的分析上，王弼是較《老子》更為往前推進一步的。「稱謂」具有指向道的功能，而「正言若反」也是對「道」的暗示與指點。「正言若反」也同樣具有啟發與暗示的功能，這種語言表述方式，是透過打破一般人單一性的思考模式的方式，進而暗示道、指向道。「正言若反」的「反」的意義，不應只是對反、相反，這一「反」字更具有指點與暗示的作用。這種指向、暗示的功能與「稱謂」是相同的。「正言若反」是透過好像相反的語言來指點道、暗示道，目的也同樣是要人不執定於語言概念的使用，打破一般人單一性的思考模式，如此才能使「道」不受到語言概念的限制，而產生割裂與扭曲。王弼藉由「名號」與「稱謂」的區分，對《老子》「正言若反」的語言表述方式能有相應的了解，所以即使他沒有正面的解釋「正言若反」一詞，但在了解《老子》名言觀時，也注意到了這種特殊的語言表述方式。因此我們可以說，王弼是通過名言的區分來了解《老子》的「道」。

二、王弼「正言若反」的解釋進路

「正言若反」所涵蘊的問題性質，除了「道」的語言表述層面之外，還有「道」的實踐面向的問題，也就是工夫論與政治哲學的問題。由上述的分析，我們已經知道了，王弼是通過「名號」、「稱謂」之區分來了解《老子》的「道」。「稱謂」和「正言若反」同樣都有指點「道」、暗示「道」的功能。現在我們想要探討的是，王弼是從甚麼樣的角度、觀點，來解釋「正言若反」實踐面向的問題？「道」的實踐是《老子》哲學的核心，因為《老子》對「道」展開一連串的討論並非是出自理性思辯的興趣，其目的是要讓「道」在人間世界中實現出來。由於《老子》是通過「正言若反」來指點「道」，不僅是言說方式的指點，也是實踐上的指點。所以我們若想要了解王弼對「正言若反」實踐層面問題的解釋，只要找出王弼是從甚麼樣的觀點、角度，來解釋《老子》「道」的實踐問題，就能找到此一問題的答案。試看〈老子指略〉：

> 既知不聖為不聖，未知聖之不聖也；既知不仁為不仁，未知仁之為
> 不仁也。故絕聖而後聖功全，棄仁而後仁德厚。夫惡強非欲不強也，
> 為強則失強也；絕仁非欲不仁也，為仁則偽成也。有其治而乃亂，

　　保其安而乃危。後其身而身先，身先非先身之所能也；外其身而身
　　存，身存非存身之所爲也。功不可取，美不可用。故必取其爲功之
　　母而已矣。篇云：「既知其子」，而必「復守其母」〔註22〕

這段話旨在解釋《老子》所說的「既知其子」、「復守其母」的意義。〔註23〕
「復守其母」才能聖功全、仁德厚，能使天下萬物以及一切價值，各歸其位，
實現其自己。所以「復守其母」是實現聖、仁眞正價值意涵的原理方法。王
弼以「絕聖」、「不仁」爲「復守其母」的實踐，通過「絕聖」、「不仁」才能
返回聖、仁眞正的價值意涵。何以故？「既知不聖爲不聖，未知聖之不聖也；
既知不仁爲不仁，未知仁之爲不仁也」，在世俗觀念裡，只知不聖、不仁是對
聖、仁價值意涵之否定，而不知唯有否定世俗對於「聖」、「仁」的定義、規
定標準，才能返回「聖」、「仁」原本之價值意涵。在此意義之下，我們才能
說「聖」、「仁」眞正的價值意涵被實現出來。「後其身而身先，身先非先身之
所能也；外其身而身存，身存非存身之所爲也。」想要「身先」必需要「後
其身」，「身先」是透過「後其身」而被實現的，「身存」是透過「外其身」而
被保存的，此「身先」、「身存」是價值意義的，而非是相對的先後之先。這
就是「守母以存子」的方式，此乃以「反其形」、「反其名」存全之也。〔註24〕
在《老子》中凡是以看似相反的字眼或句子，均是以「守母以存子」的方式，
來保住其自身眞正價值的意涵。《老子》的「反」在此意義之下，有返回之意
義，亦即「反者，道之動」〈四十章〉的「返」。「道」之動是在返回的過程中
顯現出來的，此動非是指運動，而是指「道」能實現天地萬物之實現性。因
此我們可以說，「守母以存子」就是「正言若反」的方式。〔註25〕在這層意義

〔註22〕樓宇烈，《王弼集校釋・老子指略》，頁199。
〔註23〕《老子・五十二章》云：「既得其母，以知其子；既知其子，復守其母，沒身
　　　　不殆。」王弼注云：「母，本也。子，末也。得本以知末，不舍本以逐末也。」
　　　　王弼以母爲本，以子爲末，主張以本保住末有。（參見樓宇烈，《王弼集校釋》，
　　　　頁139。）
〔註24〕〈老子指略〉云：「凡物之所以存，乃反其形；功之所以尅，乃反其名。」（參
　　　　見樓宇烈，《王弼集校釋》，頁197。）牟宗三先生說：「後其身而身先，外其
　　　　身而身存」。此亦「反其形」，「反其名」之謂也。反者，反而至乎一，而與其
　　　　形其名相反也。一即沖虛之德也。不管所欲有者爲何，要必沖虛之一以致之。
　　　　此種「正言若反」之智慧，曲線型之詭辭。」（參見牟宗三，《才性與玄理》，
　　　　頁159。）
〔註25〕牟先生說：「守母存子」之方式，即「正言若反」之方式，亦即「辯證詭辭」
　　　　之方式。（參見牟宗三，《才性與玄理》，頁163。）

之下，「若反」之反當解作返回的意思。藉由看似相反的字眼或句子，解消心知對於相對價值標準之執定，以返回其自身本有的眞正價值意涵。

王弼是以「崇本息末」來表示「守母以存子」與「正言若反」的意義，並收攝《老子》五千言的思想要旨。他說：

> 《老子》之書，其幾乎可一言而蔽之。噫！崇本息末而已矣。觀其所由，尋其所歸，言不遠宗，事不失主。文雖五千，貫之者一；義雖廣瞻，眾則同類。解其一言而蔽之，則無幽而不識，每事各爲意，則雖辯而愈惑。嘗試論之曰：夫邪之興也，豈邪者之所爲乎？淫之所起也，豈淫者之所造乎？故閑邪在乎存誠，不在善察；息淫在乎去華，不在滋章；絕盜在乎去欲，不在嚴刑；止訟存乎不尚，不在善聽。故不攻其爲也，使其無心於爲也；不害其欲也，使其無心於欲也。謀之於未兆，爲之於未始，如斯而已矣。故竭聖智以治巧僞，未若寡私欲以息華競。故絕司察，潛聰明，去勸進，翦華譽，棄巧用，賤寶貨。爲在使民愛欲不生，不在攻其爲邪也。故見素樸以絕聖智，寡私欲以棄巧利，皆崇本以息末之謂也。〔註26〕

王弼以「崇本息末」統括《老子》五千言之旨。這段文字在於闡述，《老子》旨在返本以止邪。唯有返回素樸虛靜的大道，才能徹底解決人世間一切淫邪妄作。「嘗試論之曰」底下這一段在探討，如何回歸於道的問題？也就是如何實踐「道」的問題。其實踐的方法，在於採取與世俗觀點相反的方法，因爲邪淫妄作往往都是吾人心知執取世俗的觀點，相對的價值標準之後的結果，所以想要徹底解決邪淫妄作的問題，就要先消解對世俗觀點之定執。以「絕盜」爲例，世俗之人一般都認爲，想要防止偷盜之事的發生，就要從制定嚴刑峻法著手，以喝阻、懲戒爲盜之人。但是以《老子》哲學的智慧來看，這樣不但無法徹底有效的解決偷盜事件，反而會使得偷盜的人越來越多。所以想要防止偷盜的情事發生，其方法在於「去欲」不在「嚴刑」。徹底解消了人民爲盜行竊的念頭，才是徹底解決此問題之方法。從這個例子我們可以看出，有兩種「反」的意思。第一個是相反，要解決邪淫妄作必需要從反於世俗觀點的辦法著手，否則只會讓問題更加嚴重。第二個是返回，唯有消解吾人心知對於相對價值標準的執定，才能徹底根除人爲造作的念頭，而解消之方法就是返回虛靜素樸的大道。這種實踐「道」的方法，在王弼的注《老》中是

〔註26〕樓宇烈，《王弼集校釋》，頁198。

「崇本息末」；而以《老子》的話來說則是「正言若反」。因此我們可以說，
王弼是以「崇本息末」來解釋《老子》的「正言若反」。從上面的分析來看，
我們似乎能推論出，王弼是以「崇本息末」來解釋《老子》的「正言若反」。
但這還只一個有待證成的主張，在此之前，我們必須先釐清：「崇本息末」的
「息」當作何解？「崇本息末」是否能表示「正言若反」所涵蘊之問題性質？
在釐清了這些問題之後，我們才能確定此一主張是否能夠成立。

　　「崇本息末」的「息」，單就字義來說，可解作繁衍生息，也可解作止息、
熄滅的意思。〔註27〕「息」字既有二解，那我們要採用哪一個意思呢？還是
必須以王弼使用的語文脈絡來決定。從以上所舉之例來看，「見素樸以絕聖
智，寡私欲以棄巧利，皆崇本以息末之謂也。」在此脈絡裡，見素樸是為了
杜絕有心有為的聖智，意在解消吾人心知執取了世俗對於聖智的標準規定，
而產生一連串的人為造作的情事。寡私欲是為了揚棄人為造作的巧利。這裡
的「末」指的是僵化、標準化的聖智，與人為造作的巧利。在此意義之下「息」
當解作「止息」，不可能是「繁衍生息」的意思。因為其目的在於防止邪淫妄
作的弊端。那麼，是不是所有「崇本息末」的「息」，都可以解作「止息」？
試看王注《老子‧三十八章》時云：

> 用夫無名，故名以篤焉；用夫無形，故形以成焉。守母以存其子，
> 崇本以舉其末，則形名俱有而邪不生，大美配天而華不作。故母不
> 可遠，本不可失。仁義，母之所生，非可以為母。形器，匠之所成，
> 非可以為匠也。捨其母而用其子，棄其本而適其末，名則有所分，
> 形則有所止。雖極其大，必有不周；雖盛其美，必有憂患。功在為
> 之，豈足處也。〔註28〕

這裡「守母以存其子」與「崇本以舉其末」兩者並列，可見意思是一致的。
〔註29〕「仁義」、「形器」是末，是由母而生，非可以為母。此母即是無、是
道，所以想要保住、存全末有，就必須守母、崇本。因為「末」有名有形，
有名則有所分別，有形則有所界限，他們無法作為存全天地萬物之總根源。
唯有無形無名的「道」才能保住一切萬物的存在與世間真正的價值意涵。而

〔註27〕劉笑敢，〈經典詮釋中的兩種內在定向及其外化——以王弼《老子注》與郭象
　　　　《莊子注》為例〉，頁302。
〔註28〕樓宇烈，《王弼集校釋》，頁95。
〔註29〕劉笑敢，〈經典詮釋中的兩種內在定向及其外化——以王弼《老子注》與郭象
　　　　《莊子注》為例〉，頁303。

〈老子指略〉在解釋「崇本息末」時說：「絕聖而後聖功全，棄仁而後仁德厚」，這裡則表示了「生息」的意思。「絕聖」、「棄仁」是透過否定字的使用，意在使吾人反轉對「聖」、「仁」概念的單一性思考。此「絕」與「棄」非是否定聖、仁的價值意涵，而是要吾人不執定世俗對於聖、仁所制定的標準規定，所以這否定字所表示的是反向的思考。唯有通過絕聖、棄仁才能存全聖功，保住仁德真正的意涵。下面說：「絕仁非欲不仁也，為仁則偽成也」，絕仁不是對仁的否定，而是在於指出，有心而為的仁是人為之偽，唯有無心而為的仁才是真正的仁。「絕」、「棄」在暗示吾人，若欲存全真正的聖智仁義，就必須消解有心有為，回歸無心無為的大道。由此，我們可以說王弼的「崇本息末」有返本的意涵，〔註30〕即返歸無為素樸的大道。而藉由「絕」、「棄」等打破吾人單一性思考的字眼，與「正言若反」是相同的，其目的都在於使吾人返歸素樸無為的大道，以保存世間的一切價值，使萬物各歸其位。而《老子》的「正言若反」除了有保存、存全的意思，還有止息邪淫妄作之義。如：「大道廢，有仁義；慧智出，有大偽；六親不和，有孝慈；國家昏亂，有忠臣。」〈十八章〉《老子》對「大道廢」的反省是，有仁義的分別，所以才造成大道的割裂失廢。有慧智等投機取巧，才造成人為造作之偽。六親不和睦，是因為標榜孝慈的標準。國家的昏亂，是因為崇尚忠臣。所以要止息紛亂的最好方法是，以虛靜心解消心知對於「仁義」、「孝慈」等外在標準之執定，如此才能使國家安定、六親和睦，返回素樸的大道了。因此我們可以肯定的說，王弼的「崇本息末」是可以解釋「正言若反」，其所涵蘊對「道」的實踐此一問題面向。

最後就只剩下一個問題，「崇本息末」的「息」不但可以解做生息，亦可解做止息。但生息與止息是兩個相反對立的概念，單從字義上看似乎不太可能同時成立，如此一來王弼是否陷入一種自相矛盾的解釋困境中？關於這一點，或許可以用劉笑敢先生的看法作為解答，劉先生說：

> 在同一命題中的「息」卻有兩個相反的意思，這是否恰當呢？答曰：
> 如果我們是作者，當然應該避免任何產生岐義的可能，或者應該對

〔註30〕蔡振豐先生認為王弼「崇本息末」之說的重點，建立在人之「反本」上。且「反本」是人心由「有境」反歸「無境」的活動，目的在使心靈「全而不偏」，因而使人心如整全之「道」般，能有成濟萬物的效用。（參見蔡振豐，〈嚴遵、河上公、王弼三家《老子》注的詮釋方法及其對道的理解〉，頁 23。）

可能產生歧義的字做出明確的解釋。但是，做爲讀者，判斷字義的
最基本的根據是約定俗成的字義本身和該字出現的上下脈絡。根據
上文所舉王弼原文，我們只能將「息」在不同文脈中作不同理解，
否則無論單取「息」字的哪一個意義，都無法將王弼原文的不同段
落完全講通。事實上，將「崇本息末」的「息」分別解作「生息」
和「止息」兩個意思，正符合老子哲學對不同的「末」採取不同態
度的立場。這或許正是王弼有意或無意地一字二義地使用「息」字
的高妙之處。〔註31〕

從劉先生這段話看來，身爲一個作者應當避免使用具有歧義性的字眼，或是
對可能有歧義的字做出明確的解釋，簡單的來說就是要有一致性。可是做爲
一個讀者，卻不能爲了避免歧義性的解釋，而抹煞了在文脈中有其他歧義解
釋的可能，換句話說，做爲讀者必須客觀的依據原典的語文脈絡去做考察，
而非是覺得兩種解釋並存的情況會造成矛盾對立，就主觀上任意選取其中一
個當作定解。一如劉先生所言，《老子》對「末」採取不同立場，導致王弼有
意或無意地一字二義來解釋。所以一字二義的解釋，亦是隨順著解釋原典的
需要而產生。如此我們可知，要準確地判斷「崇本息末」的「息」，應當解做
「生息」或是「止息」，還是必須從語文脈絡中去判定。

　　由本節的工作可知，王弼注《老》的解釋脈絡，成功地揭露出「正言若
反」所涵蘊的兩個問題性質。他以名號與稱謂之區分，解釋了《老子》「道」
的表述方式的問題。又以「崇本息末」回應了如何回歸於「道」的問題。這
兩個問題層面所要表達的正相應於「正言若反」的問題性質，即「道」的語
言表述與實踐哲學，所以我們得到的是肯定的結論。

第四節　《老子》「正言若反」經典注釋進路的檢討

　　在經典注釋作品中，若只從字面上的解釋去考察古代注釋家們對「正言
若反」一詞的注解，我們很難發現到「正言若反」這個詞語背後所涵藏的問
題性。因爲古代《老子》注釋系統，對於「正言若反」的解釋僅只是以隨文
附注的方式，如：河上公《道德眞經註》解釋云：「此乃正直之言，世俗不知

〔註31〕劉笑敢，〈經典詮釋中的兩種內在定向及其外化──以王弼《老子注》與郭象
　　　　《莊子注》爲例〉，頁303。

以爲反言」；蘇轍《老子解》：「正言合道而反俗。俗以受垢爲辱，受不祥爲殃故也。」；范應元《老子道德經古本集註》：「故正言似與俗反也。」；釋德清《老子道德經解》：「然柔弱無爲，乃合道之正言，但世俗以爲反耳。」；魏源《老子本義》：「此言若反乎俗情，而實含乎正道。俗以受垢受不祥爲殃故也。」這些注釋都是從反於俗情以彰顯正言的觀點來理解，這是僅從字面上的意義給予解釋，並未深入探討「正言若反」背後所隱藏的問題性。因此想要建構出完整的《老子》「正言若反」經典注釋的體系，是有所困難的。

　　古代注《老》作品對於「正言若反」一詞的解釋，沒有作十分嚴謹的語意分析，頂多只是隨文注釋而已。而在義理分析上，沒有經過仔細的考察，也很難看出他們對「正言若反」所涵蘊問題理解的程度與解釋進路。造成這種現象的原因有二：首先，經典注釋作者，通常是一章一章、一節一節的注釋、解讀《老子》的原典。〔註 32〕這樣注釋方法的優點，是可以完整的注釋一部原典，在文字訓詁方面的工作可以作得很詳盡，這對於我們在經典的解讀上是很有助益的。但是缺點是，這樣的注釋工作缺乏問題意識與概念化的分析工作，我們很難看到《老子》注釋作者特別針對某個問題，以理論化、概念化及分析的方式來討論。我們想要了解《老子》注釋作者對於一個問題的看法或解答，則必須透過問題意識向《老子》注釋作品提問，以義理分析的方式來尋求答案。這也是我們在向《老子》經典注釋作品中，探尋他們對於「正言若反」解釋考察之困難。其次，是由於古代《老子》注釋家們未有意識的將「正言若反」，視爲一個重要的概念或問題來討論。以王弼注《老》爲例，他以「崇本息末」來概括《老子》五千言，但對於「正言若反」一詞不僅未予以注解，在其他的注文中也沒出現過這個詞彙。我們必須透過義理的分析考察，才能了解「崇本息末」所涵蘊的問題性質，在「道」的實踐面向，是與「正言若反」相同的。我們可以說，雖然王弼沒有正面地以語意分析的方式來解釋「正言若反」，但當我們以問題意識去向王弼《老子注》與〈老子指略〉去提問時，不難可以發現，他對於「正言若反」這個命題仍是有所解釋的。因此，我們不當因爲王弼沒有正面的解釋「正言若反」，而就說王弼是忽視這個問題。

　　語意與義理的分析，提供我們考察《老子》經典注釋作品的兩個原則，

〔註32〕劉笑敢，〈經典詮釋中的兩種內在定向及其外化——以王弼《老子注》與郭象《莊子注》爲例〉，頁 288。

這只是提供我們一個研究的方向與進路，每一個研究進路都有其限制。例如：當我們進行語意分析時，只能從字詞上，或上下文的語文脈絡中來分析，而無法放在整部《老子》注釋中來思考這個問題。而當我們想要在整部《老子》注釋中來了解「正言若反」時，卻又侷限於宏觀的角度而無法針對一個字、一個詞乃至於一個句子作詳盡的文字訓詁工作。因此，義理分析必須以語意分析為前提，而語意分析又必須扣緊脈絡而非孤立的來理解，如此我們才能獲得「正言若反」這個詞語的完整意義。

　　本章以釋德清《老子道德經解》作語意分析的工作；以王弼《老子注》來作義理分析的考察，是為了突顯在「正言若反」的解釋中，存在著這兩種注釋上的差異。即，《老子》注釋作者著重於義理方面的解釋時，往往忽略了「正言若反」在字面意義上的理解。而當他們注意到要從語意上來注釋「正言若反」時，所採取的解釋大多是雷同的，如：河上公《道德眞經註》、蘇轍《老子解》、范應元《老子道德經古本集註》、釋德清《老子道德經解》等，大體是從「正言合道而反俗」這樣的觀點來解釋。筆者採取這樣的進路，只是為了呈顯「正言若反」的解釋在《老子》注釋作品中，所反映出來這樣特殊的解釋現象。這並不是說，我們無法對釋德清《老子道德經解》、河上公《道德眞經註》、蘇轍《老子解》、范應元《老子道德經古本集註》等注釋作品作義理的分析。這樣的研究進路，有助於我們了解到經典注釋作者，對於「正言若反」解釋的推進與盲點，由此我們才能更進一步進行「正言若反」的重建工作。從語意分析的角度，我們可以看到釋德清《老子道德經解》對「正言若反」一詞的解釋，似乎無法將其所涵蘊的意義完整地揭露出來。從「然柔弱無為，乃合道之正言，但世俗以為反耳」這樣的觀點來解釋「正言若反」，只揭露了「正言若反」是透過違反世俗觀點的方式，來呈顯合道之正言。他特別強調的是「世俗以為反耳」這個看法，而忽略了「正言若反」除了表示與世俗觀點相反這個意義之外，「反」還可以解作返回、復歸的意思。這樣的解釋表示了「正言若反」也應具有指向「道」的實踐的功用。從義理分析的面向，我們看到了王弼是從「言意之辨」的角度對《老子》與一般名言概念作反省，將他們區分為「名號」與「稱謂」，對於《老子》看似否定語言的看法做一個合理的說明，保住了五千言之有效性。再以此為基礎，將《老子》以「絕聖棄智」、「絕仁棄義」等以「正言若反」言說方式出之的經文，與其《老子注》中「以無為本」、「崇本息末」的核心思想結合起來，指出《老子》

是藉由這種反面的言說方式，一方面防止人爲造作所產生的弊端；一方面指點吾人於心境上做修養工夫返回生命的大道。從「道」的表述問題與實踐問題來看，王弼的解釋較釋德清更能全面地揭露「正言若反」所涵蘊的意義，儘管他沒有從字詞上的解釋來著手。

雖然《老子》經典注釋，提供了我們對「正言若反」解釋的一個很好的參考借鏡，但由於他們往往未有意識的，將「正言若反」視爲一個重要的概念或問題來探討，導致若僅從《老子》經典注釋來了解「正言若反」，是無法有系統的建立一個完整的解釋。我們可以透過向《老子》提問、尋求解答的方式，把「正言若反」涵蘊的問題性質給揭露出來。關於對「道」的語言表達問題面向，我們可以依循王弼的解釋進路，順著他對名號、稱謂之區分，指出一般語言與《老子》語言之不同。「名號」與「稱謂」之區分預設了，「道之不可言說性」此一命題，所以我們在討論《老子》對「道」的語言表達問題時，應當先證成是否道不可用語言來表達此一命題，才能了解爲何《老子》要說：「道可道，非常道」，乃至於設計出「正言若反」這種特殊的表達方式。並了解王弼區分名號、稱謂之目的。對「道」的實踐問題面向，可順著王弼的「反本」說著手，探討具有反轉吾人單一性思考的字眼或句子，與「致虛守靜」修養工夫之關聯。在語言分析方面，「正言合道而反俗」的解釋，也可提供我們一個新的解釋方向，從「反俗」之觀點重新詮解《老子》哲學；從合道之言來解釋「正言」。這樣的解釋，可以幫助我們釐清許多誤解。

因此，我們可以說，雖然王弼、釋德清未將「正言若反」視爲《老子》根源性的問題來解釋，但他們在藉由注釋的過程中，已不經意的處理到這個問題。而透過「正言若反」問題性質的考察，不僅能將他們對此問題的解釋建構出來，也可以了解到「正言若反」，實是整部《老子》的核心。我們如果想要適切地、恰當地把握《老子》的思想義理，就必須對「正言若反」一詞，及其問題性質有清楚的認識。

第四章 「正言若反」與「道」之表述問題

　　我們在第二章已釐清了「正言若反」所涵蘊的哲學問題有三:「道」的表述、工夫論與政治哲學的問題。本章所要討論的是,「正言若反」與「道」的表述問題之間的關係。「表述問題」,是如何以語言表達對象的問題,而這樣的界定仍屬寬泛,因為一切具體有形的事物都可以作為語言表達的對象。本章所要討論的,不是如何以語言來表達現象界可以透過吾人感官知覺來感知的經驗對象,而是如何以語言來表達那不可言說形而上的「道」。名言概念可以概括、指涉現象界中一特定之對象,但是「道」這個特殊的形而上存在,一旦成為語言表述的對象的時候,卻會讓「道」在名言的使用中隱退。其癥結在於:雖然語言概念是有限制的,而「道」則是無限、不可知的存在,當我們用有限的語言概念去表達無限的道體,容易使吾人心知執定此名言概念的使用,而讓「道」在名言概念的使用中產生異化。故《老子》說:「道隱無名」〈四十一章〉、「道常無名」〈三十二章〉就是這個意思。「道的語言表述問題」正是本章所討論之目標。

　　由以上論述可知,「正言若反」在如何以語言表達「道」此一命題中,所對應的哲學問題就是「道的表述方式」問題。語言會因為它所表達對象的不同,而有不同的表述方式。換言之,不同的對象,必須以其適合的方式來表達,才能將對象和語言恰當、相應地關聯起來。依牟宗三先生的區分,語言表述方式可分為兩種:相應指實之言和暗示指點之言,前者以表達現象世界,或言「可道世界」,屬於「外延真理」;後者以表達形上超越現象之「道」或

言「不可道界」，屬於「內容眞理」。〔註1〕相應指實之言，即一般有限制的名言概念，用以指涉客觀經驗現象界中的事物，以區分各個事物之間的界限。暗示指點之言，雖然仍然是在語言的使用範圍之內，但它所要表達的對象是形而上不可言說的「道」。這樣一來，就會產生一個問題，形而上不可言說的「道」如何透過有限的語言來表達呢？這也是《老子》所面對到的問題，所以他說：「道可道，非常道；名可名，非常名。」特別強調「道」是不能以一般有限的語言來表達，否則被表達出來的就不是「道」。「正言若反」就是爲了解決這個問題，而被設計出來的特殊語言使用方式，它就是「指點之言」。透過反轉一般人思考的限制，以指點那不可言說、整全的「大道」。本章亦是在探討內容眞理與指點語言的關係。指點語言所表達的是否即是內容眞理，這也是需要辨明的。

　　本章欲證成之主張有三：（一）論證「正言若反」是建立在「道不能用語言來表達」的思想基礎上。（二）論證「道」之表述的必要性。（三）論證「正言若反」爲「道」的語言表述方式。

第一節　道之不可言說性

　　《老子》說：「道可道，非常道。」〈一章〉可以透過語言來表達的道，就不是常道。如果這個命題可以成立，那麼是否表示《老子》五千言，這個圍繞著「道」爲核心概念而展開的論述，不應該使用語言來表達？答案顯然並非如此。那麼道和語言到底是一種甚麼樣的關係就必須先予以釐清。要解決這個疑惑，我們應該先問，爲甚麼《老子》認爲「道」無法以語言來表達？要回答這個問題，必須了解「道」的特質是甚麼？語言的特性是甚麼？然後才能進一步說明：擁有這樣特質的道，爲何不能用擁有這樣特性的語言來表達？《老子》的「道」應該如何來了解？「道」又具有甚麼樣的特質？現象界的事物，他們共同的特徵是有形而具體的，可以被吾人感官經驗所把握、知覺到的。而我們認識世界的方式，也就是透過感官經驗來把握。

　　那麼，「道」是否也能夠成爲我們感官經驗的對象呢？我們是否也同樣的能通過感官經驗來把握「道」？《老子·十四章》提供了這個問題的答案，他說：

〔註1〕　牟宗三，《才性與玄理》，頁249～254。

視之不見名曰夷，聽之不聞名曰希，搏之不得名曰微，此三者不可
致詰，故混而爲一。其上不皦，其下不昧，繩繩不可名，復歸於無
物，是謂無狀之狀，無物之象。

「視之不見」、「聽之不聞」、「搏之不得」——眼睛看不到它，耳朵聽不見它，
無法以觸覺感知它——這些句子皆表示了：「道」這樣的存在，是無法以吾人
感官經驗來知覺到的。所以「道」是無法以感官經驗來予以把握的。故曰：「無
狀之狀，無物之象」。

「道」雖然無法被我們感官知覺所掌握，《老子》仍以語言論述這樣的「道」
是甚麼樣的存在，及其與天地萬物之關係。〈二十五章〉說：

有物混成，先天地生，寂兮寥兮，獨立不改，周行而不殆，可以爲
天下母。吾不知其名，字之曰道，強爲之名曰大。

從「有物混成，先天地生」這句話，可以了解「道」雖然無法以吾人感官經
驗來把握，卻是形上眞實的存在。關鍵就在於道「可以爲天下母」，能生天地
萬物。「有物混成」的「物」，不是指現象界的具體有形之物，而指的是：「渾
然自成的存在」。〔註2〕而「混成」表示無法以感官知覺來認識。王弼注云：「渾
然不可得而知，而萬物由之以成，故曰『混成』也。」〔註3〕「先天地生」，
言其先在性。〔註4〕此「先」非是時間意義上先後之先，而是超越意義之先，
即是說：「道」是超越天地之存在。這樣不可被吾人感官知覺所把握的存在，
卻是萬物由之以成的根據。下文說「寂兮寥兮，獨立不改，周行而不殆，可
以爲天下母」，自在自存、周遍常在，超越於現象界具體有形之物之上的道，
能夠實現天地萬物，可以作爲天下的母親。「道」顯現其自己的的方式，就是
實現天地萬物，使萬物能夠自生自長，各歸其位。擁有這樣特質的存在，就
是「道」。《老子》對「道」的實現性多所論述，例如他說：

昔之得一者，天得一以清，地得一以寧，谷得一以盈，萬物得一以
生，侯王得一以爲天下貞。其致之，天無以清，將恐裂，地無以寧，
將恐發，神無以靈，將恐歇，谷無以盈，將恐竭，萬物無以生，將
恐滅，侯王無以貴高，將恐蹶。

「一」即是「道」。天、地、谷、萬物、侯王得之，就能自我實現，使天地萬

〔註2〕 王邦雄，《老子的哲學》，頁98。
〔註3〕 樓宇烈，《王弼集校釋》，頁63。
〔註4〕 王邦雄，《老子的哲學》，頁98。

物各歸其位。反之，天地萬物將會走向滅亡。所以「道」是實現天地萬物的原理。袁保新先生將「道」之性格歸結爲三點：「（一）「道」不僅是人間政治的最高規範，同時也是存在界一切事物——天、地、神、谷等——實現其自身的形上原理。（二）「道」是先於一切形物——帝、天地——而存在的。（三）「道」之作用是常存而不可變的。」〔註5〕「道」作爲使萬物得以實現其自身的形上原理，是一種甚麼樣型態的實現原理？是基督教上帝的創造，還是儒家仁體之生化？〔註6〕牟宗三先生認爲道家的實現原理，是境界型態的，他說：

> 「道生之」者，只是開其源，暢其流，讓物自生也。此是消極意義的生，故亦曰「無生之生」也。……總之，它不是一能生能造之實體。它只是不塞不禁，暢開萬物「自生自濟」之源之沖虛玄德。而沖虛玄德只是一種境界。故道之實現性只是境界型態之實現性，其爲實現原理亦只是境界型態之實現原理。非實有型態之實體之爲「實現原理」也。〔註7〕

《老子》的「生」是不宰制、不造作，讓萬物自生自長的「生」。此「生」不是實有型態的「生」，而是消極意義「境界型態」的「生」。是故只能說「道」是實現原理，而非是創生實體。「道」之所以能實現萬物，作爲萬物之母，就在於它能不宰制萬物，不自以爲有功。〈三十四章〉云：

> 大道氾兮，其可左右。萬物恃之而生而不辭，功成不名有，衣養萬物而不爲主。常無欲，可名於小；萬物歸焉而不爲主，可名爲大。
> 以其終不自爲大，故能成其大。

萬物依恃「道」而生，換言之，「道」實現天地萬物。「萬物恃之而生」的「生」，是「不生之生」的意思，指的是境界型態的生，非是實有型態的生成義。「生」萬物的作用是不間斷的，故曰不辭。「道」衣養萬物而不爲其主宰，因爲「道」能夠實現萬物，所以我們可以由萬物生生不息的狀態中，了解「道」的存在。「道」是如何實現萬物的？答案就是：「以其終不自爲大，故能成其大」。何謂「大」？「萬物歸焉而不爲主，可名爲大。」萬物皆由道而生，道好像是萬物之主，故曰「大」。可是它卻不自以爲是萬物之主，也不自以爲實現萬物有功勞，純然是自然無爲，故曰「不自爲」。道不自以爲大，所以才能成其實

〔註5〕　袁保新，《老子哲學之詮釋與重建》，頁173。
〔註6〕　牟宗三，《才性與玄理》，頁162。
〔註7〕　牟宗三，《才性與玄理》，頁162。

現萬物之大。由此觀之,「道」必爲無形的存在,若是有形具體之存在,則無法實現天地萬物。所以我們可以說,能夠實現天地萬物的「道」,是先於天地萬物而存在,是爲天地之始、萬物之母。「道」是獨立自存,不依恃他物而生,且無所不在、無所不包,故能成爲萬物之所以存在的依據。

不可被吾人感官經驗所掌握的「道」,由此特質引伸出來,「道」還具有整全不可分割的特性。「道」是「有物混成」的存在,所謂「混成」就是無法看清楚,無法以感官來把握之,因爲無法透過眼、耳、觸等知覺來掌握,所以它是一個整全不可分割的存在。如果可以用感官經驗來認知,那麼就表示「道」是一個有限的存在物,且是有形具體的事物,這樣的「道」就是有所分割的道,非是《老子》所說的常道了。故《老子》說:「大方無隅,大器晚成,大音希聲,大象無形。」〈四十一章〉,「大」表示絕對、道的超越義,這裡的大方、大器、大音、大象,都不是現象界相對意義的方、器、音、象,而是就著道而說的方、器、音、象,所以是超越於一切有形事物之上。這樣的大方、大器、大音、大象,是不可分割的,也就是無法以感官經驗來把握的,所以說無隅、晚成、希聲、無形。此不僅表示了「道」無法以感官經驗來把握的特性,也表示了「道」是整全不可分割的存在。

道之特性既如此,那麼語言又具有什麼特性?名言的本質是甚麼呢?如上所述,現象界的事物是有形而具體的,可以被吾人感官經驗所把握。名言的制定就是爲了表達現象界具體有形的事物,以區別各個不同的事物。所以名言指涉的對象,是具體有形的事物。王弼注云:「可道之道,可名之名,指事造形,非其常也。」〔註8〕王弼是以「指事造形」來規定「可道之道」與「可名之名」。指乎事,則爲事所限;循乎形,則爲形所定。〔註9〕在此表示,名言概念是指涉一個特定之對象,且它爲具體有形之事物,這樣的名言是有分限、有限制的名言,可以用有分限的名言概念去規定的名、去限定的道,故曰:「可道之道、可名之名」。《老子指略》云:

> 夫不能辯名,則不可與言理;不能定名,則不可與論實也。凡名生
> 於形,未有形生於名者也。故有此名必有此形,有此形必有其分。
>
> 〔註10〕

〔註8〕 樓宇烈,《王弼集校釋》,頁1。
〔註9〕 牟宗三,《才性與玄理》,頁129。
〔註10〕 樓宇烈,《王弼集校釋・老子指略》,頁199。

這段話指出名言有兩個特性：一是名言是用以指實的，名言概念與其所指涉的對象，是名實相符的關係。二是名言所指涉的特定對象，有特定的性質和確定的界限，這界限就叫做分。〔註11〕名言概念是依據事物而生，而非事物是依據名言而生，必先有一具體特定之事物，然後我們為了區分各個事物之間的不同，才制定不同的名號以區別之。是以名言的本質在於區分。〔註12〕有區分表示名言是有界限、分際的。現象界具體有形的事物，皆可為名言概念完全、充分的予以表達，這樣的名言是外延的名言；而其所表達的真理亦為「外延真理」。由此我們可知，名言是用以指涉具體有形的事物，因此名言是有限制、分別的。它無法涵盡所有的事物，一名只能指涉一事，如此才能達到名實相符的功能。

「道」是超越於吾人感官經驗之上，它是無形無象的存在，且是無所不包、無所不盡的，是一無限的存在。這樣的「道」當然不能用有限的名言概念來表達。名言概念所指涉的是，可以用感官經驗把握的具體有形之事物，其特性是「名必有所分」、「有分則有不兼」。〔註13〕名一定有所分限，有所分限就無法兼容兩種以上不同的事物。而「道」並不屬於現象界具體有形之物的範圍，故不能使用名言概念來表述。它無所不包、無所不在的特質，無法以有分限的語言概念展現出來。故《老子指略》云：

> 言之者失其常，名之者離其真，為之者敗其性，執之者則失其原矣。
>
> 是以聖人不以言為主，則不違其常；不以名為常，則不離其真；不
>
> 以為為事，則不敗其性；不以執為制，則不失其原矣。〔註14〕

以名言概念去論謂道、規定道，則失其常、離其真。「道」就在名言概念使用的分別中，隱退其自身。道隱退的原因，除了名言自身的有限性之外，更重要的是名言的分別會引發吾人心知對語言概念的執定。故曰：「為之者敗其性，執之者則失其原矣」，為與執皆是心知執取語言概念的分別性而來，心知執取的結果，會使人追逐相對語言概念引伸而來的相對價值標準，產生人為造作，最後就是敗其性、失其原，離「道」越來越遠。因此，由上述析論可知，「道」是不能用語言來表達的。

〔註11〕王邦雄等著，《中國哲學史》（台北：里仁書局，2006年），頁307。
〔註12〕袁保新，《老子哲學之詮釋與重建》，頁175。
〔註13〕樓宇烈，《王弼集校釋·老子指略》，頁196。
〔註14〕樓宇烈，《王弼集校釋·老子指略》，頁196。

第二節 「道」之表述的必要性

　　由上節的分析，我們得到「道」不能用語言來表達這樣的結論。然而這樣的結論是會讓人心存疑惑的。因為，《老子》一方面說「道可道，非常道；名可名；非常名」，可是一方面又使用語言概念來表達五千言，闡述以「道」為核心的思想義理，這難道不是自相矛盾嗎？如前所述，「道」的隱退、失落固然是和語言自身的有限性有關。但更重要的是，人的心知介入與執定，使得各種分別予以固定，也因為分別的固定所造成的各種不同的事物乃至各種不同的觀點的隔絕。〔註15〕後者才是「道」失落的關鍵。是以《老子》說：「道常無名」〈三十二章〉、「不言之教」〈二章〉，不當理解為否定語言概念的價值與功用，要從本質上取消語言。其用意即在要人不執定語言概念的分別性、有限性。無名之「無」、不言之「不」雖有否定的意味，並不是本質上對語言採取否定的態度，而是藉由否定詞的使用，解消吾人心知對於名、言的執定，使得名言能夠發揮指向「道」的功能。所以，《老子》是透過否定詞的運用，來保存、肯定語言的價值功用。然而《老子》說「道常無名」、「不言之教」，仍然需要透過否定詞的運用，以衝破語言自身的有限性，防止吾人心知執定之。唐君毅先生說：

> 道家欲行不言之教，則須言「不言之教」，以易言之教。而道家之徒亦勢不能廢言辯，故有道家之書。〔註16〕

《老子》仍必須透過解消語言概念的有限性，來表達那不可言說的「道」，這就表示了《老子》仍然無法脫離語言結構來表達「道」。因此，我們可以說，《老子》預設了這樣一個命題，「道」雖然不能以語言來表達，卻又不得不透過語言來表達。

　　《老子》說：「吾不知其名，強為之名曰大，字之曰道。」〈二十五章〉這句話預設了，「道」不能用語言來表達，卻又不得不透過語言來表達。「吾不知其名」，表示了「道」是不能以名言概念來指涉的，而「強為之名曰大，字之曰道」，則指出不得不透過語言來勉強的指稱「道」，以可稱中之「大」來表示「道」周遍而普在的無限性。這是《老子》撰述五千言的預設。釐清

〔註15〕 邱黃海，〈「道」的旅遊指南──《莊子・秋水》「河伯與海若的對話」之解析〉，頁 164。

〔註16〕 唐君毅，《中國哲學原論・原道篇卷二》（台北：台灣學生書局，1993 年），頁 13。

了這個預設，我們才能了解，爲何《老子》一方面說「道」不能以語言來表達，一方面又以語言來表達。我們在這裡要問的是，「道」既然是不可言說的，爲甚麼「道」仍必須透過語言來表達？

以下先來討論第一個問題，「道」既是不可言說，爲甚麼又要透過語言來表達，這其中涵蘊了甚麼樣的哲學思考？要回答這個問題，我們或可從人對經驗事物的認識活動來反省。我們在認識一外在對象時，最初是透過感官知覺來把握，經由知性的分析歸納，爲了區分各種事物之間的差別，也爲了言說上的需要，我們給予它一個「名」。「名」不但是指涉對象，以區分各個事物之間的不同，同時也表示我們對於該事物是有認知的。藉由名號我們得以掌握外在的經驗對象，例如：當我們看到一朵花時，給予它一個名號叫做「花」，當此名號約定俗成之後，當我們以後說「花」之名時，所指涉就是這個叫做花的外在對象。這個時候，即表示我們認識了花，並且對於它的性質特徵有所了解、有所把握。卡西勒（Ernst Cassirer）先生說：

> 在人對「客觀」世界的發現中，對有著固定性質的經驗事物的世界
> 進行發現時，正是這種言語，即陳述言語成爲人的首要思路。在這
> 條思路的指導下，我們才發現一個對象世界，一個具有固定性質的
> 經驗事物的世界。〔註17〕

人對客觀世界的發現，即是對於客觀世界的認識，而陳述語言即是對於客觀世界的表述，我們的首要思路，也是由陳述語言所構成。在陳述語言所構成的思路的指導下，我們才能發現一個具有固定性質的經驗事物的世界。換句話說，離開了語言，我們無法發現世界，無法對客觀的世界有所認識。語言給了我們第一個通向客體的入口，它好像一句咒語打開了理解概念世界之門。〔註18〕所以，我們可以說，語言爲一切知識的開端，而命名則爲語言的開端。〔註19〕吾人必由他人對語言之運用，乃能確定他人之有知識與否；而人之知識亦無不賴語言文字，加以表達，所以知識論的問題，可由語言與知識之關係問題開始。〔註20〕這裡不是要談論知識論的問題，因為知識論是以吾人對現象界的認識所建立的討論範圍；我們這裡所要討論的，是「道」的

〔註17〕恩斯特‧卡西勒著（Ernst Cassirer）、于曉譯，《語言與神話》（台北市：桂冠圖書，2002年6月），頁103頁。

〔註18〕恩斯特‧卡西勒著（Ernst Cassirer）、于曉譯，《語言與神話》，頁106。

〔註19〕伍至學，《老子反名言論》，頁15。

〔註20〕唐君毅，《哲學概論》（台北：台灣學生書局，2005年），頁279。

認識問題，即如何認識「道」的問題。「道」並非是可經驗的對象，我們無法透過感官知覺來認知，「道」的認識問題，顯然的與以一般經驗知識為討論對象的知識論有所不同。這裡從經驗事物的認知活動切入，只是在於說明吾人一切認識的活動，對一切現象界外事物的認識，均是無法脫離語言而有認知的。而我們的思維活動，也不能離開語言。即，我們在思想時，亦恆離不開一心中之語言。〔註21〕

　　「道」也有認識的問題，但認識的方式不同於一般經驗知識。我們無法透過感官知覺來認識「道」、把握「道」，所以也無法使用一般名言概念來指涉「道」。因為一般的名言概念，是為了表達現象界，可以被我們感官知覺所經驗到的外在對象而制定的。既然「道」無法被我們感官知覺所把握，也就無法以表達具體對象的語言來指涉。如上所述，無法透過語言來表達，也就無法對「道」有一認識，所以嚴格來說，我們無法對「道」有知識。那麼，我們要如何來了解「道」呢？可以透過甚麼樣的方式來認識「道」？依《老子》，我們可以透過「致虛極，守靜篤，萬物並作，吾以觀復。夫物芸芸，各復歸其根。」〈十六章〉的修養工夫來體證「道」。「致虛極，守靜篤」，是指虛掉心知對於相對價值標準的執定，心不執定外在相對的價值標準，就不會想去追逐外在的虛名，心就能靜下來，回歸生命最初的澄明如鏡的狀態。「虛」和「靜」的工夫要做到極致，讓心不執定於任何相對的價值標準，且恆常澄明清澈，可以觀照天下萬物。在此虛靜心觀照之下，讓芸芸的萬物各自回歸其生命的本真自然。「道」就在此虛靜觀照的心境中朗現出來，通過此虛靜觀照的虛靜心，實現天地萬物，讓萬物回歸其自己。所以吾人可以透過主體修證、體悟的方式，來認識「道」、契會「道」。由此，我們可以知道，隨著認識對象的不同，認識的方法也不相同。經驗對象，是具體有形的事物，可以由我們的感官知覺來認識；而「道」是超越一切具體有形事物的存在，它是無形無名，無限的道體，所以不能由感官知覺來認識，只能通過吾人的主體修養，來契會、了解「道」。即是通過吾人生命不斷的提升，才能體悟「道」、認識「道」。因此，「道」的認識實不同於一般經驗對象的認知。

　　既然「道」只能通過吾人主體修證來體悟、認識，那是不是表示，我們不需要語言呢？若是，那麼《老子》就無法透過語言將其對「道」的體悟傳達世人，而我們也就無從了解「道」了。所以，《老子》為了教學與傳承的需

〔註21〕唐君毅，《哲學概論》，頁258。

要，仍然需要透過語言來勉強表達不可言說的「道」。〔註22〕如上引唐君毅先生之言，《老子》說「不言之教」，都還必需要透過語言來表達，以與「言之教」區別開來。可見除了語言這個媒介之外，《老子》無法透過其他方式傳達其思想。故，即使「道」是不可道、不可名，也仍然必需要使用語言，勉強的表達此不可道、不可名的「道」。因此，我們可以得到這麼一個結論，「道」雖然不能以語言來表達，爲了表達思想的需要，教學傳承的需要，還是必須要透過語言勉強的表達之。

第三節　「正言若反」的表述方式

接下來我們要問，《老子》是透過甚麼樣的言說方式來表述「道」？這樣的言說方式，與一般的語言表述方式有何不同？透過語言表達出來的道，是否即是「道」？想要釐清前兩個問題，筆者認爲可從「指實語言」和「指點語言」的區分來作討論。所謂「指實語言」，即是語言概念能與其所指涉的對象一一相對應。能與語言概念相對應之對象，必爲客觀具體有形的事物。因爲現象界之事物，皆可由感官知覺來認識，我們因而能掌握事物與事物之間的特殊性、差異性。用以指涉經驗對象的語言，其功用在於區分各個不同事物之間的差異、分別。故王弼所言：「名號生乎形狀」、「名號不虛生」（〈老子指略〉）。「生乎形狀」是表示名號是爲了指涉有形有狀的具體事物而制定的，先有一物才有一名。「不虛生」，表示名號必有與其相對應的特定對象。這樣的語言就是「指實語言」，所指涉的對象是具體有形的事物，屬於「外延眞理」。

所謂「指點語言」，語言概念與其所指稱之對象，無一一相對應的關係，甚至無一定對象可對應。〔註23〕如《老子》中常以「道」、「一」、「大」、「玄」等「稱謂」，指稱「道」。這些語言概念與其所指稱的對象，無一一對應之關係，即無名實相應之關係。這些詞語僅是爲了言說上的需要，而給予的稱呼。它們不是定名，而只是「稱謂」。〔註24〕因爲「道」是形而上不可被吾人感官經驗掌

〔註22〕邱黃海，〈「道」的旅遊指南──《莊子·秋水》「河伯與海若的對話」之解析〉，頁 162。

〔註23〕牟宗三，《才性與玄理》，頁 254。

〔註24〕王弼云：「名也者，定彼者也；稱也者，從謂者也。」；「名號生乎形狀，稱謂出乎涉求」（樓宇烈，《王弼集校釋》，頁 197～198。）有關「名」、「稱」之區分，參見本文第三章之第三節論王弼「名號」與「稱謂」之區分的部分。

握的超越存在，它是無限的。而語言概念皆是爲了指涉現象界有限事物所制定的，是有分限的。因此我們無法以有限的名言去指涉無限的「道」。是故，《老子》說：「道可道，非常道；名可名，非常名」；「道常無名」；「道隱無名」；「吾不知其名」，皆表示這個意思。這一點前文已經辨明，此處不再贅述。

那麼，《老子》是如何在語言結構中，表達不可言說的「道」呢？如何透過語言的表述，闡述其以「道」爲核心的思想義理？以《老子》的話來說就是「正言若反」。在本文的第二章中，我們已從〈七十八章〉的語文脈絡，分析了「正言若反」這個詞語的涵義，得到了「正言若反」即是透過看似相反的字眼或句子，以呈顯正言眞正的價値意涵這樣的結論。在這裡我們可以進一步的去問，「看似相反」是甚麼意思？爲何《老子》不直接說相反，而要在「反」字之前加上一個「若」字。這個「若」字，又表示了甚麼意義？以上這些疑惑，我們只能從《老子》原文中找尋答案。《老子》云：

　　　天下之至柔，馳騁天下之至堅；無有入無間，吾是以知無爲之有益。
　　　不言之教，無爲之益，天下希及之。〈四十三章〉

「天下之至柔」證諸〈七十八章〉：「天下莫柔弱於水，而攻堅強者莫之能勝，其無以易之。」應知這句話指的是水。水是天下間最柔弱的東西，能馳騁天下最堅強的事物之中。「無有入無閒」，「閒」應訓爲「間」。表示水在至堅之事物中暢通無阻，《老子》由此知道無爲的好處。這段話表示兩個意思：一，水的至柔是可以超越天下最堅強的東西。二，至柔即是無爲。證諸《老子・八章》：「水善利萬物而不爭，處衆人之所惡，故幾於道。」；〈六十六章〉：「江海所以能爲百谷王者，以其善下之，故能爲百谷王……以其不爭，故天下莫能與之爭。」可以看出水不但有柔弱的特性，也有不爭的性格。柔弱、不爭即是無爲，即無心而爲，卻又能「無爲而無不爲」。在世俗觀點中，這樣的話即是「反話」。世人皆以爲「柔弱」、「無爲」是負面的意思，這樣的話頭在一般人的觀念中就是相反的話。但是對於《老子》要透過名言概念表達「道」、指向「道」這個目的，這樣的話就是正言。所謂「正言」就是能展現「道」的特質的言說，藉由這樣的方式以指向「道」。「至柔」、「柔弱」、「無爲」皆是能展現「道」之特質的言說。故《老子》云：「道常無爲而無不爲。」〈三十七章〉。由此觀之，「至柔」、「柔弱」、「無爲」在《老子》思想中即是「正言」而非反言。反言是相較於世俗觀點來說的，所以《老子》不說是反言而說「若反」，就暗示了「無爲」、「柔弱」這樣的言說根本不是反言，只是「看

似相反」而已。其次，《老子》透過「無爲」、「至柔」、「柔弱」，這樣看似相反的詞語來表述「道」，是因爲它們在世俗觀點中是反言，藉由「不言之教，無爲之益」這樣看似相反的話，以反轉世俗之人對語言單一性的思考模式，衝破語言概念的有限性，透過這樣的方式來表達「道」、指向「道」。所以，「正言若反」中的「看似相反」應有兩種涵義：（一）在世俗觀點中是相反之言，但在《老子》思想中則非反言，反而是能夠表達「道」的正言。（二）透過違反一般經驗性思考模式的方法，以反轉、衝破世俗的人對語言概念的執定，才能呈顯合道正言的眞正價值意涵。

經由以上的分析，我們可以確定「正言若反」的意義：在《老子》中凡是透過看似相反的語言以呈顯道的實現性或道對特殊價值之實現的語言表述方式，都可以說是「正言若反」。它在《老子》中的運用方式，大致上可以歸納爲下列兩種：

一、否定字的運用

《老子》常常使用「不」、「絕」、「棄」、「弗」等具有否定意義的字眼，表示看似相反的意思，以呈顯正言眞正的價值意涵。這樣的表述方式，在《老子》中常常見到，以下舉數例以明之：

> 是以聖人處無爲之事，行不言之教，萬物作焉而不辭，生而不有，爲而不恃，功成而弗居，夫唯弗居，是以不去。〈二章〉

> 天地不仁，以萬物爲芻狗；聖人不仁，以百姓爲芻狗。〈五章〉

> 天地所以能長且久者，以其不自生，故能長生。是以聖人後其身而身先，外其身而身存。非以其無私邪？故能成其私。〈七章〉

> 大道廢，有仁義；慧智出，有大僞；六親不和，有孝慈；國家昏亂，有忠臣。〈十八章〉

> 上德不德，是以有德；下德不失德，是以無德。〈三十八章〉

> 生而不有，爲而不恃，長而不宰，是謂玄德。〈五十一章〉

以上六則引文，均是「正言若反」表述方式的例子，《老子》使用「不」、「弗」等否定字，所表示的不是否定的涵義，而是「若反」（看似相反）的意思。藉由這樣看似相反的表述方式，以呈顯正言眞正的意涵。通過「若反」的方式表達出來的正言，就是合道的正言。從上面的例子，我們可以看出「正言若

反」的表述方式，運用在幾個思想層面：（一）表達「道」實現萬物的實現義：「天地不仁，以萬物爲芻狗」、「生而不有，爲而不恃，長而不宰」。（二）表達聖人實現自己、實現百姓的義涵：「是以聖人處無爲之事……夫唯弗居，是以不去」；「聖人不仁，以百姓爲芻狗」；「聖人後其身而身先，外其身而身存」。（三）表達實現仁、義、孝慈、德、忠臣等眞正的價值意涵：「上德不德，是以有德」、「大道廢，有仁義」等等。它們都是藉由「不」、「絕」、「棄」、「弗」等否定字的運用，才能表達出正言眞正的價值義涵。而透過看似相反的方式，表達出來的正言，是可以指向「道」的言說。《老子》之所以必須透過「正言若反」的表述方式，以表達以「道」爲核心展開的思想義理，其因有二：（一）合於「道」的正言，不能以分析、下定義的方式來表達，因爲語言是有限的，無法表達無限的「道」。一說「道」是甚麼，「道」就會在語言的區分中隱退。所以只能通過作用層的否定，解消心知對語言概念的執定，以保存正言眞正的價值意涵。（二）聖、智、仁、義、德、孝慈等價值概念，已流於形式化、僵化的相對價值標準，其眞正的價值意涵無法實現出來。所以《老子》藉由否定形式化、僵化的聖、智、仁、義、德、孝慈，解消吾人對於這些價值標準的執定，以復歸其眞正的價值意涵。

二、相對性概念的運用方式

所謂「相對性概念」，指的是在《老子》中所出現，看似相對、對立的語言概念。如：有無、剛柔、巧拙、直屈、辯訥、曲全、寵辱、奇正、正反、貴賤等等，根據劉笑敢先生的統計，總計至少有八十多次。〔註25〕《老子》的剛柔、巧拙等相對性概念，不是一般意義之下的相對，一般意義之下的相對是通過互相否定對方來決定彼此之間的意義，而且其所表示的意義是明確且固定的。例如：善惡，善的對立面就是惡；反之，惡的對立面就是善。否定了善，就能顯示惡的意義；同樣的，否定了惡，即能顯示善的意義。所以說，當我們說不善（否定了善）時，就表示惡的意思；當我們說非惡（否定了惡），就表示了善的意思。因此，善與惡的意義是明確且固定的。但《老子》中這些有無、剛柔、巧拙、直屈等對立的概念，並非是要表示一般意義之下的相對或對立，它們所表示的僅是看似相對、對立的關係。如：

〔註25〕劉笑敢，《老子——年代新考與思想新詮》，頁 149～150。

大成若缺，其用不弊；大盈若沖，其用不窮。大直若屈，大巧若拙，

大辯若訥。躁勝寒，靜勝熱，清靜爲天下正。〈四十五章〉

成缺、盈沖、直屈、巧拙、辯訥、躁寒、靜熱等相對的字詞，從字面上觀之，似乎是一種相反、對立的關係。但放在《老子》的語文脈絡中來分析時，則無一般意義之中相反、對立的關係。大成必須通過若缺的方式來實現，這樣的大成才能「其用不弊」，才是眞正的大成。由此觀之，成與缺不僅不是一種相反、對立的關係，反而「若缺」是實現「大成」的條件。它們僅有一種字面上看似相反、相對的關係，而非事實意義上的相反，它們彼此之間更不具有互相否定的關係。「運用方式」則是指上述這些相對性的概念，在《老子》中是十分普遍的，以下舉例說明：

曲則全，枉則直，窪則盈，敝則新，少則得，多則惑。〈二十二章〉

明道若昧，進道若退，夷道若纇。上德若谷，大白若辱，廣德若不

足，建德若偷，質眞若渝。大方無隅，大器晚成，大音希聲，大象

無形。道隱無名，夫唯道善貸且成。〈四十一章〉

曲／全、枉／直、窪／盈、敝／新、少／得、多／惑，皆是相對出現的概念，它們雖然在字面上是相反、對立的概念，實則表示一種看似相反的關係。我們可以解釋爲，全的眞正價值意涵是要透過看似曲折、彎曲的方式來呈現；直的眞正價值意涵是要透過看似不直的方式來呈現，其餘諸句也作此解。再看第二例，「昧」、「退」、「谷」、「辱」等具有反義的字，前面均加上一個「若」字，較之第一例更爲清楚的表示了「看似相反」的意涵。「明道」、「進道」、「上德」、「大白」等正言眞正的價值意涵，均是透過看似相反的字眼來呈顯的。「大方無隅，大器晚成，大音希聲，大象無形」四句，在「方」、「器」、「音」、「象」等前面加上一個「大」字，表示它們不是現象界中的「方」、「器」、「音」、「象」，而是具有「道」特質的「方」、「器」、「音」、「象」。故「方」、「器」、「音」、「象」的眞正價值，是透過看似相反的「無隅」、「晚成」、「希聲」、「無形」來表達的。這樣的表達方式，即是「正言若反」的表述方式：正言眞正的價值意涵是要透過看似相反的方式來表達。又如：「重爲輕根，靜爲躁君」〈二十六章〉；「知其雄，守其雌，爲天下谿，常德不離，復歸於嬰兒。知其白，守其黑，爲天下式，常德不忒，復歸於無極。知其榮，守其辱，爲天下谷。爲天下谷，常德乃足，復歸於樸。」〈二十八章〉；「天下之至柔，馳騁天下之至堅」〈四十三章〉等等，皆是「正言若反」表述方式中的「相對性概念的運用方式」。

由以上引文來看，「大音希聲」、「大象無形」、「曲則全」、「枉則直」等等，不僅是「字詞上看似相反」的意思，也是與世俗觀點相反的表述方式。因為在世俗的看法中，「希聲」即是無聲，《老子》卻說「大音」是在無聲之中顯現，這樣的說法是很奇怪、不正常的。所以，「正言若反」的「若反」應兼具字詞上看似相反與違反世俗觀點的雙重涵義。

上面以「否定字的運用」與「相對性概念的運用方式」，來說明「正言若反」在《老子》中的運用情形。這樣的說明只是便於我們了解，《老子》是如何運用「正言若反」來表述「道」、指向「道」。我們不應當反過來以這兩種運用情形來規定「正言若反」。以為「正言若反」的表述方式，只能限定在這兩種運用情況之中。表述方式只是一種語言表達的方法，而非是言說的目的，《老子》言說的目的是表達不可言說的「道」。由於有限的語言不能表達無限的「道」，所以《老子》只能在語言表達的結構中否定那透過語言所造成的裂離性與隔絕性，透過這種方式指向「道」。〔註26〕而《老子》這種看似否定的方式，不是在實有層上否定語言的價值功用，亦非否定人文世界中一切的價值，而是要解消吾人心知對於語言概念的定執，如此一來，「道」的正言意涵才能顯現出來。透過語言所勉強表達出來的東西並不是「道」，但就說者與聽者而言，它有指向「道」的作用。〔註27〕所以以「正言若反」的方式表達出來的東西，只是具有指向「道」，幫助我們依循著這樣的指點找尋「道」，而非是「道」的自身。

由本章的分析，我們可以得到以下的結論：（一）「正言若反」是建立在「道不能用語言來表達」的思想基礎上。《老子》首章即言：「道可道，非常道；名可名，非常名。」這句話的意思是，可以用語言表達的道，就不是恆常不變的道；可以用有分限的名言概念來了解《老子》的名言，就不是可以用來表達「道」的常名了。這句話表示了，「道」是不能通過語言概念來論謂、定義的。正因為《老子》的「道」具有不可言說的特性，所以《老子》才透過「正言若反」這種特殊設計的言說方式，來表達他不可用語言概念來表達的「道」。而「正言若反」雖然是言說方式的一種，但它與一般用以表達現象

〔註26〕邱黃海，〈「道」的旅遊指南──《莊子・秋水》「河伯與海若的對話」之解析〉，頁163。
〔註27〕邱黃海，〈「道」的旅遊指南──《莊子・秋水》「河伯與海若的對話」之解析〉，頁163。

界具體有形事物的語言概念的表達方式並不相同。它超越語言概念的相對性，用以暗示那不可言說的道體。其目的在於，消解心知對於語言概念的執定，不使「道」在語言的表達中隱退其自身。若是「道」沒有「不可言說」的特性，那麼《老子》也就無須大費周章，設計出「正言若反」的語言表述方式了。因此，我們可以說，「正言若反」這種言說方式，是預設了「道」不可用語言來表達的命題。（二）「道」之表述的必要性：「道」雖然不能透過語言來表達，爲了思想傳達上的需要，卻又不得不透過語言來表達。（三）《老子》是以「正言若反」的言說方式來表達「道」：基於「道」不能以語言來表達的思想基礎，而又無法脫離語言的範圍來表達「道」，所以才設計出「正言若反」這樣特殊的表述方式。它是爲了表達「道」這個特殊的對象而設計的，藉由看似相反的字眼或句子，以打破語言概念的有限性，以指點、暗示那形而上不可言說的「道」。

第五章　「正言若反」的實踐哲學問題

　　我們在上一章討論了「正言若反」與「道」的表述問題，現在要接著討論「正言若反」所涵蘊的實踐哲學問題。《老子》的思想學說，是以「道」所開展的形上學為其理論基礎，而如何讓「道」在吾人生命中體現，與如何實現理想的政治，則是其實踐哲學的內容。換言之，「道」的實踐哲學是由工夫論與政治哲學兩個部分構成的。前者，透過主觀心境對「道」的體悟，進而使人格生命向上超越提升；後者，則是透過聖人的人格的彰顯，讓「道」在政治中實現。王邦雄先生說：「老子哲學，由致虛守靜的主體修證，一者有其道法自然之形上道體的體會，二者有其微妙玄通之生命境界的開顯，並由是而穩住了其政治人生無為而無不為的價值歸趨。」〔註1〕由此我們可以知道，「道」在政治上的實踐，是經由致虛守靜的主體修證而後可能的，所以這兩者的關係應是密不可分的。本章所欲證成（justify）的是：「正言若反」不僅是語言的表述方式，也是讓「道」落實於政治人生的實踐方法。而「致虛守靜」的修養工夫與政治哲學，是透過「正言若反」的方式展開的。本章分為兩個部分，「正言若反」工夫論的意義與「正言若反」政治實踐上的涵義來論述。

第一節　「正言若反」的工夫論與政治哲學問題的導出

　　本節的工作在於說明，如何導出「正言若反」所涵蘊的工夫論與政治哲學的問題。我們是如何看出「正言若反」除了「道」的表述問題之外，還有

〔註1〕 王邦雄，《老子的哲學》，頁 163。

工夫論與政治哲學的意義？要回答這個問題，首先，我們可以回歸〈七十八章〉的語文脈絡來了解，前面我們提到了，「正言若反」一詞是出現於〈七十八章〉的語文脈絡之中，所以想要尋找「正言若反」是否涵蘊了工夫論與政治哲學的問題，也該回到這一章的脈絡中來尋找。〈七十八章〉的思想分析我們在第二章中就已經討論過了，這裡不再贅述。此處想要說明的是「受國之垢，是謂社稷主；受國不祥，是爲天下王。」四句所討論的是如何成爲一國之君的問題，《老子》認爲要成爲眞正的一國之君，必須通過「受國之垢」與「受國不祥」來實現。「受國之垢」與「受國不祥」，是要國君消解心知對於君位虛名的執定，承受一國的污垢與禍患，如此才能成爲眞正的一國之君。「正言若反」這個詞語是接在這四句話之後，作爲一章的總結，由這個語文脈絡來看，我們不難發現，「正言若反」所探討的是政治哲學的問題。〈七十八章〉「是以聖人云」以下四句，所討論的是如何讓社稷主、天下王實現其自己的問題，「社稷主」、「天下王」如果不能實現其眞正的價值，就只是徒具虛名的「社稷主」、「天下王」而已。要如何成爲實至名歸的「社稷主」、「天下王」，以《老子》的話來說，就是「受國之垢」與「受國不祥」。這樣的實踐方法是從與世俗觀點相反的角度出發，認爲國君應該解消心知對名利權位的執定，放下自己的身段，不因爲身居高位，而固執自己的榮耀。應該從百姓的角度出發，承受百姓的苦難、解決國家的問題，如此才能成爲眞正的「社稷主」、「天下王」。這樣的實踐方法，《老子》是以「正言若反」的方式來表達的。在這個詞彙的上下文脈絡之中，「正言若反」所表達的不只是「道的表述」這層涵義，更有如何將一國之君的眞正價值實現出來的實踐哲學意涵。如何成爲眞正的一國之君，即是屬於政治哲學層面的問題。我們透過〈七十八章〉語文脈絡的分析，可以得到這樣的結論：「正言若反」一詞是出現在《老子》政治思想的論述中，它是《老子》政治哲學的實踐方法。因此在這個脈絡之下，我們可以確定「正言若反」除了道的表述方式這層涵義之外，更有政治哲學的意義涵蘊其中。

　　《老子》的理想政治的實現方法，是通過「正言若反」來實踐的，這樣的看法是否能夠成立，我們還是必須驗證《老子》其他討論政治哲學的篇章才能決定。以下舉數例以明之：

　　　　聖人無常心，以百姓心爲心。〈四十九章〉

　　　　我無爲而民自化，我好靜而民自正，我無事而民自富，我無欲而民

自樸。〈五十七章〉

其政悶悶，其民淳淳；其政察察，其民缺缺。〈五十八章〉

徐復觀先生將「常心」解做《莊子‧齊物論》的「成心」。〔註2〕筆者以為按照字面可解做定常之心，心知執定於某個觀點、角度或是價值標準，亦是《莊子》所言的「成心」。徐復觀先生說：「因沒有以自我為中心的常心，所以能以百姓之心為心。」〔註3〕聖人消解心知對於特定觀點、價值標準的執定，化解掉自己對權勢名利的執取，才能以百姓的心作為自己的心，一切都以百姓的需求為第一考量。此即是「受國之垢」、「受國不祥」的意思，即是消解以自我為中心的常心，承受一國的污垢與禍患，以百姓的心為自己的心，將百姓的污垢與禍患視為自己的污垢與禍患，這樣的君主才能成為真正的「社稷主」、「天下王」。

〈五十七章〉「我無為而民自化」四句，是「正言若反」實踐政治哲學一個很明顯的例子。聖人通過「無為」、「好靜」、「無事」、「無欲」若反的方法，來實現「民自化」、「民自正」、「民自富」、「民自樸」真正的價值意涵。聖人返回主體做「致虛守靜」的修養工夫，在虛靜心靈的觀照之中，讓人民自生自長、自富自足，不以人為造作干擾人民，此即是「道」落實於政治之中的運用。「其政悶悶，其民淳淳；其政察察，其民缺缺」，也是以「正言若反」實踐《老子》政治哲學的一個例子。「悶悶」，王弼注曰：「言善治政者，無形、無名、無事、無政可舉。悶悶然，卒至於大治。故曰『其政悶悶』也。」〔註4〕「悶悶」看似無所作為，在世俗觀點中是反面的意思，但其實《老子》之意非是說甚麼都不做，而是無心而為，為政者不制定過多的法令擾民，不嚴苛賦稅等等。人民反而能自生自長、自富自足，所以說「其民淳淳」。「淳淳」是正面的意思，是透過「悶悶」這樣看似反面的方式實踐出來的。「察察」，王弼注曰：「立刑名，明賞罰，以檢姦偽，故曰『其政察察』也。」〔註5〕刑名、賞罰在《老子》的觀點中，都是有心有為，在有心有為的統治者治理之下，人民當然是「缺缺」了。「缺缺」是人民相互爭競貌，各自離開其生命本真，生命向外牽引出去，而互相爭奪，這樣國家只會越來越亂。所以《老子》說：「治大國若烹小鮮。」〈六十章〉，就是這個意思。治理大國好像烹煮小魚一樣，不能經常去翻動、攪動它，否則魚

〔註2〕 徐復觀，《中國人性論史‧先秦篇》，頁354。
〔註3〕 徐復觀，《中國人性論史‧先秦篇》，頁354。
〔註4〕 樓宇烈，《王弼集校釋》，頁151。
〔註5〕 樓宇烈，《王弼集校釋》，頁152。

就會煮爛了。翻動、攪動就是人爲的造作干擾，也就是「其政察察」的意思，統治者以政令造作擾民，則人民就會生出更多爭奪淫亂的情事出來，唯有「其政悶悶」的無爲而治，才能使人民自化、民自長、民自富、民自樸了。這樣的思想，是與一般世俗的觀點相反，一般的人都認爲立刑名、明賞罰，可以使政治清明，有效的管理人民。可是《老子》卻認爲國家之所以亂，就是因爲統治者立刑名、定賞罰的有心有爲而導致的，所以要透過「無爲」、「好靜」、「無事」、「無欲」，解消心知對於特定價值標準、觀點的執定，不以人爲造作干擾人民，才能讓人民在此虛靜心的觀照中自生自長，人民就是在「無爲」、「好靜」、「無事」、「無欲」中得以自我實現。《老子》道化的政治，就是透過「正言若反」的實踐方法來實現的。「無爲」、「好靜」、「無事」、「無欲」就是「若反」的實踐方法，一般人都認爲「無爲」是無所爲、甚麼事都不做，「好靜」、「無事」、「無欲」等都是屬於負面的意涵，但是《老子》卻是透過這樣看似反面的方式，透顯出「致虛守靜」無欲無爲的工夫修養，以成全民自化、民自長、民自富、民自樸正面的意義。所謂正面、正言的意義，就是價值的實現，唯有透過這樣「若反」的實踐，才能讓人民自富自足。所以，《老子》是透過「若反」來實現「道」的價值意涵，讓百姓自我實現、自我成全。由以上論證可知，「正言若反」是在《老子》討論政治哲學的脈絡底下出現的，而《老子》其他有關政治哲學的篇章，也多以「正言若反」的方式來表達實踐哲學的涵意，所以我們可以知道，「正言若反」的確具有政治哲學的意義。

其次，我們可從「反」字的解釋來討論，「正言若反」是否涵蘊了工夫論的問題？我們在第二章中已經釐清了「反」有二義：一是相反，二是返回或復歸的意涵。當我們解作相反時，「正言若反」這個詞彙所表示的是：透過看似相反的字眼或句子，以呈顯正言眞正的價值意涵，這樣的解釋是屬於「道」的表述問題。當我們解作返回時，「正言若反」可解爲：透過看似相反的字眼或句子，暗示吾人消解心知對於相對價值標準的執定，返回生命的本眞，實現生命眞正的價值。「正言若反」因爲「反」字義解釋的不同，而可展現出不同的涵義。既然「反」可解做返回、復歸的意思，那是不是就表示在以「正言若反」表達的篇章中，隱藏了修養工夫的意思？由上面我們所舉的例子來看，「我無爲而民自化」的無爲，就是「致虛守靜」的修養工夫，要國君解消透過心知的認可與執定而帶來的有心有爲，才能使民自化，也就是實現、成全百姓之意。「其政悶悶，其民淳淳」的「悶悶」，即是解消心知對於特定價值標準的執定，不以人爲造作

干擾人民之意。所以，「悶悶」指的就是「致虛守靜」的修養工夫，虛掉心知對於特定價值標準、特定觀點的執取，將生命的境界提升至「道」的境界。以虛靜心來觀照百姓，百姓就在此觀照之中自生自長，即「聖人爲常心，以百姓心爲心。」；「以身觀身，以家觀家，以鄉觀鄉，以國觀國，以天下觀天下。」〈五十四章〉之意。修養工夫的意涵就在「無常心」、「觀」等字眼中顯現出來。「無常心」是要解消吾人定常之心，也就是「成心」，如此才能觀照百姓的心，而百姓在此虛靜心的觀照之下，各自回歸其自己。「觀」則是觀照，以虛靜心來觀照，觀照於自身，即能自我實現、自我成全；觀照於家，則能讓家實現它自己；觀照天下的時候，則天下就能回歸其自身而天下太平了。讓萬物在吾人的觀照中，呈現其自身，身顯露其爲身，家顯露其爲家，國顯露其爲國，天下顯露其爲天下。〔註6〕這樣的意義正好可以和「受國之垢」與「受國不祥」關聯在一起，要承受一國的污垢與禍患，就先要解消國君心知對於君位權勢的執定，而這種解消的作用就是「致虛守靜」。透過主觀心境上「致虛守靜」的工夫，才能實現一國之君眞正的價值。從這裡我們可以看到，「致虛守靜」的工夫修養，就是在「若反」中透顯出來，透過「若反」的方法，才能實現《老子》理想的政治。由以上的推論可知，「正言若反」的確涵蘊了工夫論與政治哲學的問題，理由有三：其一，「正言若反」這個詞與是出現於《老子》論述政治哲學的脈絡之中，所以它必然與政治哲學有密切關聯。其二，《老子》理想的政治，是由「若反」的方法來實現的。其三，《老子》理想政治的實現，是以「致虛守靜」的修養工夫爲基礎。國君必須返回主觀心境做「致虛守靜」的工夫，提昇自己的人格境界，以虛靜心來觀照百姓，則百姓在此虛靜心的觀照下才能自我實現。此即徐復觀先生所說的：「《老子》的政治思想，是體虛無之道，以爲人君之道。由人君向德的回歸，以促成人民向德的回歸。」〔註7〕底下就由這三點來展開工夫論與政治哲學的論述。

第二節　「正言若反」的工夫論

　　本節所要論證的是，當「反」字解作返回、復歸時，「正言若反」就展示了「致虛守靜」的修養工夫意蘊。且，在「正言若反」的言說方式中，是透

〔註6〕　王邦雄，《老子的哲學》，頁122。
〔註7〕　徐復觀，《中國人性論史・先秦篇》，頁351。

過看似相反的字眼或句子，來表達返回、復歸的意思。透過「致虛守靜」修養工夫的實踐，使吾人心靈境界得以超越飛昇。而《老子》理想的政治實踐亦是以「致虛守靜」的主體修證為基礎的。

以下擬先討論，是否返回、復歸之「反」即表示了「致虛守靜」的修養工夫意蘊？《老子》的修養工夫以「致虛守靜」為核心，茲先引出〈十六章〉原文再做論述：

> 致虛極，守靜篤，萬物並作，吾以觀復。夫物芸芸，各復歸其根。
>
> 歸根曰靜，是為復命。復命曰常，知常曰明，不知常，妄作，凶。
>
> 知常容，容乃公，公乃王，王乃天，天乃道，道乃久。沒身不殆。

「虛」，解消心知對外物的相對分別，與一切價值標準的執定。「靜」，滌除心中雜染，達到澄明如鏡的心靈狀態。「虛」和「靜」都是主觀心境上的工夫。致虛至於其極，守靜至於篤實，則萬物在此虛靜的主觀境界觀照之中，可以自生自長，故曰「萬物並作」。這個時候，吾人能通過這樣的主觀心境觀照萬物，使萬物回歸其自己，回歸各自生命的本根，故曰：「吾以觀復。夫物芸芸，各復歸其根。」關於這一段，王邦雄先生有一段精闢的見解，他說：

> 心致虛至極，無有心知可欲，不貴亦不尚，始能心不亂的守靜至篤。
>
> 而此虛之致，此靜之守，乃吾心之自致自守。在滌除心之知相意念
>
> 等塵染之後，即顯其自在之明照，此即所謂之玄鑒直觀。〔註8〕

心在解消伴隨認知心而來的固執分別，恢復本然的生命虛靜，就能顯現其自在明照。回歸其生命本原的虛靜狀態，故曰「復命」。此生命本原的虛靜狀態是恆常不變的，故曰「常」。心能維持這種恆常不變的虛靜狀態，則稱之為明；否則浮動而失其常度，〔註9〕就是凶了。「知常容」以下六句，王弼注云：「無所不包通也。無所不包通，則乃至於蕩然公平也。蕩然公平，則乃至於無所不周普也。無所不周普，則乃至於同乎天也。與天合德，體道大通，則乃至於極虛無也。窮極虛無，得道之常，則乃至於不窮極也。」〔註10〕這段是說，若能在主觀心境上做「致虛極，守靜篤」之工夫，就能與天合德，與道同在，無限而周遍常存。「沒身不殆」，可以解作終身無危殆，亦可解為身雖沒而不

〔註8〕 王邦雄，《老子的哲學》，頁121。

〔註9〕 牟宗三，《現象與物自身》，頁430。

〔註10〕 樓宇烈，《王弼集校釋》，頁36～37。

竭盡。〔註11〕由以上分析可知,「致虛極,守靜篤,萬物並作,吾以觀復。」的工夫修養,即涵著返回、復歸的意蘊。透過「致虛守靜」的工夫,不但能解消心知對於現象界的認識伴隨而來分別的執定,使吾人的生命狀態回歸本然的虛靜澄明。亦能以此觀照萬物,使萬物在此主觀心境的觀照中,各自回歸其自己生命的本根,回歸自己生命的常道素樸。「道」的實現就在此虛靜的回歸之作用中顯現出來。因此,我們可以說當「反」解作返回、復歸時,它表示的就是「致虛守靜」的主體修證之工夫。

其次,《老子》如何藉由「正言若反」的言說方式,來表達修養工夫之意蘊,是我們底下所要討論的問題。「道」在《老子》思想中具有核心概念的地位,可是,其意涵的建立卻不是思辨的結果,而是通過聖人品格的實現,才全幅展示的。〔註12〕這句話即表示了,「道」不是理性思辯的抽象概念,它是必須透過「致虛守靜」的工夫修養,實踐聖人的內在品格,才能落實在人間政治與人文世界的價值理序中。所以,「正言若反」最主要的目的,是在於如何透過這樣的表達方式,讓「道」在人世間實現。換言之,如何復歸於「道」才是「正言若反」的最終目的。那麼,我們可以進一步去問,《老子》是如何藉由「正言若反」指引吾人實現「道」?試看以下兩則引文:

> 是以聖人處無為之事,行不言之教,萬物作焉而不辭,生而不有,
>
> 為而不恃,功成而弗居。夫唯弗居,是以不去。〈二章〉
>
> 生而不有,為而不恃,長而不宰,是謂玄德。〈五十一章〉

《老子》通過「無為」、「不言」以言「萬物作焉而不辭」。聖人能夠實踐「無為」和「不言」的工夫修養,所以才能讓萬物在虛靜、無為的觀照中實現出來。「道」實現萬物的方式,就是「不有」、「不恃」、「不長」。王邦雄先生說:

> 此言道生養萬物,而不據為己有;道以其無為,為萬物安排一切,
>
> 而不恃為己功;道長成萬物,而不自為主宰;故道的玄德,就在其
>
> 虛。道是以不有、不恃、不宰的方法,去生畜長養萬物。〔註13〕

一方面「道」固然是「生養萬物,而不據為己有」;另一方面,我們也可以說,「道」不因生養了萬物,而將萬物據為己有,所以才能成全生養萬物的功勞,萬物也在此「不為」的工夫中實現其自己。生養萬物是事實上的實現,

〔註11〕牟宗三,《現象與物自身》,頁431。
〔註12〕袁保新,《老子哲學之詮釋與重建》,頁108。
〔註13〕王邦雄,《老子的哲學》,頁106。

而不將之據爲己有，則是價值上的實現。所以，「不有」、「不恃、「不宰」是心知上化解的作用，解消自己對「生」、「爲」、「長」的功勞的執取，此即牟宗三先生所說「化解的作用」〔註14〕「致虛守靜」的修養工夫，正是牟先生所謂的化解的作用，解消心知對於特定觀點、相對價值標準的執取，如此才能保住「道」生長萬物的功勞，這就是牟先生所說的「作用地保存」。〔註15〕「作用地保存」，不是從實有層上、正面原則上去肯定，它的肯定是作用中的肯定。〔註16〕所謂作用中的肯定，就是解消心知對於「生」、「爲」、「長」的執定，「道」不自以爲是萬物的主宰，才能實現萬物。這是從作用層上來保住「道」實現萬物的價值，唯有不居功、不自恃自己生養長成萬物的功勞，才能保住這個功，才能讓萬物實現它自己。「不有」、「不恃」、「不長」，表示的是「無」，是主觀心境上的一個作用。〔註17〕因此，「道」實現萬物的作用，就通過「不有」、「不恃」、「不長」來實現。而「不有」、「不恃」、「不長」，我們可以概括爲「無爲」。「無爲」便是一種回返、復歸的工夫，即是「致虛守靜」的修養工夫，通過這種工夫修養，才能實現萬物，保住「道」生養長成萬物的功勞。此功唯有「弗居」才能「不去」。而「致虛守靜」的修養工夫，《老子》是以「無爲」、「不言」、「不有」、「不恃」、「不長」這樣看似相反的字詞，也就是「若反」的方式來表示的。這些字眼即表示了「反」的意涵，即返回、復歸的工夫義。所以「無」、「不」非是表示否定的作用，而是解消心知對於生養長成萬物之功勞的執定，使心靈提升至虛靜無爲的狀態，此即聖人品格的實現。而這樣的聖人品格落實於政治人生上，就是「道」在人間世的實現。

這樣的的表述方式，在《老子》中常常見到，以下再舉一例來說明：

> 爲學日益，爲道日損。損之又損，以至於無爲，無爲而無不爲。〈四十八章〉。

爲學使吾人知識日日增益，同時卻也離「道」越來越遠。因爲吾人通過認知心會去區分、辨別事物之間的差異，而認識的活動就在於辨別事物的差異中

〔註14〕牟宗三先生說：「從作用層上看，忘掉那些造作，把那些造作、不自然的東西，都給化掉。化掉而顯得就是空蕩蕩，就是虛一而靜，甚麼都沒得，這個就是虛，就是無。」（參見牟宗三，《中國哲學十九講》，頁 146。）

〔註15〕牟宗三，《中國哲學十九講》，頁 134。

〔註16〕牟宗三，《中國哲學十九講》，頁 134。

〔註17〕牟宗三，《中國哲學十九講》，頁 127。

進行。我們一說某物是 A，就表示其他的事物不是 A，這樣 A 就與其他不是
A 的東西就會區別開來。而心知往往會去執取事物間的區分，如此一來，每一
個事物乃至於每一個觀點的分別就會予以固定，而「道」就在這種區別中失
落隱退。《莊子・齊物論》云：

> 道惡乎隱而有眞僞？言惡乎隱而有是非？道惡乎往而不存？言惡乎
> 存而不可？道隱於小成，言隱於榮華。〔註18〕

道就是在眞僞之中隱退，而語言則在是非的相對區別中隱退，故曰：「道隱於
小成，言隱於容華。」「小成」即是指成心，因爲有成心才有是非的分別，道
就在眞僞、是非等相對的區分中隱退它自己。所以《老子》才說要「爲道日
損」，「損」是損落心知對於各種觀點的執取，讓主觀心境恢復到本然自然素
樸的境界。而這種損落工夫要不斷的去做，以達到無爲的境界。能做到無爲，
才能讓萬物自生自長，這樣的爲是通過「無爲」實現的「無所不爲」。「損」、
「無爲」在世俗觀點中都是反言，但是這樣的反言在《老子》中，卻具有指
引吾人在心上做修養工夫的意涵。也唯有通過個人的主體修證，才能讓「道」
落實到現實政治人生上。因此，我們可以說，《老子》是藉由看似相反的字詞，
引導吾人於主觀心境上做修養工夫，使吾人生命回歸於大道。進而讓「道」
通過聖人品格的修養，落實於現實政治人生之上。

在看似相反的字眼或句子中，隱藏了回返、復歸的工夫義蘊，以這樣的
方式來表達的語句，即是「正言若反」。下面舉例說明：

> 曲則全，枉則直，窪則盈，敝則新，少則得，多則惑。是以聖人抱
> 一，爲天下式。不自見故明，不自是故彰，不自伐故有功，不自矜
> 故長。夫唯不爭，故天下莫能與之爭。古之所謂曲則全者，豈虛言
> 哉！誠全而歸之。〈二十二章〉

曲／全、枉／直、窪／盈、敝／新等成對的概念，以看似互相對立、矛盾的
字眼，解消心知對於全、直、盈、新、得、多的執定，以復歸大道之整全。
如此才能將全、直、盈、新、得、多眞正的價值義涵實現出來。所以，回返、
復歸的工夫義蘊，即隱藏在這種看似相反的表述方式之中。「是以聖人抱一，
爲天下式」，王邦雄先生解釋說：

> 侯王得「一」以爲天下貞，聖人抱「一」爲天下式，此一就是道的
> 作用；而此「一」之虛弱無物柔和清靜，雖狀似賤下、曲枉，卻足

〔註18〕郭慶藩，《莊子集釋》（台北：天工書局，1989 年），頁 63。

　　以為天下之貞、天下之正、天下之式的貴高成全。〔註19〕
道的作用，就在於它是虛弱無物柔和清靜。這在世俗之人的觀點中，是反面
的意思，但是在《老子》中卻可以實現合道的正言。唯有通過曲枉、柔弱的
虛靜工夫，才能回返生命的本根，體現「道」沖虛玄德的境界。此沖虛玄德
的境界，即可成全天下之式，使天下皆歸之於道，故曰「誠全而歸之」。這
裡的「全」是「曲則全」的意思，透過曲的作用來實現全，而被實現出來的
全，是具有全的真正價值的「全」。換句話說，透過「曲」的作用解消心知
對於「全」的執定，如此才能回歸「全」其自身本有的價值，透過「曲」來
實現「全」的價值。所以「曲」、「枉」、「窪」、「敝」、「少」等所透顯的是「致
虛守靜」的修養工夫，透過虛靜的工夫，解消心知對於全、直、盈、新、得、
多概念的執定，讓它們真正的價值在此虛靜心的觀照下實現出來。這種實踐
的意涵就是以「正言若反」的方式來呈顯，透過「若反」來實現「正言」的
真正價值，而被實現出來的正面價值，即是「道」的顯現。底下的「不自見」、
「不自是」、「不自伐」、「不自矜」所表示的就是「若反」的意涵，它們所透
顯的是回返、復歸的工夫義。通過「不自見」、「不自是」、「不自伐」、「不自
矜」，以成全「明」、「彰」、「功」、「長」。唯有消解心知對於「明」、「彰」、「功」、
「長」的執定，才能讓「明」、「彰」、「功」、「長」的價值義涵顯現出來。否
則若是心知執取「明」、「彰」、「功」、「長」，反而會產生競相爭奪的人為造
作，而「明」、「彰」、「功」、「長」的價值亦顯現不出來。所以需要通過「致
虛守靜」的主體修證，返回生命的素樸自然，這種工夫修養的意涵，《老子》
是透過看似相反的字句來表示的。正面的價值意涵，就在返回、復歸的實踐
中被保存。此即「守母存子」之方式，即「正言若反」之方式，藉此「正言
若反」之方式以保存「明」、「彰」、「功」、「長」，這是「作用的保存」，並非
自實體上肯定之，透過功之母以保存功。〔註20〕《老子》的目的在於透過
吾人生命的主體修證，讓「道」在人間世中實現出來。因此，我們可以說，
《老子》「致虛守靜」的工夫實踐意蘊，是由「正言若反」來透顯出來的。
這樣的例子在《老子》常常出現，如：「絕聖棄智，民利百倍；絕仁棄義，
民復孝慈；絕巧棄利，盜賊無有。」〈十九章〉；「企者不立，跨者不行，自
見者不明，自是者不彰，自伐者無功，自矜者不長。」〈二十四章〉；「上德

〔註19〕　王邦雄，《老子的哲學》，頁140。
〔註20〕　牟宗三，《才性與玄理》，頁163。

不德,是以有德;下德不失德,是以無德。」〈三十八章〉;「大成若缺,其用不弊;大盈若沖,其用不窮。大直若屈,大巧若拙,大辯若訥。躁勝寒,靜勝熱,清靜爲天下正。」〈四十五章〉等等。這樣的句子都是以「不」、「絕」、「棄」等否定詞,或是「若缺」、「若沖」、「若屈」、「若拙」等等看似相反的字詞,來表示返回、復歸的意思。指引吾人於主觀心境上做「致虛守靜」的修養工夫,以實現正言眞正的價值。通過若反實現出來的聖智仁義,即是合道的聖智仁義。大成、大盈、大直、大巧等等,都不是現象界中相對概念中的成、盈、直、巧,而是通過修養工夫而被實踐出來,這樣的正言即是「道」的顯現。

由上面論述可知,「道」在人世間的實現,是通過吾人主觀心境上的工夫修養使之顯現,藉由此主觀心境的呈顯,讓客觀的價值理序各歸其位。然「吾人」所表示的是每一個人,還是有特定的指涉對象?《老子》言「侯王」、「聖人」的時候,往往強調工夫修養的實踐,如:「道常無爲而無不爲,侯王若能守之,萬物將自化。」〈三十七章〉,侯王若能守此「道常無爲」,則能使萬物自化自長,這裡的萬物應指百姓。意指侯王應具有「道」實現萬物的作用,而此作用運用在政治上,即是讓百姓能夠安居樂業、自生自長、自我實現之意。而此實現百姓的作用,是透過「無爲」的工夫修養來實踐的。從這三句話來看,主詞是侯王,需要守「道常無爲」的人也是侯王。侯王能實踐「道」,萬物才能自化。由這些篇章我們可以看出,《老子》要求實踐虛靜工夫修養的對象是侯王,即統治者。何以故?依照《老子》的反省,人間世界的失序,主要來自於統治者的有爲造作,立名檢物,強分貴賤,遂誘使百姓走離了素樸純眞的天性,逐物而不返,最後演爲攘臂而扔之人間的對立與鬥爭。〔註21〕《老子》認爲人間世界之所以失序,問題是出在統治者的有心有爲與人爲造作的干擾,所以問題的解決,也應當從統治者自身來著手。由此我們可以看出,主體修證之工夫與政治實踐上有密切之關聯。因爲統治者要有聖人內在的品格,才能將「道」落實於政治上,而這是必需要通過主體修證,才有可能達到的。那麼,我們可以進一步的問,《老子》的政治智慧,是否也同樣的以「正言若反」的方式來表達?這是下一節,我們所要探討的。

〔註21〕袁保新,《老子哲學之詮釋與重建》頁206。

第三節　「正言若反」的政治哲學

　　本節所要論證的是：《老子》理想政治的實踐方法不僅僅是透過「正言若反」來表達。而且，《老子》的理想政治也是透過「正言若反」的方式來實現的。從政治實踐的面向來看，「正言若反」已經不只是一種言說方式，它更是指點統治者如何實踐理想政治的方法。牟宗三先生曾在《中國哲學十九講》中指出，道家是要探問「如何可能」的問題，它預設了事實上已經可能，現在的問題是如何可能？〔註22〕同樣的，在政治實踐上，《老子》所要探討的亦為：如何才能實現理想的政治？其實踐的方法就是「正言若反」。

　　在展開論述之前，首先須要說明的是，為何要從政治實踐來討論「正言若反」？前文曾引用了袁保新先生的話：「老子思想的基源問題，就是對『道』的失落與回歸的反省。」「正言若反」是為了表達「道」而設計的語言表述方式，而整部《老子》思想不論是其人生價值、工夫修養、形上學或是政治思想的論述，均圍繞著「道」這一核心概念而發。那麼，為何要著重於政治實踐的問題來探討，政治實踐與「正言若反」的關聯何在？我所持的理由有二：第一，「正言若反」這個詞語是作為〈七十八章〉的結語，是出現在「是以聖人云：受國之垢，是謂社稷主；受國不祥，是為天下王。」四句話之後。而這四句話所要表達的，就是君道的實踐問題。《老子》為何在討論政治實踐的問題中提出「正言若反」？這裡面是否有甚麼特別的含意？這是值得探討的。第二，袁保新先生也指出，「老子對政治的關懷是非常殷切的，有幾近一半的篇幅都是在談為政之道，而他那格言式的表述方式，已經不再是理論的思辨，而進展到具體實踐的反省。」〔註23〕如果我們仔細檢查這些有關政治實踐的篇章，我們不難發現，《老子》往往以「正言若反」來表達。例如：

> 古之善為道者，非以明民，將以愚之。民之難治，以其智多。故以
> 智治國，國之賊；不以智治國，國之福。知此兩者，亦稽式。常知
> 稽式，是謂玄德。玄德深矣，遠矣，與物反矣，然後乃至大順。〈六
> 十五章〉

「非以明民，將以愚之」的意思，是把統治者修自於己身的德，推之於人民；這正是他視人民如自己，決沒有絲毫輕視人民的意思。〔註24〕這樣的表述方

〔註22〕牟宗三，《中國哲學十九講》，頁132。
〔註23〕袁保新，《老子哲學之詮釋與重建》，頁88。
〔註24〕徐復觀，《中國人性論史‧先秦篇》，頁353。

式，即是「正言若反」。「愚之」是要統治者無心無爲，返回生命之德，〔註25〕並將此德推之於人民，這正是實踐理想治道的方法。而這種方法一方面違反於世俗觀點，打破單一性的思考模式；另一方面，則要求統治者實踐「致虛守靜」的工夫，返回生命素樸之德，體現道之境界。正言的價值意涵，是通過返回己身的工夫修養實現出來的。其餘諸篇可以證於三、十八、十九、二十二、二十六、二十八、二十九、三十、三十一、三十二、三十六、三十七、三十九、四十二、四十九、五十八、六十四、六十五、六十六、六十八、七十二、七十五等章。因此我們可以說，在政治的實踐上，《老子》是以「正言若反」來指點「道」、作爲實踐「道」之方法。基於以上兩點理由，我們應該重視「正言若反」與政治實踐關係的問題討論。所以《老子》如何透過「正言若反」來實現理想的政治，就成了本節所欲探討的目標。

　　《老子》是以「正言若反」作爲實踐其理想政治之方法，其理想政治之實現，即是「道」之境界的實現。《老子》是如何將形而上的「道」落實於政治實踐上？關於此點，我們或可追溯於「道」的主宰性。〔註26〕試以下列諸章爲證：

　　道沖而用之或不盈，淵兮似萬物之宗。〈四章〉

　　生而不有，爲而不恃，長而不宰，是謂玄德。〈五十一章〉

　　萬物恃之而生而不辭，功成不名有，衣養萬物而不爲主。常無欲，

　　可名於小；萬物歸焉而不爲主，可名爲大。〈三十四章〉

「道」爲萬物之宗主，非以「實物」之方式而爲宗主，亦非以「有意主之」之方式而爲宗主，乃即以「沖虛無物，不主之主」之方式，而爲萬物之宗主。〔註27〕「道」能夠「生」萬物、實現萬物，所以說它「似萬物之宗」。因爲天

〔註25〕徐復觀先生說：「道與德，僅有全與分之別，而沒有本質上之別。……道創生萬物，即須分化而爲德；德由道之分化而來，即由道之無限性，恍惚性，凝結而爲有限性的存在。」這個說法可證於《老子‧五十一章》：「道生之，德畜之，物形之，勢成之。是以萬物莫不尊道而貴德。道之尊，德之貴，夫莫之命，而常自然。故道生之，德畜之，長之，育之，亭之，毒之，養之，覆之；生而不有，爲而不恃，長而不宰，是謂玄德。」王弼注云：「道者物之所由也。德者，物之所得也。」所以返回生命之德，即返回自然素樸之道。（參見徐復觀，《中國人性論史‧先秦篇》，頁337～338。）

〔註26〕牟先生認爲「道」有主宰性、常存性、實現性。參見牟宗三，《才性與玄理》，頁139～143。

〔註27〕牟宗三，《才性與玄理》，頁140。

地萬物皆在「道」的沖虛玄德之朗現中自生自長、自我實現，所以說它有一個似萬物之宗主的姿態。不說它就是萬物之宗主，乃是因它不自以為是萬物之宗主，不有、不恃、不宰，才能成就其為萬物之宗主的價值意義。這只是價值上的萬物之宗主，不是事實意義上的萬物之宗主，故曰「不主之主」。這樣的「道」才能使得萬物生而不辭，讓萬物皆歸向它，所以「道」的主宰義就在「不主之主」中朗現。

《老子》的政治智慧也是建立在「不主之主」的思想基礎上，認為統治者若能復歸於己，在主觀心境上做「致虛守靜」的修養工夫，即能實踐聖人的品格，則將生命提升至「道」的境界。如此一來，百姓也能和萬物一樣，在沖虛玄德的主體觀照中，實現其自己，回歸生命的自然素樸。君主無心無為，百姓自然就能衣食無虞，天下自然就能太平。此即袁保新先生說的：「老子無為而治的主張主要奠基於他對形上之道的體悟。」〔註28〕這樣的思想可證諸於《老子》原文：

> 不尚賢，使民不爭；不貴難得之貨，使民不為盜；不見可欲，使民
> 心不亂。

這裡雖然沒有明確的主詞，但是從「使民不爭」、「使民不為盜」來看，這段話應當是對著統治者來說的，即是對著君主來說的。《老子》認為民之所以有爭奪、偷盜等等邪淫妄作之情事，是因為統治者心尚賢、貴貨，現其所欲導致的。統治者的有心有為、心知欲求過多，必引發天下人民競逐名號與爭奪財貨之風。〔註29〕所以下面接著說：

> 是以聖人之治，虛其心，實其腹；弱其志，強其骨。常使民無知無
> 欲，使夫智者不敢為也。為無為，則無不治。

統治者應當效法聖人之治，虛掉心知的可欲，回歸生命的素樸。這裡要解消的慾望，乃是因心知執定外在的價值標準，所產生的名利權勢欲求，非是自然的生理慾望。統治者無心無為，則人民就能無知無欲，智者則無所施為。君主若能做到無為，則天下沒有不能治理的。此即將「道」生萬物、實現萬物之思想，貫徹至政治實踐上，要求統治者以無心無為、自然素樸治理國家百姓。這樣的思想可以證於《老子》：「聖人無常心，以百姓心為心。」〈四十九章〉；「故以身觀身，以家觀家，以鄉觀鄉，以國觀國，以天下觀天下。」；〈五十四章〉「治大

〔註28〕袁保新，《老子哲學之詮釋與重建》，頁206。
〔註29〕王邦雄，《老子的哲學》，頁95。

國若烹小鮮。」〈六十章〉等諸篇。因此我們可以說，《老子》是透過君主的主觀修養，提升自己的品格德行，以玄覽觀照、無心無爲的方式治理國家百姓，則百姓就能在此沖虛玄德的觀照中回歸其自己、實現其自己；天下就能休兵無事，而百姓也能解甲歸田。是故《老子》說：「小國寡民，使有什伯之器而不用，使民重死而不遠徙。雖有舟輿無所乘之，雖有甲兵無所陳之，使人復結繩而用之。」〈八十章〉這裡的「重死」與〈七十五章〉的「輕死」相對。民之所以輕死，乃是因統治者有心有爲，賦稅太多、政令太繁之故，人民爲了生存只好挺而走險，所以說「輕死」。「重死」是因統治者素樸無爲，使人民能夠在鄉里終老而不須遠徙。舟輿、甲兵雖有而不用，表示國家相安無事，天下太平，百姓豐衣足食。所以是否能將「道」落實於政治實踐上，關鍵者在於統治者而不在百姓。是故《老子》常說：「侯王得一以爲天下貞」〈三十九章〉、「侯王若能守之，萬物將自化。」〈三十七章〉從這裡我們可以了解到，《老子》的政治哲學是以「致虛守靜」的修養工夫爲基礎。統治者不是「道」，他唯有通過主觀心境的修養，才有可能將自己的品格提升至「道」的境界，要將道落實到政治實踐上，必須通過主體修證才有可能。

　　《老子》是以「反」作爲實踐其政治哲學的方法，此一反字當解作返回、復歸之返。因爲唯有通過統治者的主體修證，理想的政治才有實現的可能。而通過「若反」的方法實現出來的理想政治，即是《老子》所謂的「正言」。如：〈七十八章〉：「是以聖人云，受國之垢，是謂社稷主；受國不祥，是爲天下王。正言若反。」「受國之垢」、「受國不祥」是要求國君虛掉對名利權位的固執，承受國家的污垢、人民的苦難，認認眞眞的爲國家百姓做事，如此才能成爲眞正的一國之君。而非只是徒具國君的虛名，而無實質內涵的社稷主、天下王。這一段文字是在探問，如何成爲眞正的一國之君？如何才能將一國之君的眞正價值實現出來？而《老子》實踐之方法就是「受國之垢」與「受國不祥」。這兩句話預設了「致虛守靜」的工夫義，承受一國的污垢、禍患，首先要解消心知對於國君尊貴身份的執定，唯有虛掉對於君主崇高地位的執取，才能不受君權的誘惑，回歸於作爲一國之君所應當盡的責任與義務。而這樣「反」的方法，即是「若反」。具有正言意涵的「社稷主」與「天下王」，是通過「受國之垢」與「受國不祥」實現出來的。此「正言」在實踐意義下，應解作「道」之境界的實現，「社稷主」與「天下王」即是能體現「道」的一國之君。因此我們可以說，「正言若反」是《老子》實踐其理想政治之方法。

　　我們可以進一步的問，爲何《老子》要以「正言若反」作爲實現其理想政治之方法？我們可以從〈五十七章〉來回答這個問題：「以正治國，以奇用兵，以無事取天下。吾何以知其然哉？以此。天下多忌諱，而民彌貧；民多利器，國家滋昏；人多伎巧，奇物滋起；法令滋彰，盜賊多有。」因爲以「正」治國，最終會走向「以奇用兵」之路。《老子》認爲國家之所以昏亂，是來自於統治者的多欲、有心有爲。天下多忌諱，人民愈貧窮；人民多利己之器，只會造成國家的昏亂；人多伎巧，則邪淫妄作之事就滋生；想要制定法令來防止盜賊，反而使得盜賊更加猖獗。這些都是多欲、有心有爲所造成的結果。《老子》告訴我們想要「取天下」，治理好國家百姓，就必須以看似反面的「無事」、「無爲」來治國。統治者解消心知對於外物的欲求，返回生命自然之樸，並推及於人民，使人人能返回生命的本然素樸狀態，如此才能使民自正、民自化、民自富、民自樸。「無事」、「無爲」就是「若反」，要統治者復歸於樸，返回生命之自然，才能讓人民在其沖虛玄德的主觀心境之觀照中，回歸其自己。就如同萬物在「道」之「不生之生」的作用中，自生自長、自我實現。同樣的，百姓也能在統治者的「無爲」、「無事」的治理下，過著自給自足、豐衣足食的生活。《老子》認爲以「正」治國，反而會造成反面「以奇用兵」的結果，所以透過「正言若反」，作爲實踐其理想政治的方法。

　　由以上所舉之例證，我們可以了解到，《老子》是以「正言若反」的方式，作爲實踐理想政治最好的方法。一方面可以解消心知對於語言概念的執定；另一方面呼籲統治者，返回生命素樸之「道」，才能使人民自給自足，國家和諧安定。

第六章　結　論

　　本文《老子》「正言若反」的解釋與重建的研究，有兩個特色：其一，本文從「正言若反」一詞所出現的語文脈絡（《老子・七十八章》）作語意與思想的分析，不僅釐清了「正言若反」一詞的涵義，也釐清了「正言若反」所涵蘊之問題性質。再以此問題性質向《老子》原典提問，對原典作分析考察以尋求這些問題的解答。其二，本文除了對《老子》原典作直接的分析以外，還從《老子》經典注釋對「正言若反」一詞的解釋來作分析考察，以求了解前人對「正言若反」的解釋推進到何種程度？或對其不足之處予以評述。以便建立我們對「正言若反」的重新詮釋。以下擬從「正言若反」所涵蘊的義理三層次：「道」的表述方式、工夫論與政治哲學，對本文研究成果作一簡述與回顧，並略述本文之缺失以及未來可能的研究發展。

第一節　「正言若反」的義理定位

　　如本文在第一章中所提到的，不論歷代《老子》注釋家或是近代研究《老子》的前輩學者，他們均未將「正言若反」視為《老子》的核心概念來解釋，且這個詞語也只在《老子》中出現過一次，那麼我們是基於甚麼樣的理由認為，可以透過「正言若反」這個詞語來收攝《老子》五千言？首先，「正言若反」是《老子》「道」的表述方式。那麼很顯然的，想要恰當的理解《老子》就必須先對「正言若反」的語言表述方式有一正確地了解。因為，《老子》中常常出現以「正言若反」來表達的「詭辭」，這些「詭辭」是違反一般日常生活中使用的言說方式，我們不能使用一般的語言模式來解讀，否則就會曲解

《老子》。所以若想要正確地掌握《老子》的思想義理，就必須先了解《老子》想要透過「正言若反」這樣的特殊語言方式表達傳遞給讀者甚麼樣的訊息。經由本文的論證，我們可以知道，《老子》是透過「正言若反」的言說方式，試圖打破或消解語言的有限性，透過看似相反的字眼或句子，指向不可言說的形而上的道體。再者，「正言若反」所涵蘊的問題性質，是可以回應《老子》以「道」爲核心的基源問題，即「道」的失落與回歸的問題。《老子》「道的表述問題」，就是回應「道的失落問題」；而「道的實踐哲學」——工夫論與政治哲學即是回應「道的回歸問題」。由此觀之，「正言若反」所涵蘊的三個問題：「道」的表述、工夫論與政治哲學，即涵蓋了整部《老子》的思想義理。因此我們可以說，「正言若反」的確可以作爲一個核心概念，收攝《老子》五千言的思想義理。

有關「正言若反」與「道的表述問題」：「正言若反」是爲了解決如何在語言結構中，指向那不可言說的「道」，而設計出來的一種表述方式。爲甚麼需要設計「正言若反」這樣特殊的表述方式，來表達《老子》的「道」呢？這是因爲，語言概念是爲了表達，現象界具體有形的事物而制定的；但是「道」並非是現象界中具體有形的事物，它是一個超越的形而上存在，所以不能以表述經驗現象界事物的語言概念來表達之。故《老子》說：「道可道，非常道；名可名，非常名。」又說：「道常無名」〈三十二章〉、「道隱無名」〈四十一章〉、「希言自然」〈二十三章〉等等。這都表示了「道」不能用語言概念來指涉、論謂的思想。既是如此，《老子》又爲何要撰述五千言，來表達以「道」爲核心的思想義理？這是因爲，爲了思想傳達與教學傳承的需要，《老子》不得不透過語言來表述「道」，傳達其思想義理。所以只好以遮撥的方式來指點「道」、指向「道」，試圖解消心知對於名言概念的定執，以呈顯合道正言的眞正意涵。這樣的表述方式，以《老子》的話來說就是「正言若反」。《老子》雖然可以透過「正言若反」的表述方式勉強的表達不可言說的「道」，然而這樣的表達方式，與一般語言的表述方式並不相同。因爲一般的語言概念，是用以指涉具體有形事物的「指實語言」；而「道」不是現象界中特定的對象，所以無法以一般的表述方式來表達，只能用暗示與啓發的方式指向「道」。〔註1〕這種暗示與啓發的方式就是「正言若反」。「正言若反」是透過好像相反的字眼或句子，以呈顯正言眞正的價值意涵。《老子》所說的「正言」是合道之言，是

―――――――――――――――――――――

〔註1〕 牟宗三，《才性與玄理》，頁 253～254。

能表現「道」的特質的言。而非是一般意義之下，正反相對的意思。所以，我們不能將「正言若反」的「正」與「反」，理解爲正反相對或正反對立的意思。這裡並無矛盾、衝突。「若反」是看似相反的意思，從「道」的境界觀之，《老子》所說的話是能夠指向「道」的正言；但是由世俗的觀點來看時，《老子》所說的話就是「反言」。如：「上德不德，是以有德。」〈三十八章〉「不德」在一般語法意義中，所表示的是對「德」這個價值意涵的否定。但是「不德」，否定了「德」之後如何能「有德」呢？在一般人的看法與一般邏輯中，這個命題幾乎是無法成立的。可是《老子》所要否定的是形式化、僵化的德，而非「德」的價值意涵；反而是，在否定了、解消了我們對於德種種規範與限制，才能將「德」的眞正意涵實現出來，這樣的表述方式，就是「正言若反」。而「正言若反」表述方式的運用，可以袁保新先生的話來作總結：「透過名言之間的矛盾、緊張，迫使心靈放棄對習知名言的執著，往上一躍，進入一個遼闊開放，不可言說的意義領域，來重新諦觀一切相對立的名言、價值之間的關係。於是乎，曲可以全，全可以曲，相反者，實相成者，將一切對立與矛盾渾化於不可名言的『大道』之中。」〔註 2〕所以，「正言若反」不是要在一般經驗的語言模式之上，再建構一個特殊的語言表述方式，而是《老子》意在透過這樣的言說方式指向那不可言說的「道」，超越一切對立與矛盾，實現「大道」的境界才是《老子》的最終目的。

「正言若反」除了是《老子》的言說方式，也是「道」的實現方法。這樣的實踐方法就表現在政治哲學上。《老子》「治大國若烹小鮮」、「聖人無常心，以百姓心爲心」，所揭示的是虛靜無爲的政治理念。認爲唯有君上虛靜無爲，不制定政令干擾百姓的生活，則百姓就能自生自長，國家就能無事。想要實現《老子》理想的政治，必須要有聖人的修養，才能體證「道」、實現「道」。所以，政治哲學又預設了工夫論。《老子》往往在「正言若反」的表述方式中，暗示了工夫論的義涵，而工夫論之目的亦在實現道化的政治。

「正言若反」雖然不是《老子》的核心概念，也不是《道德經》的名句，可是它指引我們從「道的表述」、工夫論與政治哲學三個方面來解讀《老子》。如果我們無法了解《老子》表述道的方式，很容易就將「正言若反」這樣違反一般語言使用習慣的言說方式誤解或扭曲。所以想要讀懂《老子》，首先就必須了解他表達其思想的言說方式，如此我們才能恰當地詮解《老子》，而不

〔註 2〕　袁保新，《老子哲學之詮釋與重建》，頁 179。

至於誤解。再者，「正言若反」所出現的語文脈絡討論的是政治哲學的問題，可見《老子》是以「正言若反」的方式來作為政治哲學的實踐方法，而想要實現道化的政治必須返回主觀心境做主體修證的工夫，所以政治哲學必然以「致虛守靜」的修養工夫為基礎。而透過反字義的解釋，我們可以了解到，當「反」字解做返回、復歸時，它所表示的即是「致虛守靜」的修養工夫意涵。透過「正言若反」我們可以看到《老子》的基源問題，因此我們可以說，「正言若反」的確是解讀《老子》的關鍵性鑰匙。

本文主要的研究成果有二：第一，從古典詮釋學的方法，釐清了「正言若反」一詞的意義。所謂「正言若反」從字面上應解釋為，透過看似相反的字眼或句子，以呈顯合道正言之真正價值意涵。從義理層面來解釋，我們可以發現「正言若反」的「反」字可以解做返回和復歸，這樣的意思就隱藏在字裡行間中，我們必須透過語意和義理的分析才能揭露這層涵義。如：「受國之垢，是謂社稷主；受國不祥，是為天下王」、「後其身而身先，外其身而身存」等句子就隱藏了返回和復歸的意思。國君必須返回主觀心境做主體修證的工夫，才能實現社稷主與天下王真正的價值。「後其身」與「外其身」所表示的是解消吾人心知對於「身」的執定，才能「身先」、「身存」。本文第二個貢獻是，揭露了「正言若反」所涵蘊的三個義理層次：「道」的表述方式、工夫論與政治哲學。尤其是「正言若反」所涵蘊的工夫論與政治哲學的問題，往往為前輩學者們所忽略，透過本文的論證揭露這兩個問題，可說對於《老子》「正言若反」的研究是大大的向前推進一步。

第二節　「正言若反」表述方式的限制

「正言若反」語言表述方式的產生，源自於《老子》「道」是無法以吾人感官經驗認識的，於一般現象之上超越的存在。而此「道」又是不可分割的整全，所以不能以任何有限的名言概念去定義之，否則即會造成「道」的封限。「正言若反」意圖翻轉吾人對於語言概念的執定，與對既定價值標準、觀點的心知執取，進而超越一切有限的觀點、標準之上，透過吾人「致虛守靜」的修養工夫，體悟「道」的境界。人世間所有正面的價值，如：仁、義、禮、智、德、美、善等等，都因人對之有所定義、有所規範，導致這些正面的意涵受到限制，無法將之真正的意涵如其實的體現出來，再加上吾人心知執取

既定的標準與規範，使得人競相追逐這些外在的相對價值標準，而讓吾人生命沈淪在永無止境的追逐與困苦中。因此《老子》在論述其合道之正言時，不從正面立說，不以下定義、分析的方法說明甚麼是正，甚麼是不正。而只說要如何作才能使「正言」如其實的顯現出來？以〈七十八章〉爲例，《老子》在說明「社稷主」、「天下王」如何可能時，不從正面立說，而以「受國之垢」、「受國不祥」的若反之言來說明。說「若反」，不是「受國之垢」、「受國不祥」與「社稷主」、「天下王」兩者有所矛盾、衝突，而是說這兩者與俗情相反，亦表示一種返回於道之意。所以「正言若反」不僅是一種語言的表述方式，也是使得合道之境界實現出來的指導原則，或曰實現原理。

　　而正面的價值意涵，是否眞能如願的，透過「絕」、「棄」、「不」等看似否定、相反的字眼被保存起來？而「正言若反」的語言表述方式，又是否眞能消解語言自身的有限性？前者應視乎個人主體上的修證工夫，若是於心上無所體會，那麼恐怕僅能止於思辨上的理解，而非實踐上的體悟了。後者的答案恐怕是否定的，誠如邱黃海先生所說的：「正言若反」的語言結構無論如何只是一種無可奈何的表達，它永遠無法剝除語言自身的有限性」〔註3〕「正言若反」無法剝除語言自身的有限性，這種表述方式，只能提醒我們在使用表述「道」的語言時，心知不要去執定此語言概念。在解讀《老子》五千言時，必須先要能清楚地掌握「正言若反」的語言表述方式，以及其自身的限制，如此我們才能避免誤解或扭曲《老子》想，因此我們可以說，「正言若反」即是解讀《老子》五千言的關鍵性鑰匙。

第三節　本文的檢討與未來可能的研究發展

　　雖然本文有上述幾點貢獻，但由於學力的限制，仍有許多缺失有待改進。第一，在注本的選用上，難免偏向一家之言。由於現今很難找到一個注本，足以代表《老子》的原意，所以筆者選用王弼《老子注》爲研究底本，以爲本文分析《老子》思想義理之用。然而這樣的作法，並非是萬無一失的，因爲王弼的《老子注》也僅僅是眾多《老子》版本之一而已，即便王弼的注本是被學界公認爲較能符合《老子》原意的，以此爲底本研究「正言若反」的

〔註3〕　邱黃海，〈《韓非子》〈解老〉、〈喻老〉篇的詮釋特色〉，《東海大學文學院學報》第46卷，2005年7月，頁199。

意蘊，難免有偏向一家之言之弊。且礙於本文篇幅有限，未能將其他本子列入參考，如近代出土的《馬王堆漢墓楚帛書》、《郭店楚簡》、《張家山漢簡》等文獻，實是本文不足之處。第二，在本文第三章「『正言若反』經典注釋考察」的研究中，礙於篇幅有限無法較為詳盡的分析考察，歷代《老子》注本對「正言若反」之解釋，只能選擇王弼《老子注》與釋德清《老子道德經解》兩個本子為代表，來作「正言若反」的分析考察，而無法見諸其他注本之精彩之處，實為可惜。第三，在解釋與重建「正言若反」的意涵與討論其所涵蘊之哲學問題時，筆者只是重點式的舉例說明，未能詳盡列出《老子》中以「正言若反」表述方式出之的章句，一一作義理的分析與疏通。其原因是，筆者認為羅列《老子》中以「正言若反」方式出之的章句，太佔篇幅，又有文理遲重不夠緊湊之嫌，故此並未採取此種論述方式。

　　至於未來可能的研究發展，筆者認為有幾種可能的方向：(一)《帛書老子》或《郭店楚簡》的「正言若反」之分析考察。近代出土文獻的現世，如：《馬王堆漢墓楚帛書》、《郭店楚簡》或是《張家山漢簡》等等，有助於我們進一步的去認識《老子》，通過不同版本的比較，可以提供我們一個新的途徑，來解讀《老子》文獻的意義。這類的研究，許多前輩學者都已經注意到，如朱謙之先生的《老子釋譯》、高明《帛書老子校注》〔註4〕、陳錫勇先生的《老子校正》與陳鼓應先生《老子今注今譯》在注解《老子》時，也多有參考近代出土的《老子》文獻等。這些版本的出土，雖然無法取代王弼本《老子》在老學研究上的重要性，但無可否認的在語句、語義乃至於思想面向，可以提供我們另一個解讀的方向。王弼本《老子》與帛書本《老子》、郭店《老子》在文字上多有出入，如：「聖人無常心」〈四十九章〉一句，帛書本《老子》作「聖人恒无心」。〔註5〕字句上的差異對於「正言若反」的研究，可能會有更豐富的發現，礙於本文篇幅有限，且本文所探討的主要問題並不在於版本的比較方面，因此關於這個問題，可以作為以後研究的方向。(二) 歷代老學注釋對《老子》的繼承與轉化。繼承是指繼承《老子》「道」的思想義理，在此基礎上進一步的闡釋之，並一字一句完備的詳盡注釋，以求契合《老子》的原意；轉化則是指，藉由《老子》「道」的概念，建立新的哲學思想體系。〔註6〕《老子》經典注釋中有一個非

〔註4〕　高明，《帛書老子校注》(北京：中華書局，1996年)。

〔註5〕　陳錫勇，《老子校正》，頁63。

〔註6〕　劉笑敢先生說：「中國哲學詮釋傳統的特點是以相當完整的經典注釋的方式建

常有趣的現象，古代注釋家往往藉著注釋《老子》原典的工作，闡揚自己的學說、建構自己的哲學體系，這樣的狀況或多或少都表現在他們的注釋作品中。如：最早的《韓非子》的〈解老〉、〈喻老〉、〈主道〉、〈揚權〉等篇，很明顯的是受到黃老思想的影響，對《老子》「道」的解釋已經不再是原典本身的意義了。鄭良樹先生在其《韓非之著述及思想》一書中，引用容肇祖與楊日然先生的看法，認爲〈主道〉、〈揚權〉、〈解老〉、〈喻老〉四篇是「黃老或道家言混入於韓非子書中者」，因此認爲這四篇均是雜揉黃老思想的作品。〔註7〕又如王夫之的《老子衍》以「兩端一致論」作爲解釋與批判《老子》的依據，〔註8〕類此的注釋版本不勝枚舉。這樣特殊的現象，是很值得進一步去研究的，不論是對道論、工夫論、政治哲學或是「正言若反」的研究，相信從經典注釋這個方向去進行研究，會得到很豐富的收穫。在了解古代注釋家如何注解《老子》的同時，也可以了解這些注釋作品對老學的發展和解釋做出了甚麼樣的貢獻。

立新的哲學體系。」（參見劉笑敢，〈經典詮釋中的兩種內在定向及其外化——以王弼《老子注》與郭象《莊子注》爲例〉，《中國文哲研究集刊》第 26 期，2005 年 3 月），頁 287。）

〔註7〕　鄭良樹，《韓非之著述及思想》（台北：台灣學生書局，1993 年），頁 28。

〔註8〕　王夫之在《老子‧二章》下注云：「天下之變萬，而要歸於兩端，兩端生於一致，故方有『美』而方有『惡』，方有『善』而方有『不善』。據一以概乎彼之不一，則白黑競而毀譽雜。聖人之『抱一』也，方其一與一爲二，而我徐處於中，故彼一與此一爲疊，乃知其本無疊也，遂坐而收之。疊立者『居』，而坐收者『不去』，是之謂善爭。」（王夫之著、船山全書編輯委員會編校，《船山全書》第 13 冊，頁 18。）王船山認爲天下變化多端事物，可歸結於兩端的對立面。有「美」就有「惡」；有「善」就有「不善」。將《老子》的「抱一」解釋爲，唯有超越於兩端之上，以一溝通兩端，消解兩端之「疊」，才能以超越的角度來觀看對立面所產生的衝突矛盾，而不被任何一端所限制。這樣的看法與《老子》是有出入的，《老子》認爲天下之所以有美惡、善與不善、有無、難易等價值標準的產生，乃是在於人心去執定美、善、是非之標準，所以才會生出與之相對的惡與不善來。《老子》所關心的不是要超越、調和兩端的衝突，而是要消解吾人對於善、惡、是非標準的執定。

參考文獻

一、參考書目

（一）古籍注釋（依作者姓氏筆畫排列）

1. 王夫之著、船山全書編輯委員會編校，《船山全書》第 13 冊（長沙：嶽麓書社，1996 年）。

2. 朱謙之釋、任繼愈譯，《老子釋譯》（台北：里仁書局，1985 年）。

3. 吳怡，《新譯老子解義》，（台北：三民書局，2002 年）。

4. 吳禮權，《中國語言哲學史》（台北：台灣商務印書館，1997 年）。

5. 范應元，《叢書集成續編 37 冊・老子道德經古本集註》（台北：新文豐出版社，1989 年）。

6. 高明，《帛書老子校注》（北京：中華書局，1996 年）。

7. 郭慶藩，《莊子集釋》（台北：天工書局，1989 年）。

8. 陳鼓應注譯，《老子今注今譯》（北京：商務印書館，2007 年）。

9. 陳錫勇，《老子校正》（台北：里仁書局，2003 年）。

10. 焦竑撰、嚴一萍輯選，《百部叢書集成・老子翼》（台北：藝文印書館，1970 年）。

11. 張宇初等人編，《正統道藏・道德眞經註河上公章句》（台北：新文豐出版社，1985 年）。

12. 張默生，《老子章句新釋》（上海：東方書社，1946 年）。

13. 黃釗，《帛書老子校注析》（台北：台灣學生書局有限公司，1991 年）。

14. 樓宇烈，《王弼集校釋・老子指略》（台北：華正書局，1992 年）。

15. 魏源撰、嚴一萍輯選，《百部叢書集成・老子本義》（台北：藝文印書館，1970 年）。

16. 釋德清,《老子道德經憨山註‧莊子內篇憨山註》(台北:新文豐出版社,2004年)。

17. 嚴遵著,王德有譯注,《老子指歸譯注》(北京:商務印書館,2004年)。

18. 蘇轍撰、嚴一萍輯選,《百部叢書集成‧老子解》(台北:藝文印書館,1965年)。

(二)近人專著(首依作者姓氏筆畫,次依出版年排序)

1. 王邦雄,《21世紀的儒道》(台北:立緒文化,1999年)。

2. 王邦雄,《老子的哲學》(台北:東大圖書股份有限公司,2004年)。

3. 王邦雄,《中國哲學論集》(台北:台灣學生書局有限公司,2004年)。

4. 王邦雄等著,《中國哲學史》(台北:里仁書局,2006年)。

5. 牟宗三,《圓善論》(台北:台灣學生書局有限公司,1996年)。

6. 牟宗三,《四因說演講錄》(台北:鵝湖出版社,1997年)。

7. 牟宗三,《中國哲學十九講》(台北:台灣學生書局有限公司,1999年)。

8. 牟宗三,《才性與玄理》(台北:台灣學生書局有限公司,2002年)。

9. 牟宗三,《宋明儒學的問題與發展》(台北:聯經出版事業股份有限公司,2003年)。

10. 牟宗三,《現象與物自身》(台北:學生書局有限公司,2004年)。

11. 牟宗三,《理則學》(南京:江蘇教育出版社,2006年)。

12. 伍至學,《老子反名言論》(台北:唐山出版社,2002年)。

13. 沈清松,《現代哲學論衡》(台北:黎明文化,1985年)。

14. 金春峰,《漢代思想史》(北京:中國社會科學出版社,1987年)。

15. 徐復觀,《中國人性論史‧先秦篇》,(台北:台灣商務印書館,1999年)。

16. 唐君毅,《中國哲學原論‧原道篇卷二》(台北:學生書局有限公司,1993年)。

17. 唐君毅,《哲學概論》(台北:台灣學生書局有限公司,2005年)。

18. 袁保新,《老子哲學之詮釋與重建》(台北:文津出版社,1997年)。

19. 陳德和,《道家思想的哲學詮釋》(台北:里仁書局,2005年)。

20. 傅偉勳,《從創造的詮釋學到大乘佛學》(台北:東大圖書股份有限公司,1990年7月)。

21. 黃釗主編,《道家思想史綱》(湖南:湖南師範大學出版,1991年4月)。

22. 馮友蘭,《中國哲學史新編(第2冊)》(台北:藍燈文化事業,1991年)。

23. 勞思光,《新編中國哲學史》,(台北:三民書局,1991年)。

24. 曾昭旭,《在說與不說之間——中國義理學之思維與實踐》(台北:漢光文

化事業出版，1992 年）。

25. 鄭良樹，《韓非之著述及思想》（台北：台灣學生書局有限公司，1993 年）。

26. 劉福增，《老子哲學新論》（台北：東大圖書股份有限公司，1999 年）。

27. 劉笑敢，《老子——年代新考與思想新詮》（台北：東大圖書股份有限公司，2007 年）。

28. 熊鐵基、馬良懷、劉韶軍著，《中國老學史》（福州：福建人民出版社，2005 年）。

29. 蔡仁厚等著，《牟宗三先生與中國哲學之重建》（台北：文津出版社，1996 年）。

30. 戴璉璋，《玄智、玄理與文化發展》（台北：中央研究院中國文哲研究所，2002 年）。

31. 謝幼偉，《中西哲學論文集》（香港：新亞研究所出版，1969 年）。

32. 魏元珪，《老子思想體系探索》（台北：新文豐出版社，1997 年）。

（三）譯作（依譯者姓氏筆畫排列）

1. 恩斯特・卡西勒著（Ernst Cassirer）、于曉譯，《語言與神話》（台北：桂冠圖書，2002 年）。

2. 艾列克・費雪（Alec Fisher）著、林葦芸譯，《批判思考導論》（台北：巨流出版社，2004 年）。

3. 漢斯・格奧爾格・加達默爾著（H-G Gadamer）、洪漢鼎譯，《真理與方法》（北京：商務印書館，2007 年）。

4. 黑格爾著，賀自昭、王玖興譯，《精神現象學》（台北：里仁書局，1984 年）。

5. 黑格爾著，賀麟、王太慶譯，《哲學史講演錄》第 1 卷（北京：商務印書館，1997 年）。

6. C.A.Missimer 著、蔡偉鼎譯，《批判思考導論——如何精進辯論》（台北：學富文化出版，2002 年）。

（四）英文著作

1. Chad Hansen, "A Daoist Theory of Chinese Thought-A Philosophical interpretation", New York, Oxford University press,1992.

二、參考論文

（一）期刊論文（依作者姓氏筆畫排列）

1. 王宣曆，〈老子「正言若反」之表述方式試探〉，《鵝湖月刊》317 期，2001

年 11 月。

2. 朱孟庭,〈由老子「反」的哲學論其「柔弱」哲學的義涵〉,《哲學與文化》二十七卷第四期,2000 年 4 月。

3. 江淑君,〈蘇轍《老子解》義理內蘊探析——兼論「儒道交涉」的老學視域〉,《淡江大學中文學報》第 7 期,2001 年 6 月。

4. 李宗定,《老子「道」的詮釋與反思——從韓非、王弼注老之溯源考察》,國立中正大學中國文學研究所博士論文,2002 年 7 月。

5. 邱黃海,〈「道」的旅遊指南——《莊子‧秋水》「河伯與海若的對話」之解析〉,《玄奘學報:人文專刊》第四期,2001 年 10 月。

6. 邱黃海,〈《韓非子》〈解老〉、〈喻老〉篇的詮釋特色〉,《東海大學文學院學報》第 46 卷,2005 年 7 月。

7. 岑溢成,〈釋經學、詮釋學、闡釋學、解釋學〉,《鵝湖月刊》,第 144 期,1987 年 6 月。

8. 沈清松,〈關於詮釋學的譯名商榷〉,《鵝湖月刊》,第 147 期,1987 年 9 月。

9. 郭鶴鳴,〈「老子之道」詮釋觀點的重新擬議——讀劉笑敢教授〈關於老子之道的新解釋與新詮釋〉與袁保新教授〈再論老子之道的義理定位〉後的思考〉,《國文學報》,第 27 期,1998 年 6 月。

10. 陳榮灼,〈關於哲學譯語問題〉,《鵝湖月刊》,第 144 期,1987 年 6 月。

11. 陳榮灼,〈王弼解釋學思想之特質〉,《台大文史哲學報》第 55 期,2001 年 11 月。

12. 陳麗桂,〈《老子指歸》的聖人論〉,《中國學術年刊》第 20 期,2001 年。

13. 陳福濱,〈《老子指歸》中「道」思想之探究〉,《哲學與文化》第 30 卷第 9 期,2003 年 9 月。

14. 許雅芳,〈從《易經》的辯證思想探究老子「反者道之動」的意涵〉,《東方人文學誌》第 4 卷第 4 期。

15. 曾珮琦,〈論牟宗三先生對《老子》「正言若反」的解釋進路〉,《鵝湖月刊》

16. 第 383 期,2007 年 5 月。

17. 曾珮琦,〈論《老子》「正言若反」經典注釋的考察——以王弼《老子注》與釋德清《老子道德經解》為例〉,《鵝湖月刊》第 406 期,2009 年 4 月。

18. 劉笑敢,〈經典詮釋中的兩種內在定向及其外化——以王弼《老子注》與郭象《莊子注》為例〉,《中國文哲研究集刊》第 26 期,2005 年 3 月。

19. 劉怡君〈釋德清《老子》學義理內蘊探析——兼論「以佛解《老》的詮解向度〉,《淡江中文學報》第 17 期,2007 年 12 月。

20. 蔡振豐,〈嚴遵、河上公、王弼三家《老子》注的詮釋方法及其對道的理

解〉《國立台灣大學文史哲學報》，2000 年 6 月。

21. 戴璉璋，〈玄思與詭辭——魏晉玄學契會先秦道家的關鍵〉，《國立台灣師範大學國文學報》第 42 期，2007 年 12 月。

22. 戴璉璋，〈關於杜方立、曾珮琦文章的幾點商榷〉，《鵝湖月刊》第 385 期，2007 年 7 月。

23. 顏永春，〈相反相成的智慧——從黑格爾與老子談起〉，《華梵人文學報》第 2 期，2004 年 1 月。

（二）學位論文（依作者姓氏筆畫排列）

1. 邱黃海，《從「任勢為治」說的形成論韓非思想的蛻變》，國立中央大學哲學研究所博士論文，2007 年。

2. 吳慧貞，《《老子》正言若反的語言模式研究》，國立台灣師範大學，2003 年。

3. 林秀茂，《老子哲學之方法論》，台灣大學哲學研究所博士論文，1994 年。

4. 莊耀郎，《王弼玄學》，國立台灣師範大學國文研究所博士論文，1991 年。

5. 楊愛雅，《從對比修辭看《老子》的語言意涵》，國立彰化師範大學國文學系在職進修專班碩士論文，2002 年。

附錄一　王弼《老子注》的詮釋原則析論 [註1]

一、前　言

　　《老子》全書是圍繞著「道」，開展其形上學與實踐哲學的論述。《老子》與其它經典不同之處在於：「道之不可言說性」，[註2] 而《老子》為了思想傳承的需要，無法不藉由語言來表達「道」。為了不使「道」在語言的有限性中隱退，《老子》以「指點語言」來論述「道」，有別於一般的「指實語言」的使用。[註3] 也正因為如此，《老子》的語言往往隱晦難懂，更產生了從各種不同角度、觀點注老的詮釋作品。[註4] 當我們在詮釋《老子》這樣特殊的文獻時，應當採取什麼方法或原則才能讀懂《老子》，而不至產生誤解或扭曲？王弼的《老子注》是學界公認闡發《老子》思想義理的權威注釋作品。本文想從王弼注老來考察，探討他在注釋《老子》時，運用了哪些詮釋學原則或

〔註1〕　本文曾宣讀於北京大學傳統與現代——華人青年哲學會議，2010 年 9 月 11 日。

〔註2〕　《老子》說：「道可道，非常道；名可名，非常名」〈一章〉；「有物混成，先天地生……吾不知其名，字之曰道，強為之名曰大。」〈二十五章〉；「道常無名」〈三十二章〉都表示了「道之不可言說」的特性。

〔註3〕　依牟宗三先生的區分，語言表述方式可分為兩種：相應指實之言和暗示指點之言，前者以表達現象世界，或言「可道世界」，屬於「外延真理」；後者以表達形上超越現象之「道」或言「不可道界」，屬於「內容真理」。參見牟宗三：《才性與玄理》（台北：台灣學生書局，2002 年 8 月），頁 249～254。

〔註4〕　江淑君教授指出：「從歷代老子學的演變發展來看，有以《莊子》之言解《老》者；有以佛家之言解《老》者；有以兵家之言解《老》者；有以黃老之言解《老》者；有以陰陽家之言解《老》者；有以道教之言解《老》者；甚而有以儒家之言解《老》者。」參見江淑君：〈蘇轍《老子解》義理內蘊探析——兼論「儒道交涉」的老學視域〉，《淡江大學中文學報》第 7 期（2001 年 6 月），頁 120。

方法？對王弼注老詮釋原則的反省，可以幫助我們釐清王弼《老子》詮釋的
進路，以及其對老學研究之貢獻。

王弼注老的詮釋原則，可從兩個角度來考察：道的表述問題與「崇本息末」
原則。首先從道之表述問題來看，如前所述，「道有不可言說性」。由思想傳承
的目的來看，想要表達「道」必須透過語言，除了語言沒有其他方式可以將思
想傳遞給讀者。從認識對象的角度來看，想要認識「道」也只能透過語言，因
為人的認識活動必然伴隨著語言。這時王弼面臨到一個問題，既然「道」無法
藉由語言來把握，而一切的詮釋活動又無法脫離語言概念的使用，那麼王弼要
採取什麼表述方式，才能將《老子》的思想義理適切地揭露出來呢？以訓詁、
考證、辯名析理的方式可以掌握《老子》嗎？王弼的回答是：「老子之文，欲辯
而詰者，則失其旨也；欲名而責者，則違其義也。」〔註5〕「欲辯而詰者」，是
指以反覆辯證、窮究的方式來把握文獻；「欲名而責者」，肯定了名具有指實的
作用，可以「循名責實」的方式求之。《老子》的「道」不是現象界具體有形的
事物，若以訓詁、考證、辯名析理等方式來掌握其思想，必定失其要旨。陳榮
灼先生在其〈王弼解釋學思想之特質〉一文中認為，王弼反對以「文獻學方法」
與「邏輯分析」的詮釋進路來詮解《老子》。〔註6〕王弼反對「文獻學方法」的
解經進路之理由在於：語言概念有其所指涉的具體對象，一名必有一實與之相
對；「道」是無形無象的形而上存在（Being），無限的「道」不能以有限的語言
概念來表達，否則就會在語言概念的使用中隱退。「文獻學方法」預設了語言可
以表達對象的立場，〔註7〕而「邏輯分析」的方法則必須肯定「名言概念」的
使用方能有效，這與《老子》認為語言不能表達「道」之看法恰好相反。所以
不論是訓詁還是辯名，均無法用以詮釋《老子》。既是如此，王弼是採取什麼樣

〔註5〕 樓宇烈：《王弼集校釋》（台北：華正書局，1992年12月），頁196。

〔註6〕 陳榮灼先生說：「王弼眼中：『名』在根源上是來自對事物『形狀』的仿造，
而其本質功能在於『區分』不同的事物，因而他說『名號不虛生』（《老子指
略》）。這裡也可以看出王弼解釋學思想之『反文獻學方法』和『反邏輯分
析』的進路之最根本的理由所在。」參見陳榮灼：〈王弼解釋學思想之特質〉，
《台大文史哲學報》第55期（2001年11月），頁281。

〔註7〕 陳榮灼先生說：「一般的名實問題，是要考察名實是否相符。……但是這部考
察名實相符的工作，卻是在預設了『名是可以表達事物』這一前提才可能的！
而「文獻學方法」在本質上是假定了這一前提之成立。所以，若果『名』是
不可能表達『道』的話，那麼文獻學的方法便無法派上用場了。」參見陳榮
灼：〈王弼解釋學思想之特質〉，頁282。

的方式注解《老子》，以掌握《老子》的思想要旨？又是如何看待「道之表述」問題？

　　其次再從「崇本息末」的解經原則來看。王弼將《老子》哲學了解成一個系統，而這個系統是透過「崇本息末」來展示。他以「崇本息末」建構《老子》的形上學與實踐哲學，更以這四個字收攝《老子》五千言的學說要旨。他說：

> 老子之書，其幾乎可一言而蔽之。噫！崇本息末而已矣。觀其所由，尋其所歸，言不遠宗，事不失主。文雖五千，貫之者一；義雖廣瞻，眾則同類。〔註8〕

由此可見「崇本息末」，對於我們了解王弼注老的詮釋方法極為重要。值得注意的是，「崇本息末」並非是出自《老子》哲學中的語句，然而王弼以之概括《老子》思想要旨，顯然是將其當作詮釋原則來運用。在中國思想的傳統裡，「本末」原屬於存有論的「範疇」，然而卻往往被運用在方法上。〔註9〕本文想要探討的是，王弼如何透過「崇本息末」詮釋原則，將《老子》的形上學與實踐哲學了解成一個系統？「本末」原則在王弼的《老子》詮釋脈絡中，有何特殊的涵義？何以王弼認為透過「崇本息末」可以掌握《老子》的思想要旨？在釐清這些問題之前，則不能不先釐清這句話的涵義。近代學界對於「崇本息末」意義的詮釋仍多有分歧，湯一介先生認為「崇本舉末」與「崇本息末」兩個概念是互相矛盾的，他對前者的解釋是「推崇本無而舉出末有」，後者的解釋是「推崇本無，清除末有」。〔註10〕從「舉出」和「清除」這兩個意思來看，這兩者是互相矛盾的關係。「崇本息末」與「崇本舉末」兩者是否互相矛盾的問題，劉笑敢先生在其〈經典詮釋中的兩種內在定向及其外化——以王弼《老子注》與郭象《莊子注》為例〉一文中已經予以解決了。他首先從「息」字的本義去看，認為「息」可以解作「生息」，也可解作「止息」，

〔註8〕　樓宇烈：《王弼集校釋》，頁198。
〔註9〕　高齡芬：《王弼的老學方法析論》（台北：花木蘭文化出版社，2008年9月），頁25。
〔註10〕湯先生認為，王弼的哲學是企圖調和儒道，以解決魏晉時代「名教」與「自然」的矛盾，然而儒道兩家是兩個不同的思想系統，調和是有困難的，難免產生矛盾。他又說：「就其本體論說，他雖企圖把『本體論』建立在『體用如一』、『本末不二』之上，但由於在他的論述中，提出『以無為本』的命題，而過分地強調『本無』的作用，容易發生否定『末有』的方面。」湯一介：《郭象與魏晉玄學》（北京：北京大學出版社，2009年11月），頁38。

依據「崇本息末」的上下文脈絡來判斷，這兩個概念可以同時成立，並無矛盾關係。〔註11〕劉先生的看法，我們完全可以同意，本文擬在此基礎上，更進一步的去探討，「本」、「末」方法在《老子》中的特殊性何在？當「息」解作「生息」或「止息」時，能否揭露《老子》哲學的特殊性呢？王弼「崇本息末」的詮釋原則，對於老學研究又有什麼樣的貢獻？以下從上述這兩個角度所提出的問題為出發點，展開考察王弼注老詮釋原則之工作。

二、本文詮釋方法與原則的建立

在展開本文對於王弼注老詮釋原則的考察工作之前，對於我們要採取何種方式理解文獻，則不能不先有一個詮釋方法的討論。考察王弼對《老子》哲學的詮釋是屬於經典內容的具體詮釋問題；而透過什麼樣的方法、原則來掌握王弼的詮釋，則是屬於詮釋學方法的問題。

詮釋學方法的討論，對於本文的工作是必要的，這就關涉到當我們在面對古代經典時，要採取什麼方法或原則來進行文獻的詮釋，要以什麼樣的詮釋方法，才能對文獻本身有一恰當的理解與把握？本文擬採取古典詮釋學的進路，藉由古典詮釋學方法的指引，將有助於我們掌握王弼注老的思想要旨。為何要從古典詮釋學的角度來探討這個問題？因為我們的目的是釐清王弼注老的詮釋原則，想要達成這個目的，必須扣緊文獻之脈絡來做分析理解，才能恰當地對其思想有所把握。古典詮釋學標榜「照原樣」與「照原意」理解，其工作是一種盡可能依照原本的歷史情境與創作者的心意去理解文本的努力，透過考古式廣泛挖掘原狀，蒐羅套用各種歷史事實及語言使用佐證考據，致力拼湊回客觀忠實的文本原貌。〔註12〕古典詮釋學的方法，著重在語言學的考證、歷史脈絡與精神的解釋三方面。本文之目的，即在於客觀地了解王弼注老的詮釋原則，想要恰當地掌握文獻，則不能不藉助文字學、訓詁學的工作，認為透過文字、訓詁之工作，可以客觀的掌握王弼的原意，此正是古典詮釋學的進路。但是這裡不是要援引西方古典詮釋學理論，作為本文的詮

〔註11〕 劉笑敢：〈經典詮釋中的兩種內在定向及其外化——以王弼《老子注》與郭象《莊子注》為例〉，《中國文哲研究集刊》第 26 期（2005 年 3 月），頁 302～304。

〔註12〕 張鼎國：〈「較好地」還是「不同地」理解？——從詮釋學論爭看經典註疏中的詮釋定位與取向問題〉，《中國文哲研究通訊》第 9 卷第 3 期（1999 年 9 月），頁 88～89。

釋方法，亦非討論能否透過文獻分析掌握作者的原意問題。而是想要從古典詮釋學的角度討論，當我們面對古典文獻時，要以什麼樣的方法或態度來解讀文獻，不至於產生誤解與扭曲？想要適切地掌握文獻，必須注意訓詁與義理之間的關係。當我們在理解文獻時，是先逐字逐句的去訓釋字義，還是直接從文脈來把握義理？問題是，如果我們不扣緊上下文脈來理解字義，即便是找出每個字的本義也不能適切地了解文獻，因為文獻中的一個字、一個詞不是憑空出現，它有其所屬的語文脈絡，如果我們將字詞從其語文脈絡中抽離出來，必然無法掌握這個字在此文脈中應有的涵義。然而不先對每個字有基本的認識與掌握，又要如何理解文脈呢？林維杰先生說：「文理脈絡要求的是意義與意旨，因而需要更進一步要求對文字知識的訓詁與考察，從而以一較為充分而完整的語言知識作為意義解釋的基礎，才可進而順暢義理脈絡。」〔註13〕義理脈絡的順暢與掌握，是以文理脈絡的了解為基礎，而文理脈絡的順暢又是建立在文字知識的訓詁與考察。因此在理解文獻時，還是需要訓詁學的工作。〔註14〕

　　訓詁的工作，可以讓我們釐清字詞的意義。以「崇本息末」的「息」字解釋為例，透過訓詁的工作，讓我們能了解「息」有生息與止息兩種意義，這是劉笑敢先生指引我們看到的。但是僅僅了解「息」字有兩種解釋，並不足以作為我們判斷在王弼注老的脈絡中，「崇本息末」的「息」究竟應當解作「生息」還是「止息」的判斷根據。一如前文所述，要理解一個字詞或一個句子的意義，必須扣緊上下文脈來理解，才能適切的把握之。同樣的，要判斷「崇本息末」的「息」字的意義，也必須從上下文脈來做考察。不論是訓詁還是義理，在文獻的理解與把握上都是必要的，兩者皆不可偏廢。當我們在理解文獻時，訓詁的工作固然可以幫助我們掌握字義，但是只了解字的意義並不足以讓我們讀懂文獻。想要判斷字詞的意義，必須由句子來把握；而要讀懂句子，則必須從上下文脈來理解。因此，我們可以清楚的看到，字詞

〔註13〕林維杰：《朱熹與經典詮釋》，頁166。
〔註14〕這裡所指的訓詁學是依據邱黃海先生對訓詁學的定義，他說：「訓詁學乃是，依靠著文字學與聲韻學的幫助，讓我們可以判斷一個句子中某個字眼的意義之學問。它不是文字學與聲韻學，文字學與聲韻學，相對而言，是透過字形與字音研究漢字的兩種理論性的學問。訓詁學不是一種理論，它的性質就是這麼一種判斷字義的學問，它應用文字學與聲韻學的知識來判斷字義。」參見邱黃海：《從「任勢為治」說的形成論韓非思想的蛻變》（中壢：國立中央大學哲學研究所博士論文，2007年），頁20。

和句子之間的關係與句子和文獻的整體脈絡之間的關係，是部分與全體的關係。以詮釋學術語來看，涉及了文本理解時「全體與部分」的古典詮釋學循環（hermeneutischer Zirkel）。〔註15〕

　　本文擬從上述訓詁與義理的關係的考察，作為本文的研究方法。然而，值得注意的是，《老子》的「道」無法以語言概念來把握的，透過詮釋學方法或原則的操作，只能幫助我們看清楚王弼說了什麼，而不能對「道」有所把握，因為「道」無法以語言來表達，也無法以語言概念把握之，否則「道」就會在語言的使用中隱退。

三、「道之不可言說性」的詮釋原則

　　王弼既然反對以「文獻學方法」和「邏輯分析」的方式詮釋《老子》，那麼他是採取何種原則來注解《老子》，這樣的詮釋方式何以能掌握《老子》的思想義理，而不至於產生誤解和扭曲？一切的詮釋活動皆須透過語言來進行，若然「道」不能以語言來表達，那麼王弼要如何詮釋《老子》的「道」？要回答這個問題，首先我們要先了解《老子》對「道的表述問題」的看法。

　　《老子》首章即說：「道可道，非常道；名可名，非常名。」這是說，可以透過語言來表達的道，就不是恆常不變的道了；如果指稱道的名，可以使用指涉具體事物的名來理解的話，那這個名就不是恆常不變的名了。這句話涵蘊了三個命題：其一，道是無形無象的存在（Being）。其二，語言概念的有限性。其三，道不能以語言來表達。「道」是無形無象，形而上的存在。《老子》說：「無狀之狀，無物之象」〈十四章〉；「有物混成，先天地生」〈二十五章〉都表示了這個意思。「無狀之狀，無物之象」，是說「道」雖然不是具體有形的事物，卻是真實的存在。「有物混成，先天地生」，則說明了「道」的先在性，是萬物之所以存在的根源。正因為「道」是無形無象，所以不能成為我們感官知覺所覺知的對象，《老子》說：

> 視之不見名曰夷，聽之不聞名曰希，搏之不得名曰微，此三者不可
>
> 致詰，故混而為一。〈十四章〉

「道」不能以眼睛看到、耳朵聽到，也不能藉由觸覺感知它。「夷」、「希」、「微」不是定名，此三種名不同於一般用以指涉具體事物的定名，它是「指點語言」

〔註15〕林維杰：《朱熹與經典詮釋》，頁 191。

而非「指實語言」，所以不能再追問下去。一般語言概念是用以指涉具體有形的事物，它所表達的對象是可以透過感官經驗來知覺到的，其功用在於區分事物的性質，所以是有限的。有一物必有一名，一名只能表示一物，否則就會造成表述上的混淆，例如「花」這個概念只能指涉花這個具體事物，而不能同時指涉草、木、鳥等等其他的事物。換言之，一說什麼是「花」，就代表其他事物不是「花」，它是此不能同時是彼，在說某物是「花」的同時，也就區分了花這個事物與其他事物的分別。這是因為現象界的一切事物皆是有具體的形象，有具體的形象就有限制，而用以指涉現象界事物的語言概念亦隨之而有所限制。有限的語言概念是不能表達無形無象、無所不包、無所不在的「道」。王弼在《老子・二十五章》「吾不知其名」下注云：

> 名以定形。混成無形，不可得而定，故曰「不知其名」也。

名有其所指涉的具體之形，其功用在於區分事物之不同，是有限制的定名。「道」混然無形，不可以定名論謂之，所以說不知其名。若以定名去規定「道」、論謂「道」，則吾人必會在名言的分別中執定名言概念的使用，則「道」就會在名言的使用中隱退其自身。

既然《老子》說：「道可道，非常道。」王弼亦說：「言之者失其常，名之者離其眞」。若然「道」不能以語言概念來表達，那麼老子又為何要撰述《道德經》五千言，這豈不是自相矛盾的作法嗎？這個問題，王弼是透過「名號」與「稱謂」的區分來予以解決。《老子指略》說：

> 名也者，定彼者也；稱也者，從謂者也。名生乎彼，稱出乎我。故涉之乎無物而不由，則稱之曰道；求之乎無妙而不出，則謂之曰玄。……名號生乎形狀，稱謂出乎涉求。名號不虛生，稱謂不虛出。故名號則大失其旨，稱謂則未盡其極。〔註16〕

「名號」是依據事物的形狀而制定的，用以指涉具體有形的事物；而「稱謂」則是出於主觀的要求，為了言說上的方便給予所指稱對象一個稱呼。「名號」有其所指涉、相對應的具體事物，具體事物皆有其分限，用以指涉具體事物的「名號」亦隨之有分別、界限。王弼在〈老子指略〉中說：「凡名生於形，未有形生於名者也。故有此名必有此形，有此形必有其分。」〔註17〕名是根據事物的形體而產生，而不是事物的形體是根據名而產生。所以有這個名必

〔註16〕樓宇烈：《王弼集校釋》，頁 197～198。
〔註17〕樓宇烈：《王弼集校釋》，頁 199。

定有其所指涉的這個形體,這個名所指涉的形體一定有其分限。舉個例子來說,「花」這個名是為了指涉花這個具體的存在物而產生,所以是先有花之形而後有花之名。而花之名指涉的既然是「花」這個具體的存在物,那麼此名必定隨著其所指的花之形而有分限,花之名的種種規範、限定皆是相應於花這個具體的存在物而來。這樣的名言即是牟宗三先生所說的「指實語言」或「外延名言」,其所指涉的是「外延真理」。〔註 18〕「外延真理」指的是現象界客觀的事或物,而用以指涉現象界客觀事或物的名言就是「指實語言」。「指實語言」是指涉現象界具體客觀的事物,這種名言能與具體事物相應。「稱謂」所表達的是說話者心中主觀的意向,心中主觀的意向是抽象的,故無法以指涉具體事物的「名號」來規定,只能以指點、暗示的方式表達之。《老子》是以「稱謂」來指稱「道」,如:為了表達無物不由之而來之意,就以「道」來稱呼它;表達無妙而不從之所出之意,就以「玄」來稱呼它。「稱謂」即是牟先生所謂的「指點語言」,以暗示、指點的方式表達「道」,所表達的是「內容真理」。〔註19〕「指點語言」是藉由指點、暗示的方式,讓吾人透過語言的指向能認識「道」、體悟「道」,然而語言概念本身並不是「道」。「名號生乎形狀,稱謂出乎涉求」,這句話表示了「名號」與「稱謂」之不同。「名號」是為了區分具體有形事物之不同而制訂的,「稱謂」則是為了表達吾人心中主觀的意向。但無論如何解消語言的限制,「稱謂」仍無法擺脫語言的有限性。「名號」與「稱謂」只是使用的方式不同而已,其本質皆屬於語言。所以王弼說:「名號則大失其旨,稱謂則未盡其極」,以名號定義《老子》的「道」則大失其要旨,而「稱謂」雖能以指點、暗示的方式讓我們認識「道」,卻仍然無法解消語言的有限性,仍有未能窮盡之處。

王弼藉由「名號」與「稱謂」之區分,表達其「道之不可言說性」的解經原則。語言概念有其限制性,不能充分地表達無形無象的道,然而為了思想傳承的需要又不得不使用語言,所以《老子》以「大」、「一」、「玄」、「道」等稱謂來指稱「道」,意在解消吾人心知對於語言概念的執定。「稱謂」不同於「名號」,它沒有具體指涉的對象,它所表達的是吾人心中主觀的意向,以暗示、指點的方式指向「道」,讓吾人可以透過「稱謂」的指引認識「道」、體悟「道」。《老子》不是要反對語言的功用與價值,而是反對將其指點、暗

〔註 18〕 牟宗三:《才性與玄理》,頁 252。
〔註 19〕 牟宗三:《才性與玄理》,頁 253。

示「道」的語言，以定名的方式理解之。《老子》:「吾不知其名，字之曰道，強為之名曰大」〈二十五章〉表示的正是這個意思。「不知其名」，是指不能以「名號」這樣指涉具體有形事物的定名來論謂「道」。「字之」、「強為之」，表示「道」與「大」是不可言說的一種不得已的表達，為了言說上的需要，只好以「道」、「大」指稱之。「道」和「大」不是定名，而是用以指稱「道」的「稱謂」。由此可知，王弼區分「名號」與「稱謂」兩種語言的使用方式，乃是預設了道不能以語言來表達這一立場，正因為「道」是不可名、不可道的，所以《老子》才需要使用有別於「名號」的論謂方式來指稱「道」，避免吾人執定語言概念的使用而讓大道隱退。因此我們可說，「道之不可言說性」是王弼的注老原則之一。

四、「崇本息末」的詮釋原則

　　王弼透過「崇本息末」建構《老子》的形上學與實踐哲學，將之理解成為一個思想系統，從這個角度來看「崇本息末」是一個詮釋原則。當我們說「崇本息末」是個詮釋原則時，指的是王弼透過這個原則對《老子》思想內容進行具體的詮釋；而古典詮釋學:語言學的考證、歷史脈絡與精神的解釋，則是屬於對詮釋行為或事件進行省思。〔註20〕兩者的區別在於，「崇本息末」是實踐的原則，古典詮釋學語言學的考證、歷史脈絡與精神等，則是理論的原則。「崇本息末」是王弼建構《老子》思想體系的原則，是為了對《老子》具體內容進行詮釋所提出的，並不為了對詮釋行為或事件進行反省所提出的理論性原則。而古典詮釋學的原則，所要探討的是如何理解文獻才能掌握作者的原意問題，為了解決此問題所建構的方法論。本文所要證成的是，王弼是以「道之不可言說性」與「崇本息末」作為注釋《老子》的實質原則。

　　「本末」的詮釋原則在王弼之前，已經被運用在經典詮釋上，是一個共法。〔註21〕王弼以「崇本息末」詮釋《老子》，則賦予「本末」特殊的哲學涵

〔註20〕 林維杰先生對「詮釋」與「詮釋學」的區分有清楚的定義，他說:「針對經典內容進行具體的詮釋，以及對詮釋行為或事件進行省思，這兩種態度是不同的。」參見林維杰:《朱熹與經典詮釋》(台北:國立台灣大學出版中心，2008年10月)，頁VI。

〔註21〕 林麗真教授說:「『本』與『末』，原是一般性的概念，指事物的根本與細節、原始與流變;日常用語也有所謂「崇本抑末」、「捨本逐末」、「本末有序」等用法。」參見林麗真:《王弼》(台北:東大圖書，2008年11月)，頁39。

義。要了解「崇本息末」在王弼《老子》詮釋中的特殊涵義，以及王弼如何運用「本末」原則建構《老子》的形上學與實踐哲學，可從「息」字的兩種解釋來看。根據前文所引劉笑敢先生的說法，「息」字的本義有生息與止息兩種解釋，而這兩種解釋在王弼注老的脈絡裡可以同時成立。這個論點劉先生已經論證過了，此處不再論述。這裡要討論的是生息與止息這兩種解釋，各自所涵蘊的哲學問題，其所涵蘊的是形上學還是實踐哲學問題？當「息」字解作生息時，「本」、「末」的關係當該如何了解？當「息」字解作止息時，「本」、「末」的意義又是如何？「止息」與工夫論和政治哲學的關係是如何？以下將由這些問題展開討論。

（一）「崇本息末」的形上學意涵

「崇本息末」的「息」字在王弼注老裡，是在何種脈絡之下解作生息？〈老子指略〉說：

> 然則，老子之文……故其大歸也，論太始之原以明自然之性，演幽冥之極以定惑罔之迷。因而不為，損而不施；崇本以息末，守母以存子。〔註22〕

「崇本以息末，守母以存子」，是王弼在說明《老子》要旨的脈絡底下提出的。「太始之原」，是指天地萬物的始原，也就是天地萬物所由之以生的根據；「幽冥之極」的「幽冥」是看不清楚的意思，表示無法作為我們感官所覺知的對象。「因而不為，損而不施」順著事物的本性，而不順著自己的私欲去造作、施為；損落自己對相對價值標準的執定而不施為造作。下面說：「崇本以息末，守母以存子」，這兩句話要跟著上文的脈絡來了解，這裡的「本」、「母」指的是「太始之原」與「幽冥之極」；「末」、「子」是指「萬物」。這兩句話是說，尊崇本以生息萬物，守住母以實現萬物，在此脈絡下「息」字作生息義解，表示實現、存全的意思。

然而「本」指的是什麼？從這段話的脈絡裡頭我們無法清楚的看出「本」字的意義。從「本」的字義來看，許慎《說文解字》說：「本，木下曰本」，本指的是木之根本。王弼是如何訓解「本」這個字呢？他在注解《老子‧四十章》「天下萬物生於有，有生於無」這句話時則有清楚的說明，他說：

> 天下之物，皆以有為生。有之所始，以無為本。將欲全有，必反於

〔註22〕樓宇烈：《王弼集校釋》，頁196

無也。〔註 23〕

這裡說「以無爲本」，可見王弼是以「無」來規定「本」的意義。在王弼注老脈絡中，「無」即等同於「道」。〔註 24〕《老子》的「道」是否即是「無」，此處暫不討論。此處需說明的是，在《老子》經文中，「無」和「有」是「道」之雙重性（double character）。〔註 25〕〈一章〉說：

　　無名，天地之始。有名，萬物之母。常無欲，以觀其妙。常有欲，

　　以觀其徼。此兩者同出而異名。同謂之玄。玄之又玄，眾妙之門。

無形無名是道之「無」性，有形有名是道之「有」性。〔註 26〕道之所以能實現萬物，在於它總是能處在沖虛玄德的心境之中，以此「沖虛玄德」的「無」觀物自生自長的妙用。道有「有」性，所以能成爲萬物之母。「徼」是「有」的徼向性。〔註 27〕此「有」不是定有，它表示的是一個徼向性，在此徼向性中萬物才能成爲具體的事物。「此兩者同出而異名」，「無」與「有」皆是「道」的兩個特性，只是名稱不同罷了。有而不有，則不滯於有，故不失渾圓之妙；無而不無，則不淪於無，故不失其終物之徼。〔註 28〕有不定於有，返於無的始物之妙。無不定於無，以其能轉向有之成物之徼。有與無的互相轉化就是「玄」。「玄之又玄，眾妙之門」表示天地萬物就是在無與有不斷的互相轉化中生生不息。王弼說的「天下之物，皆以有爲生」，天下的萬物，皆在有的徼向性中成其具體的存在。而「有」是如何開始的呢？是什麼作爲「有」存在的根據？王弼說：「有之所始，以無爲本」，「無」是作爲「有」之所以存在的依據、根源。這裡是王弼與《老子》的不同之處，《老子》的「有」和「無」皆指的是「道」，只是名稱不同而已，沒有層級之分，只有無的沖虛玄德之妙用不能成其爲道，光是有「有」的徼向性也不是道，兩者皆不可或缺。而王弼把「無」提升至「道」的地位，將「無」解爲天地萬物之所以存在的根源，即具有形上學的本體義。王弼下面說：「將欲全有，必反於無也」，要實現「有」，必須返回「無」的沖虛玄德之妙用，才能使此「有」不成爲「定有」，讓萬物

〔註 23〕樓宇烈：《王弼集校釋》，頁 110。

〔註 24〕劉笑敢：〈經典詮釋中的兩種內在定向及其外化——以王弼《老子注》與郭象《莊子注》爲例〉，頁 300。

〔註 25〕牟宗三：《中國哲學十九講》（台北：台灣學生書局，1999 年 9 月），頁 98。

〔註 26〕牟宗三：《才性與玄理》，頁 131。

〔註 27〕牟宗三：《中國哲學十九講》，頁 97。

〔註 28〕牟宗三：《才性與玄理》，頁 135。

得以生生不息。既知王弼以「無」訓「本」，將「無」等於同「道」的地位。「崇本息末」的「本」也應解作「無」。「以無爲本」的「本」是根據、根源的意思。王弼以「無」爲「有」之根據，而「有」又是萬物得以存在之理。「崇本息末」的「本」與「末」的意義，是由「息」字來決定的。當「息」解作「生息」時，「本」是「以無爲本」，「末」指的是萬物。王弼以「無」作爲生息繁衍萬物的本體，是一切萬物得以存在的依據、根源。「崇本息末」應當解爲，尊崇作爲天地萬物之本的「無」，以實現、生息萬物。如何實現萬物，如何使萬物得以存在的命題是屬於形上學的範圍。形上學指的是：「對於存有者的存有以及各主要存有者領域的本性與原理所做的全體性、統一性、基礎性的探討。」〔註29〕當「息」字解作「生息」時，「崇本息末」所探討的是如何實現萬物，如何讓萬物自生自長、生生不息的問題，此乃屬於形上學的討論範圍。

王弼在注解《老子‧三十八章》時提出「崇本舉末」一說，此與「崇本息末」之關連如何？劉笑敢先生認爲，「崇本息末」的「息」和「崇本舉末」的「舉」意思是相同的，都有生息的意思。〔註30〕王弼注云：

> 本在無爲，母在無名。棄本捨母，而適其子，功雖大焉，必有不濟；名雖美焉，僞亦必生。……用夫無名，故名以篤焉；用夫無形，故形以成焉。守母以存其子，崇本以舉其末，則形名俱有而邪不生，大美配天而華不作。故母不可遠，本不可失。仁義，母之所生，非可以爲母。形器，匠之所成，非可以爲匠也。捨其母而用其子，棄其本而適其末，名則有所分，形則有所止。雖極其大，必有不周；雖盛其美，必有憂患。功在爲之，豈足處也。〔註31〕

從這一段注文可以更清楚的看出王弼「以無爲本」、「守母存子」的意思。「仁義」、「形器」是末，由母而生，非可以爲母。此母即是無、是道，所以想要

〔註29〕沈清松：《物理之後——形上學的發展》（台北：牛頓出版股份有限公司，1987年1月），頁20。

〔註30〕劉笑敢先生說：「從總體上來說，將崇本息末的『息』解釋爲『生息』當然是對的。王弼三十八章《注》說到『守母以存子，崇本以舉其末。』顯然，崇本舉末與守母存子是一致的。而《老子指略》則說『崇本以息末，守母以存子』顯然，崇本息末與守母存子也是一致的。這樣，崇本息末的『息』就應該與『舉』和『存』一致，不可能是『止息』之義。」劉笑敢：〈經典詮釋中的兩種內在定向及其外化——以王弼《老子注》與郭象《莊子注》爲例〉，頁301。

〔註31〕樓宇烈：《王弼集校釋》，頁95。

保住、存全末有，就必須守母、崇本。因爲「末」有名有形，有名則有所分別，有形則有所界限，他們無法作爲存全天地萬物之總根源。唯有無形無名的「道」才能實現一切萬物的存在。一切事物的名與形是「有」，「無名」、「無形」則是「無」，以這樣的「無」爲母，才能「名以篤」而「形以成」，這是所謂「守母以存其子，崇本以舉其末」，也就是「將欲全有，必反於無」的意思。〔註32〕由此觀之，「崇本舉末」的「舉」和「崇本息末」的「息」意義相同，均作「生息」解，有實現、存全的意思。因此，我們可以說，當「崇本息末」的「息」解作生息時，即具有形上學的意涵。

（二）「崇本息末」的實踐哲學意涵

既知在「崇本以息末，守母以存子」這個脈絡之下，「息」字解作生息，那麼在什麼脈絡底下「崇本息末」的「息」字解作「止息」？其所涵蘊的是什麼哲學問題？王弼在《老子指略》中說：

> 嘗試論之曰：夫邪之興也，豈邪者之所爲乎？淫之所起也，豈淫者之所造乎？故閑邪在乎存誠，不在善察；息淫在乎去華，不在滋章；絕盜在乎去欲，不在嚴刑；止訟存乎不尚，不在善聽。故不攻其爲也，使其無心於爲也；不害其欲也，使其無心於欲也。謀之於未兆，爲之於未始，如斯而已矣。故竭聖智以治巧僞，未若寡私欲以息華競。故絕司察，潛聰明，去勸進，翦華譽，棄巧用，賤寶貨。爲在使民愛欲不生，不在攻其爲邪也。故見素樸以絕聖智，寡私欲以棄巧利，皆崇本以息末之謂也。〔註33〕

這一段旨在論述如何防止邪淫妄作、偷盜等情事的發生。由世俗觀點觀之，要止邪、息淫、絕盜是制定嚴刑峻法來防止這類事情的發生，但是王弼卻認爲制定嚴刑峻法反而會讓人民的心知有所執定，而產生更多的人爲造作，反而讓社會國家越來越亂。要防止邪淫妄作最好的方式不是「攻其爲也」、「害其欲也」，不是在邪淫妄作的事件上去禁止它，也不是禁止他的慾望，而是讓他的心知鬆開對相對價值標準的執定，返回其生命的素樸，則他自然就不會想要做出邪淫妄作與偷盜等事情。「見素樸以絕聖智，寡私欲以棄巧利」，指的是返回生命的素樸以否定形式化的聖智，鬆開心知對相對價值標準的執

〔註32〕戴璉璋：《玄智、玄理與文化發展》（台北：中央研究院中國文哲研究所，2002年），頁60。
〔註33〕樓宇烈：《王弼集校釋》，頁198。

定，自然就會無欲無求，則巧利造作的情事也不會發生。在這個脈絡之下「崇本息末」的「息」應當解作止息，「本」仍是「以無爲本」的意思，而「末」則指的是邪淫妄作、偷盜等情事。王弼的看法是，唯有虛掉心知對於相對價值標準的執定，返回生命的素樸，心就不會去執定聖智的價值標準，讓聖智在吾人的心知執取中淪爲僵化、形式化的聖智。此即是《老子》「致虛守靜」的修養工夫，解消吾人心知對相對價值標準的執定，則心就能在世俗的紛擾中澄靜下來，返回吾人生命的本眞，這也就是《老子》所說的「復歸於樸」。由此可知，當「息」解作止息時，「崇本息末」必然涵蘊了工夫論，唯有返回吾人主觀心境中做修養工夫，才能眞正解決邪淫、偷盜等人爲造作，而「道」也就在此主觀心境的虛靜中實現出來。

「崇本息末」也運用在解決政治的問題上，王弼注解〈五十七章〉「以正治國，以奇用兵，以無事取天下」時云：

> 以正治國，則不足以取天下，而以奇用兵也。夫以道治國，崇本以
> 息末；以正治國，立辟以攻末。〔註34〕

以政治法令治理國家，反而會讓人民的心知去執定法令規範，產生更多人爲造作，最後只會導致以奇用兵的結果，這就是「立辟以攻末」。以道治理國家，才能返回於素樸之道以防止奇兵突起，這就是「崇本以息末」。在此脈絡中，「息」解作止息，本仍指的是「無」，「末」指的是奇兵。這段文字是在討論政治的問題，從這裡我們可以看出，政治哲學必定預設了工夫論，因爲《老子》的政治理想唯有透過「致虛守靜」的修養工夫才能實現。《老子》說：「我無爲而民自化，我好靜而民自正，我無事而民自富，我無欲而民自樸」〈五十七章〉王弼在這段話下注云：

> 上之所欲，民從之速也。我之所欲唯無欲，而民亦無欲而自樸也。
> 此四者，崇本以息末也。〔註35〕

想要實現的政治理想，唯有上位者其在主觀心境中做「致虛守靜」的修養工夫，解消心知對相對價值標準的執定，不以嚴刑峻法、嚴苛賦稅干擾人民，則人民自然能自我實現，此即「民自化」、「民自正」、「民自富」、「民自樸」。王弼注文說這四者皆是「崇本以息末」。「無爲」、「好靜」、「無事」、「無欲」都是以無爲本，「末」指的是人民，「息」是實現、存全的意思。在上位者無

〔註34〕 樓宇烈：《王弼集校釋》，頁149。
〔註35〕 樓宇烈：《王弼集校釋》，頁150。

心無爲，不制定嚴刑峻法擾民，人民就能自我實現、豐衣足食；偷盜、奇兵等人爲造作也不會興起，實現百姓的同時，也止息了邪淫妄作情事的發生。由此可知，當「崇本息末」的「息」解作止息時，涵蘊了兩個問題，即工夫論與政治哲學的問題，此兩者皆屬於實踐哲學的問題，因此我們可以說「崇本息末」在此意義之下，具有實踐哲學的意涵。

五、結　論

　　王弼注老乃是採取古典詮釋學的進路，這個特色可從其《老子》注釋方式看出，他是儘可能詳盡的一字一句注解，以求掌握老子的原意。王弼雖然反對「文獻學的詮釋方法」，對於字句的解讀卻是從《老子》的整體脈絡來把握。這也就是說王弼是透過上下文脈來掌握字詞的意義，這便是肯定了透過句子與句子之間關係，能夠掌握《老子》的原意。古典詮釋學所標榜的正是「照原樣」、「照原意」理解，透過部分與整體的關係以掌握作者的原意。然而王弼的《老子注》能否掌握《老子》的原意，乃是另外一個問題，留待日後再來處理。

　　經由本文的分析可知，王弼注釋《老子》的詮釋原則有二，第一個詮釋原則是「道之不可言說性」，《老子》的「道」是無形無象，無法藉由感官知覺來認識，而語言是用以指涉現象界具體的事物，有其分別、界限，所以無法使用有限的語言概念來表達形而上的「道」。然而老子想要傳達其思想仍然必須透過語言，所以他一方面說「道可道，非常道」，另一方面仍然使用語言概念來表述其思想。王弼從語言使用的方式，將語言概念作了「名號」和「稱謂」的區分。「名號」指的是一般用以指涉具體事物的名言；「稱謂」是《老子》用以指稱「道」的特殊語言表達方式，它沒有具體指涉的對象，是出自說話者的主觀要求，以暗示、指點的方式指向「道」。藉由語言的指引，指點吾人返回主觀心境作主體修養的工夫，來體悟道、認識道。「名號」與「稱謂」的區分，表現出王弼「言不盡意」的解經原則，預設了「道」不可以語言表達的立場。

　　第二個詮釋原則是「崇本息末」，王弼是透過「崇本息末」將《老子》了解成爲一個系統。「息」字解爲生息義時，「崇本息末」所涵蘊的是形上學的問題。「本」指的是「無」，而「末」指的是萬物。返回於無沖虛玄德的妙用以實現天地萬物。「息」字解爲「止息」時，「崇本息末」所涵蘊的是實踐哲

學的問題，實踐哲學包含工夫論與政治哲學。在此意義之下，本仍指的是無，末指的是邪淫妄作、偷盜等人爲造作的情事。想要防止邪淫妄作的情事，唯有解消吾人心知對相對標準的執定，返回虛靜、素樸的大道，方能從根本上有效的解決。從詮釋方法上來看，當「息」字解作生息時，王弼「崇本息末」詮釋原則是儒、道之共法。在儒家經典《大學》、《孟子》中已經用「本末」詮釋其學說，《禮記・大學》說：「物有本末，事有終始，知所先後，則近道矣。」《孟子》也有：「君子所性者，仁義禮智根於心」、「失其本心」、「萬物皆備於我，反身則誠」等說法。〔註36〕不同的是，王弼的「本」指的是「無」，儒家的本指的是「仁」。當「息」字解作止息時，「崇本息末」才有《老子》詮釋的特殊性。「見素樸以絕聖智，寡私欲以棄巧利」這類的話頭，是《老子》哲學中特有的，這兩句雖然王弼的詮釋，卻頗符合《老子》「絕聖棄智」、「絕仁棄義」的意旨。「絕」、「棄」不是要否定聖智仁義的價值意涵，而是要解消吾人對聖智仁義標準的執定，如此才能返回聖智仁義眞正的價值。王弼透過「崇本息末」，指出想要否定形式化的聖智仁義，與防止、杜絕因吾人執定聖智仁義的規範、定義而產生的人爲造作問題，唯有返回素樸、虛靜的大道方能達成。因此，王弼是依據「道之不可言說性」與「崇本息末」兩個詮釋原則與古典詮釋學的方法，作爲其注釋《老子》的詮釋原則，並通過「崇本息末」原則建構《老子》的形上學與實踐哲學。

徵引書目

1. 林維杰：《朱熹與經典詮釋》，台北：國立台灣大學出版中心，2008 年 10 月。

2. 林麗眞：《王弼》，台北：東大圖書，2008 年 11 月。

3. 江淑君：〈蘇轍《老子解》義理內蘊探析──兼論「儒道交涉」的老學視域〉，《淡江大學中文學報》第 7 期（2001 年 6 月）。

4. 牟宗三：《才性與玄理》，台北：台灣學生書局，2002 年 8 月。

5. 牟宗三：《中國哲學十九講》，台北：台灣學生書局，1999 年 9 月。

6. 邱黃海：《從「任勢爲治」說的形成論韓非思想的蛻變》，中壢：國立中央大學哲學研究所博士論文，2007 年。

7. 沈清松：《物理之後──形上學的發展》，台北：牛頓出版股份有限公司，

〔註36〕羅翌倫：〈王弼「崇本舉末」與「崇本息末」之辨──以《論》、《老》、《易》的互補觀點出發〉，《東吳哲學學報》，第 17 期，2008 年 2 月，頁 72～73。

1987 年 1 月。

8. 陳榮灼：〈王弼解釋學思想之特質〉，《台大文史哲學報》第 55 期（2001 年 11 月）。

9. 高齡芬：《王弼的老學方法析論》，台北：花木蘭文化出版社，2008 年 9 月。

10. 張鼎國：〈「較好地」還是「不同地」理解？——從詮釋學論爭看經典註疏中的詮釋定位與取向問題〉，《中國文哲研究通訊》第 9 卷第 3 期（1999 年 9 月）。

11. 湯一介：《郭象與魏晉玄學》，北京：北京大學出版社，2009 年 11 月。

12. 樓宇烈：《王弼集校釋》，台北：華正書局，1992 年 12 月。

13. 戴璉璋：《玄智、玄理與文化發展》，台北：中央研究院中國文哲研究所，2002 年。

14. 劉笑敢：〈經典詮釋中的兩種內在定向及其外化——以王弼《老子注》與郭象《莊子注》為例〉，《中國文哲研究集刊》第 26 期（2005 年 3 月）。

附錄二　牟宗三先生對《老子》圓教之判定 [註1]

一、前　言

　　中國哲學儒、道、釋三家各自成一系統，其思想義理不免有互相衝突之處，從中國哲學之發展來看，這三家看似互相排斥卻又互相吸收對方的長處成為自己學派之養料。在魏晉時期，「孔老會通」即成為當時代之重要哲學課題。至宋明儒學興起，對佛老學說更加排斥，然又不免受到佛教與老學之影響，使佛、老二家的學說成為宋明儒學之養料。至牟宗三先生，始藉由圓教之概念以會通儒、道、釋三家義理，認為這三家各有一圓教之型態。然而這三家之圓教型態，何者為最究竟之圓教呢？牟先生以為唯儒家能有道德之創造義，故判儒家為大中至正之圓教。 [註2] 中國哲學與西方哲學相較，缺乏一系統性的論述，而牟先生此一構想對中國哲學體系之建構有非常大的貢獻，亦為中國哲學的現代詮釋開啟一個新的里程碑。

　　圓教的概念是由佛教內部之判教所提出的，所謂「判教」即是佛教各宗為調和佛教內部的不同說法，樹立本門的正統性和權威地位，對先後所出的各種佛經，不論是形式或內容都給予重新的安排與評價，以確立各類經典的地位以及各種說法的意義。 [註3] 圓者，即是圓滿、圓妙、圓實之義，牟先生

〔註 1〕 本文曾發表於發表於第 16 屆國立台灣師範大學國文學系研究生學術論文研討會，2010 年 3 月 27 日。收錄於《思辨集》第 13 期（國立台灣師範大學國文學系研究生學術論文研討會論文集）。
〔註 2〕 牟宗三，《圓善論》（台北：台灣學生書局有限公司，1996 年 4 月），頁 330。
〔註 3〕 王邦雄等著，《中國哲學史》（台北：里仁書局，2006 年 9 月），頁 395。

借用華嚴宗「圓滿無盡」來定義圓教，認爲圓教應包含圓通與圓滿兩層意義。〔註4〕圓教是判教的最究竟義理，以佛之本懷爲出發點，融合佛教內部各種不同的說法，統攝佛教一切經典與教義，建立一個最圓滿、究竟之說法，在此說法之上不能再有諍議。

　　圓教既是佛教中判教的概念，那麼爲何牟先生能以圓教作爲一個型態，給予儒、道、釋三家做一系統性之安排呢？牟先生又是如何建構儒、道、釋三家的圓教論？《老子》哲學爲道家哲學的奠基者，後世《莊子》學說以及黃老思想皆本於此，甚至《荀子》與《韓非子》亦皆受其影響。到了王弼之注《老》、郭象之注《莊》則完成了道家學說的圓教型態，發展出「迹本論」，建構一會通儒道之圓境。由此顯出《老子》哲學之重要性，既然其爲道家學說之奠基者，其後學能以其學說爲基礎開出一個圓教型態，那麼《老子》原典中是否也有一圓融的境界呢？此爲本文所想要探討者，亦是筆者選擇以《老子》爲對象來加以探討的原因。任何一個哲學體系都不是憑空而提出的，必是相應於其所欲解決之問題而發，因此牟先生提出儒、道、釋三家皆有圓教型態，亦是針對他所想要解決、回應的問題而發。所以，在我們討論牟先生如何判定《老子》的圓教問題之前，首先要了解牟先生想要由圓教此一概念去解決甚麼樣的問題？其次，是牟先生判定道家有一圓教型態之準則是甚麼？釐清這兩點，才能了解爲何(why)牟先生判定道家有一圓教的型態，以及牟先生如何(how)說明《老子》有一圓滿之境。

二、圓教涵蘊的哲學問題

　　圓教是佛教方面判教中的一個觀念，而判教判得最盡、解說圓教之所以爲圓教解說得最明確者，則在中國的天台宗。〔註5〕天台圓教是爲了解決甚麼問題而提出的呢？在存有論的問題上，唯識學將成佛的根源依止於阿賴耶識，阿賴耶識是染污的，想要成佛只能依靠後天的見聞薰習，則成佛無必然的保證。所以，唯識學系統的問題是，無法對人如何開出清靜無漏的法界門給出一個合理的說明。另一系統，是如來藏眞常心的系統，認爲人人皆有佛性、法性，此佛性、法性本來清靜。如來藏系統的問題是，既然人之本性是清靜的，人在現

〔註4〕參見牟宗三，《佛性與般若》（台北：台灣學生書局有限公司，2004年6月），頁645。

〔註5〕牟宗三，《圓善論》，頁266。

實上爲甚麼又有染污法的存在？其對染污法亦無法給出一個合理的說明。唯識學系統只能對染污法給出說明，而無法對清靜法給出合理的說明；如來藏系統只能對清靜法給出說明，無法對染污法給出合理的說明，因此這兩者之間就形成了一個無法跨越的障礙，使得這兩個系統無法圓滿起來。

爲了解決這個問題，天台宗從「無住本立一切法」，亦曰「一念無明法性心即具三千世間法」，來對這個問題給出一個圓滿的說明。牟先生說：

> 此一念無明法性心即刹那生滅心，亦曰煩惱心。此一念煩惱心即具三千世間法，即爲法之存在之盡而滿之圓說。此爲不縱不橫玄妙深絕之不思議境。本是一念心具，何以言性具？以無明即法性，法性即無明，圓談法性，非孤調法性，從勝說，故曰性具。〔註6〕

此「一念心」即「一念無明法性心」。一念迷，即是煩惱心、刹那生滅心，即識具三千世間法。一念悟，即是菩提心、自性的眞常心，即智具三千世間法。此即所謂「無明即法性，法性即無明」，無明與法性是相即不離的，因爲無明與法性皆是性具，於我們的一念心中所具有者。天台宗由此建立存有論上的無諍，建立一個圓滿的究竟之圓教。由此可知，天台宗的圓教是爲了解決唯識學與如來藏系統的存有論上之問題所提出的，其從「無住本立一切法」來解決這個問題。

那麼，牟宗三先生借用佛教中的圓教概念，意欲解決甚麼問題呢？甚麼問題是儒、道、釋三家所共有的，而可以通過圓教來予以解決的？上面所述，天台宗之圓教所欲解決的是存有論上的問題，而儒、道、釋三家共同的問題，是否也應屬於存有論上的問題呢？這個問題牟先生不是從中國哲學本身看到的，而是從康德哲學中看到了圓善的問題，認爲康德無法對圓善的問題給出圓滿的解答，因而認爲儒、道、釋三家或可對此問題給出圓滿之解答，而將圓教的架構視爲普遍性的共同模型，分別從儒、道、釋三家中尋找其對圓善問題之解答。我們可進一步的去問，康德哲學中的圓善問題，是一個甚麼樣的問題呢？這個問題可從「德」與「福」於現實上能否一致的問題來展開討論。「德福一致」是一個理想，人在現實上往往「德」與「福」不能一致。「德」是實踐理性之對象，人應依道德法則所發出的無條件的命令而行，去實踐「德」；而幸福亦是人所想要追求者，是人所期望者。問題是，「德」與「福」作爲圓善中兩個成分，在現實人生中常是不能一致的，圓善是實踐理性的對

―――――――――

〔註6〕牟宗三，《圓善論》，頁276～277。

象並是其所追求之終極目的，在現實人生中卻是很難得到的，縱然能得到，也無必然的保證。〔註7〕由以上論述可知，「德」與「福」在現實上能否一致即是圓善所涵蘊的哲學問題。

為甚麼牟先生認為圓教能夠對「德福一致」的哲學課題提出回應呢？因為圓教已蘊含了無限的意義，這種無限是「現實的無限」（actual infinite）。〔註8〕而人在現實上實現「德福一致」，即是現實的無限。「德」、「福」在現實上是很難達成一致的，往往在實踐德的路子上，不能得到幸福，而人總是期望得到幸福，所以希望「德」、「福」能夠一致。而所謂圓教指的是實踐上的圓滿，如何透過實踐使人在現實上達到「德」與「福」之圓滿，此即為圓教之課題。在對「德福一致」問題的回應上，牟先生認為「圓教」與「圓善」是相同的，甚至「圓教」能對此問題給予一個更好的說明。因此，我們可以說圓教即是圓善，人在現實上達到「德福一致」方可謂圓善。

既然，「德」與「福」在現實上是不可能達到一致的，那麼我們要如何保證「德福一致」有實現的可能呢？這時，就必須有一超越之根據，作為「德福一致」所以可能的保證。那麼，此超越之根據是甚麼呢？依牟先生，此超越之根據在康德的的思路即是上帝，在中國儒、道、釋三教則為一「無限的智心」。〔註9〕我們可進一步的問，牟先生認為「無限的智心」作為圓善所以可能之依據的理由何在？既然圓善的問題是「德福一致」如何可能的問題，而「福」的問題是與存在關連在一起，對於存在之所以為存在之根據，則必須有一說明。作為天地萬物所以存在之根據，必然不能是現象界中的事或物，因為現象界中的一切事物均是有限，它們必然落入一個因果關係中。如此，則無法給予存在一個根源性的說明，所以此根據必然是超越於一切現象界的經驗事物之上。必須肯定一「無限存有」來負責存在，上帝之所以能創造萬物，是因為祂的無限智心。〔註10〕是故「無限智心」即是「德福一致」實現的可能依據。既然上帝有無限智心，那麼牟先生為甚麼不以上帝作為「德福一致」可以實現的依據呢？因為，上帝是人格化的無限性的個體存有，是故將此無限的智心人格化而為一個體性存有，這是人的情識作用，是有虛幻

〔註7〕 牟宗三，《圓善論》，頁186。
〔註8〕 牟宗三，《中國哲學十九講》（台北：台灣學生書局，1999年9月），頁325。
〔註9〕 牟宗三，《圓善論》，頁243～244。
〔註10〕 牟宗三，《圓善論》，頁243。

性的。〔註11〕牟先生依此認為，要說明圓善所以為可能，只需要肯定一「無限的智心」即可，不必人格化而為一個體性的無限存有，中國儒、道、釋三教在實踐上都肯定一「無限的智心」，而未涉及人格化的個體性存有，牟先生由此判為圓教，圓者滿也，實踐上的圓滿；實者無虛也，實踐上的無虛。〔註12〕此「無限的智心」在儒家是本心或良知；在道家是道心或玄智；在佛家則為般若智或如來藏自性清靜心。〔註13〕因此，我們可以說此「無限的智心」，即為儒、道、釋三家說明圓善所以可能之超越根據。

儒、道、釋三家的「德」與「福」兩概念要如何了解呢？在探討牟先生如何理解此問題之前，應先說明「圓教」的「教」應當作何理解？為何牟宗三先生認為儒、道亦可稱為教？牟先生說：

> 凡聖人之所說為教，一般言之，凡能啓發人之理性，使人運用其理性從事于道德的實踐，或解脫的實踐，或純淨化或聖潔化其生命之實踐，以達至最高的理想之境者為教。〔註14〕

牟先生認為凡是聖人所說的都可稱之為教，如何才能稱之為聖人呢？所謂的聖人當是指能夠實現或體現「無限的智心」至極致者。儒家以孔、孟為聖人，因他們是真正能在生命中實踐道德的人，且對於仁心、良知有一自覺。因而能開創一大教派，對後學影響頗深，甚至成為整個中國思想之命脈。道家以能夠實踐或體現「道」的人為聖人，「道」是存在於主觀心靈中的一個境界，透過「致虛守靜」的修養工夫，可以讓此境界在吾人主觀心境中顯現，並進而運用至政治與人生上。佛教則以佛為聖人，能體現佛之本懷者。此三家之共同特色，都是能「啓發人之理性，使人運用其理性從事于道德的實踐，或解脫的實踐，或純淨化或聖潔化其生命之實踐，以達至最高的理想之境者」，符合此一定義者方能算得上是教。由此觀之，儒、道、釋三家都可算得上是教，這三家又各自成一系統，然而在這些系統中，儒、道、釋三家如何證成其為一圓滿之系統，這就必須要有一判教。

在中國哲學中，「德」與「福」兩個概念應當如何理解呢？如何說明儒、道、釋三家的哲學中均有對「德福一致」的問題予以回應？這就必須對「德」

〔註11〕牟宗三，《圓善論》，頁244。
〔註12〕牟宗三，《圓善論》，頁244。
〔註13〕牟宗三，《圓善論》，頁255。
〔註14〕牟宗三，《圓善論》，頁267。

與「福」作一定義。牟先生對「德」的解釋是「德者得也」，他說：

> 將某種東西通過實踐而實有諸己謂之『得』。如此得之而純潔化人之
> 感性生命便是『德』。如此，實踐是一種戰鬥，當然需要努力，這表
> 示它是生命底一種超昇。〔註15〕

牟先生以有「得」來定義「德」。甚麼是「得」呢？凡是能通過生命上的實踐
而得之於諸己的就是「得」。這樣的「得」是能夠提升吾人之生命，使吾人之
生命能於感性之上超拔、昇華出來。那麼甚麼是「福」呢？依牟先生，「改善
存在」之期望即是「幸福」之期望。〔註16〕改善存在即是「福」，所以「福」
是關連於存在的。吾人必須肯定存在，才能使成德成為可能，人透過實踐而
成德，也是期望能改善存在。圓教就是使德福一致真實可能之究極圓滿之教。
〔註17〕因此我們可以說，能使「德福一致」成為真實可能的教，就是圓教。
由此可知，圓教所欲解決的問題，是存有論上的問題，即是「德福一致」如
何在現實上成為可能之問題。能解決「德福一致」的問題，才可說是圓滿，
才能達到存有論上的無諍。

三、圓教之判定原則

　　牟先生借用佛教圓教之概念，解決康德哲學中「圓善」的問題，即「德
福一致」在現實上如何可能的問題。將「圓教」視為一具有普遍性的模型，
並以此對儒、道、釋三家進行判教，認為儒、道、釋三家皆有一圓教的型態，
而以儒家為最究竟之圓教。我們的問題是，牟先生是依據甚麼來判定儒、道、
釋三家皆有一圓教之模型？上文所述，佛教圓教的提出，是為了解決存有論
上的問題。而康德哲學中「德福一致」的「福」也是關涉存在，也應當是屬
於存有論的討論範圍。既然牟先生以為圓教能夠解決圓善「德福一致」的問
題，可見圓教是存有論意義上的圓。要如何才能在存有論上成為一圓滿之教
呢？所謂圓教是最圓滿的教，其上不能再有一更高的哲學體系，故圓之所以
為圓者，必須達至無可諍，方能是圓教。圓教既是解決存有論上的問題，所
以必須達至存有論上的無諍，才能算得上是圓教。如何才能達至存有論上的
無諍呢？凡是一個哲學體系的建立，都必須藉由語言文字來表達，然而語言

〔註15〕牟宗三，《圓善論》，頁270。
〔註16〕牟宗三，《圓善論》，頁270。
〔註17〕牟宗三，《圓善論》，頁270～271。

文字皆有其所指涉的具體對象，所以是有限的。若以分別說的方法來論述，則吾人必會執定語言的使用，而無法達至無諍。因此，想要達至存有論上的無諍，必須以非分解的表述方式來建立；而想要表達存有論上的無諍，亦必須透過非分解之方式才能完整的表達出來。前者是在存有論體系上的建立來說，後者則是從言說層次來說。誠如李瑞全先生所言：「圓教之為圓須達至無諍：存有論上無諍，說法上亦無諍。」〔註18〕說法上的無諍，指的是非分解的說。存有論上的無諍與非分解的表述方式應是關聯在一起的，兩者必然是同時出現，否則圓教之模型便無法成立。由此可知，牟先生判定圓教的準則有二，其一是存有論上的無諍；其二則是非分解的進路。

　　何謂非分解的表述方式呢？它跟分解地說有何不同？分解地說，是使用分析的方式來表達，以下定義的方式來說明，透過語言概念對一件事物作一清楚的規定，即是分解地說。非分解地說是詭譎地說、遮顯地說，此是啟發語言或指點語言。〔註19〕這個方式，不是分解的方式，而是一種否定的展示，這種表示法，即是「辯證的詭辭」。〔註20〕甚麼是「辯證的詭辭」呢？「詭」就是奇怪、詭譎，即不正面的對一件事物予以肯定或否定，而是透過看似相對反、互相矛盾的兩個概念，以透顯出一個更高一層的境界，正、反兩面即在此更高的境界中達到統一。此更高的境界在佛教來說是般若，在道家來說是「道」，它是我們真實生命中的智慧，它必須從主體方面，通過存在的實感而被呈現或被展示，這是不能用語言或概念加以分析的。〔註21〕「辯證的詭辭」就是非分解地說，它的功用即在於解消語言概念所帶來的有限性，以指點、啟發的方式來表達那個最高的境界。圓教唯有以非分解的方式來表達，才能成為圓教，才能是無諍。因為分解地說，以分析、下定義的方式去說，即對「般若」、「道」的內容有所規定，我們的心知會去執定語言的使用，這樣一來「般若」和「道」就會離開它無限的整全，在語言的使用中隱退其自身。因為「般若」和「道」不是我們思辯的一個對象，而是需要透過生命的體悟與實踐將之實現出來。所以在表達的方式上，圓教之為圓須以詭譎的方式表示對反面價值之同體而異用，如佛家之「煩惱即菩提」、「生死即涅槃」，

〔註18〕李瑞全，〈龍溪四無句與儒家之圓教義之證成——兼論牟宗三先生對龍溪評價之發展〉，《當代儒學研究》第 6 期，2009 年 7 月，頁 134。
〔註19〕牟宗三，《牟宗三先生全集・名理論・中譯者之言》，頁 18。
〔註20〕牟宗三，《中國哲學十九講》，頁 356。
〔註21〕牟宗三，《中國哲學十九講》，頁 356。

道家之「跡冥圓融」，儒家之「天理人欲，同體而異用，同行而異情」。〔註22〕「即」是詭譎的相即，非分解方式下的「即」義。〔註23〕此即是圓教的表述方式，也是圓教之所以為圓的第二個判斷的準則。

若我們說在現實上達成「德福一致」是圓教所欲解決之問題。那麼，非分解的進路即為圓教的表述方式。下面即以這兩點為核心，進一步說明牟先生如何建構《老子》的圓教模型。

四、《老子》的圓教與圓善

牟先生以非分解的表述方式，為圓教的判準之一。那麼，要判定《老子》是否是圓教，首先應從其表述的方式，是分解地說或非分解地說來作一判斷。首先，我們必須了解《老子》是以甚麼樣的方式來表達其思想學說的？釐清了這個問題之後，我們就可以知道，《老子》的表述方式是屬於分解地說，抑或是非分解地說了。

（一）「正言若反」非分解的表述方式

《老子》的表述方式即是「正言若反」〈七十八章〉。為甚麼我們能以「正言若反」作為《老子》的表述方式呢？甚麼是「正言若反」呢？凡是透過看似相反的字眼或句子，以指向那不可言說的「道」，這樣的表述方式即是「正言若反」。如：「上德不德，是以有德」〈三十八章〉，「不」字不是對「德」的實然價值意涵予以否定，而是解消吾人心知對於「德」之種種限定與規範，以解消只有形式化而無真實內涵的「德」。唯有如此才能使「德」真正的價值意涵得以顯現，這就是「上德」。所以《老子》是透過「不德」這樣看似相反的字詞，要吾人返回主觀心境上做「致虛守靜」的修養工夫，以實現「上德」的真正價值意涵。這個被實踐出來的「上德」具有「道」的特性，它是超越一切仁、義、禮、智德目之上，能夠展現「德」真正價值意涵的「上德」。此即牟先生所說的「辯證的詭辭」，即不正面的說甚麼是德，而是透過作用上否定的方式，以實現德真正的價值意涵，這個被實現出來的德即是道體之呈顯。「上德」與「不德」就在這看似互相矛盾、否定的過程中，互相消融，以達至一個更高的境界，此即是「道」的境界。這就是黑格爾辯證法裡的「否定

〔註22〕李瑞全，〈言非吹也：論莊子之非分解的進路〉，《鵝湖月刊》第 354 期，2004年 12 月，頁 14。
〔註23〕牟宗三，《圓善論》，頁 274。

的否定」、「矛盾的統一」,「正言若反」所展示的是一辯證的歷程。〔註 24〕依牟先生,「正言若反」就是非分解地說。牟先生說:「非分解地說是詭譎地說、遮顯地說,此是啓發語言或指點語言」。〔註 25〕所謂「啓發語言」或「指點語言」,即不以分析、下定義的方式來表達,而是以遮撥的方式,解消心知對於語言概念之執定,以指向、指點那不可說的「道」。《老子》亦是從這非分解的進路,建立其圓教思想。牟先生進一步地說明:

> 詭譎地說者概念無所當,用之即須撥之,撥之以顯示如相之謂也。
> 如「其上不皦,其下不昧,迎之不見其首,隨之不見其後」,即是詭
> 譎地說。凡詭譎地說者是一遮顯之歷程,此一歷程不能成爲構造的
> 平鋪者,因此,它總須詭譎地被棄掉。及其一旦被棄掉,則圓教的
> 圓滿中之如體便圓滿地朗然呈現,此則是一體平鋪,全體是迹,亦
> 全體是冥,即全體是「如」也。一切聖人皆「如」也。〔註 26〕

所謂「詭譎地說」,是指用以表述「道」的語言概念,用上去就要把它解消之,即吾人心知不執定此語言概念,唯有撥掉所使用的語言概念,才能使「道」眞實地、圓滿地體現出來。能使「道」圓滿地體現出來的表述方式就是「詭譎地說」亦即是「非分解地說」。這種表達方式,在《老子》中經常見到,如牟先生所舉的例子〈十四章〉:「其上不皦,其下不昧,迎之不見其首,隨之不見其後」,這幾句話是對道體的形容,《老子》不以分析的方式說明甚麼是「道」,亦不對「道」的內容加以規定,而只是透過「不皦」、「不昧」、「不見其首」、「不見其後」等遮撥的方式來指點「道」。讓用上去的語言概念如「皦」、「昧」等,馬上以否定詞「不」揚棄之。唯有通過「不」的揚棄,才能使「道」的如體圓滿的體現出來,成爲圓教的圓滿之境。

　　牟先生判斷圓教時有一重要的判準,即是「詭譎的相即」,此乃是非分解地說之展現。他在論述佛教的圓教時說:

> 圓教必須依「生死即涅槃,煩惱即菩提」,就「即」字而詭譎地展示
> 之。凡分解地展示者皆不能「即」,亦即皆不能圓。〔註 27〕

故圓不圓根本是即不即的問題。〔註 28〕牟先生將此「即」字作爲圓教的判準,

〔註 24〕牟宗三,《中國哲學十九講》,頁 142。
〔註 25〕牟宗三,《牟宗三先生全集・名理論・中譯者之言》,頁 18。
〔註 26〕牟宗三,《牟宗三先生全集・名理論・中譯者之言》,頁 12。
〔註 27〕牟宗三,《現象與物自身》(台北:學生書局,2004 年 9 月),頁 429。
〔註 28〕牟宗三,《現象與物自身》,頁 428。

因爲它即是非分解地說的表達。「生死」與「涅槃」;「煩惱」與「菩提」是相反的詞語,但是說「生死即涅槃,煩惱即菩提」的時候,雖然它們是兩兩相對的詞語,卻是透過這種看似互相矛盾、互相否定的方式,指向「般若」這個最高的境界。「即」字是詭譎地展示,以這種方式才能表達圓教。那麼,《老子》有沒有「詭譎的相即」呢?我們同樣以「上德不德,是以有德」這句話來看,它雖然沒有「即」字,但所表達的是一種「詭譎的相即」的意思。「上德」與「不德」從字面上看是相反的詞語,但《老子》就是透過這樣看似相反、互相否定的詞語,展示出「詭譎地相即」義。這樣的表達和「生死即涅槃,煩惱即菩提」是一致的,都是透過詞語自身所顯現之矛盾,以指向那個最高的的境界。唯有透過這樣看似互相矛盾、互相否定的方式,才能解消語言的有限性,讓吾人的心知不執定語言概念的使用,返回生命主體做「致虛守靜」的修養工夫,以將「道」給逼顯出來。因此,《老子》中的確是有「詭譎地相即」這樣非分解的表述方式,並以此表述其圓教思想,「道」即是一圓滿之境的展示。〔註29〕

「上德不德,是以有德;下德不失德,是以無德。」不正面的規定甚麼是「德」,僅負面地說甚麼不是「德」,其用意在否定形式化、僵化的德,以保住、成全「德」的眞正價值意涵,此即牟先生所說的「作用的成全」,亦可名之曰「作用的保存」。〔註30〕不正面的對「德」下定義,是不讓吾人在語言的區分中執定概念的使用,唯有不執定甚麼是德,才能將「德」眞正的價值意涵實現出來。因此,我們可以說,道家的圓教是作用上的圓教,它透過主觀心境的「虛」、「靜」,以顯現一個天人合一整全的「道」,所有的天地萬物都在此主觀心境中被成全、被實現。這是在作用上保住一切「德」,亦保住天地萬物之存在,此可曰道家式的圓教中之存有論。〔註31〕由以上所述,我們可知《老子》是以「正言若反」非分解的表述方式建構其圓教型態。

(二)道家式的圓教中之存有論〔註32〕

牟先生判定圓教之兩大標準,一者是以非分解之進路來表達其圓教體系;一者是存有論上的無諍。在上文的論述中,我們已經討論了前者,接下

〔註29〕 牟宗三,《圓善論》,頁280。
〔註30〕 牟宗三,《圓善論》,頁281。
〔註31〕 牟宗三,《圓善論》,頁281。
〔註32〕 牟宗三,《圓善論》,頁281。

來我們要探討的是，《老子》是如何說明存有論之問題，與如何達到存有論上的無諍？這個問題我們可以從〈三十八章〉去尋找：

> 上德不德，是以有德；下德不失德，是以無德。上德無爲而無以爲，
> 下德爲之而有以爲。上仁爲之而無以爲，上義爲之而有以爲，上禮
> 爲之而莫之應，則攘臂而扔之。故失道而後德，失德而後仁，失仁
> 而後義，失義而後禮。夫禮者，忠信之薄而亂之首。前識者，道之
> 華而愚之始。是以大丈夫處其厚，不居其薄；處其實，不居其華。
> 故去彼取此。

「上德不德，是以有德」，不僅是非分解的表述，亦是存有論上的無諍。「上德」與「不德」是「詭譎地相即」關係，「上德」與「不德」本於一心。此心若是虛靜心，就能不執定世俗對於德之種種規範，便能返歸於「德」眞正的價值意涵，此之謂「上德」。此心若是有執有爲的成心，則將世俗之人加諸於「德」的種種標準、規範予以固定，而以爲這些標準、規範就是「德」的眞相，反而無法實現眞正的「德」，此之謂「下德」。是以《老子》接著說：「下德不失德，是以無德。」吾人若執守相對價值標準的「德」而不失，反而無法體現「德」的眞正價值意涵，反而是「無德」了。由此可以看出，《老子》是在作用層上保住「德」眞正的價值意涵。由此可見，《老子》是從作用層上來說明存有，而非是在實有層上說明，故其存有論僅是一姿態。因爲「道」是在沖虛玄德中長養萬物，使萬物自我實現，從作用上保住、實現天地萬物。在主觀心境的沖虛無爲的作用上，給出存有論的說明。《老子》云：「道沖而用之或不盈，淵兮似萬物之宗。」〈四章〉，「道」沖虛無爲，萬物就是在此沖虛無爲中自我實現、自我完成。故《老子》說「似萬物之宗」而不說「道」即是萬物之宗主，乃因「道」僅有一萬物之宗主的姿態，故說「似」。這樣的形上學顯然與儒家的實有型態的形上學不同，牟先生稱《老子》的形上學爲「境界型態的形上學」。〔註33〕所謂「境界型態的形上學」是從主觀心境上去說，這樣的形上學是通過主體修養而實現的，它是一個境界，不是從客觀的存有上講。「道」實現萬物的作用，是通過無心、無爲來實現的，而無心、無爲是我們通過「致虛守靜」的修養工夫所達到的一個境界，它不是客觀實有，純粹是主觀心境的一個彰顯。因此，天地萬物即在此玄智的作用中被實現，此乃牟先生所說的「道家式的圓教中之存有論」。《老子》以「無爲」、「有爲」

〔註33〕牟宗三，《中國哲學十九講》，頁 128～132。

來區分「上德」與「下德」。無心無爲方能體現「德」的眞正價值意涵。無心無爲，而使得仁、義、禮、智等衆德得以被保存，故曰：「無爲而無以爲」。有心有爲，無法回歸「德」眞正的價值意涵，只能是形式化的相對價值標準，人心執定此相對價值標準，而產生人爲造作，故曰：「爲之而有以爲。」

《老子》將「道」判爲最高，乃一圓滿之境。仁、義、禮、智，均爲失道之後的產物。因爲唯有「道」才是無心無爲的圓境，仁、義、禮、智在《老子》只是一形式化的價值標準，仍是有心有爲，有心有爲則有所限定，有限定即無法達到圓滿之境。從此處可知，《老子》亦約略有判教意。〔註34〕從《老子》對仁、義、禮、智之批判看來，他應當是對儒家作一判教。將「道」判爲最高，仁、義、禮、智、忠信等，都是大道廢失之後的產物。除了〈三十八章〉之外，尚有「大道廢，有仁義；慧智出，有大僞；六親不和，有孝慈；國家昏亂，有忠臣。」〈十八章〉；「絕聖棄智，民利百倍；絕仁棄義，民復孝慈；絕巧棄利，盜賊無有。」〈十九章〉亦是對儒家的判教。仁、義、禮、智之所以是大道失廢後的產物，是因爲《老子》認爲仁、義、禮、智是人爲造作出來的，已經不是仁、義、禮、智眞正的價值意涵了，所以《老子》要批判之。人爲造作是有心有爲，有心有爲就有所限，有所限就不圓滿，因此最高的圓境是「道」，唯有「道」才能超越一切的有限，達到存有論上的無諍。

（三）《老子》「德福一致」問題之解決

牟先生是如何說明《老子》哲學對「德福一致」問題的解決呢？萬物能夠自生自長，自我實現是因爲「道」的沖虛玄德無限智心的妙用。「道」是如何實現萬物的呢？在何種意義下可以說「道」生萬物？「道」是以不宰制、不控制來實現萬物，不宰制、不控制萬物，萬物就能自生自長，亦等於是「道」生之了。人若能體現「道」，就可說爲有「玄德」之生命，在此玄德之中，天地萬物（一切自然或一切存在）皆得成全而得自在，此是道家圓滿之境也。〔註35〕牟先生是從「玄德」來說明「德」的意義，由此可解決「德福一致」的問題，他說：

〔註34〕牟宗三先生說：「道家亦約略有判教意，如『失道而後德，失德而後仁，失仁而後義，失義而後禮。夫禮者忠信之薄而亂之首。』（道德經三十八章）。此明有高下之判。最高者爲道。道之所以爲最高以其「法自然」，無爲而無不爲，無爲故無敗（爲者敗之），無執故無失（執者失之）之故也。此明示道爲圓滿之境。」（參見牟宗三，《圓善論》，頁280。）

〔註35〕牟宗三，《圓善論》，頁303。

> 在此圓滿之境中，一切存在皆隨玄德轉，亦即皆在無限智心（玄智）
> 之朗照順通中。無限智心在迹本圓融中而有具體之表現以成玄德，
> 此即爲圓善中「德」之一面（道家意義的德）；而一切存在（迹用）
> 皆隨玄德轉，即無不順適而調暢，此即爲圓善中「福」之一面。故
> 主觀地就生命之「體沖和以通無」而言，即謂之爲「德」；客觀地就
> 「體化合變順物無對」而言，即謂之爲福。此即是「德福一致」之
> 圓善。此時之「一致」不但是德福間外部地說之有相配稱之必然關
> 係，而且根本上內部地說之德之所在即是福之所在。〔註36〕

在「道」所開展的圓滿之境中，一切存在皆在無限智心的朗照中實現其自己。
而此無限智心的具體表現以成玄德，此即圓善中「德」之一面。這個「德」
不是儒家道德的德，而是玄德的意思。所謂「玄德」不是被限定、規定的德，
而是能將「德」眞正的價值意涵實現出來的「德」。而在此玄德之朗現中，一
切存在皆可被保住，所以「無不順適而調暢」，這就是「福」。由此可說明「德
福一致」之關係，「德」與「福」不再是對立的，它們在「沖虛玄德」的朗然
呈現中有了可以被實現的可能。此「德福一致」之實現，是由吾人主觀心境
中朗現「道」沖虛玄德之妙用而被實現。因此我們可說，「德福一致」的問題
必在圓教中才可獲得解決，而「德福一致」亦是圓教所要處理的主要課題。

五、結　論

　　由以上論述可知，牟先生是借用佛教判教中圓教之概念，作爲一普遍的
模型，來對中國哲學中的儒、道、釋三家作一判教，認爲儒、道、釋三家皆
有一圓教的型態。牟先生雖然認爲道家與佛教皆有一圓教之型態，但此兩者
非是最究竟之圓教，因爲道家與佛教接從主觀心境上的圓滿來說圓教，而非
是從客觀的道德實踐處來說。只有儒家有對道德實踐有所說明，因此牟先生
判儒家爲最究竟的圓教。牟先生以爲圓教可以解決康德哲學中的圓善問題，
也就是「德」與「福」在現實上往往無法一致的問題。儒、道、釋三家皆能
回應此一問題，所以「德福一致」的圓善問題，可以透過圓教來予以解決。
而牟先生判定圓教之所以爲圓之準則是：存有論上的無諍與非分解的表述方
式。唯有透過非分解的進路，才能表達存有論上的無諍；想要達到存有論上

〔註36〕牟宗三，《圓善論》，頁 303～304。

的無諍，也必須透過非分解的方式建構其存有論方為可能。所以這兩者必定是關聯在一起的。

《老子》的「正言若反」即是非分解的表達，它對於表述的對象不作正面之肯定或否定，它是以遮撥的方式，來呈顯所要表達的正言。這種表達方式亦可說是「詭譎的相即」。在《老子》中，亦對「德福一致「的問題提供了解答。吾人在主觀心境中體現道，可以讓一切存在皆在吾人的玄德中朗然呈現，此玄德的實現就是「成德」的一面。「玄德」可以純潔化、提升吾人的感性生命，能使生命超拔出來；而「福」的意義則在此「玄德」之朗現中，使一切存在皆調暢順適而呈顯。從「道」所開出的圓滿之境，可以解決「德福一致」在現實上無法實現之問題。因此，《老子》雖然沒有清楚的對圓教給出說明，卻隱然有一圓教之型態。

參考書目

1. 樓宇烈，《王弼集校釋》（台北市：華正書局，1992 年 12 月）。

2. 牟宗三，《圓善論》（台北：台灣學生書局有限公司，1996 年 4 月）。

3. 牟宗三，《佛性與般若》（台北：台灣學生書局有限公司，2004 年 6 月）。

4. 牟宗三，《中國哲學十九講》（台北：台灣學生書局，1999 年 9 月）。

5. 牟宗三，《現象與物自身》（台北：學生書局，2004 年 9 月）。

6. 牟宗三，《才性與玄理》，（台北：台灣學生書局，2002 年 8 月）。

7. 牟宗三，《牟宗三先生全集·名理論》（台北：聯合報系文化基金會出版，2003 年）。

8. 牟宗三，《牟宗三先生全集·智的直覺與中國哲學》（台北：聯合報系文化基金會出版，2003 年）。

9. 王邦雄等著，《中國哲學史》（台北：里仁書局，2006 年 9 月）。

10. 王邦雄，《老子的哲學》（台北：東大圖書，2004 年 8 月）。

11. 李瑞全，〈言非吹也：論莊子之非分解的進路〉，《鵝湖月刊》第 354 期，2004 年 12 月。

12. 李瑞全，〈龍溪四無句與儒家之圓教義之證成——兼論牟宗三先生對龍溪評價之發展〉，《當代儒學研究》第 6 期，2009 年 7 月。

13. 李瑞全，〈中國哲學現代之後的方向與發展：牟宗三先生兩層存有論的意涵〉，《當代儒學研究》第 1 期，2007 年 1 月。

14. 顏國明，《從圓教範型論道家思想之開展》，台北：中國文化大學哲學研究所博士論文，1996 年 10 月。

《老》《莊》生死觀研究

蘇慧萍　著

作者簡介

蘇慧萍，目前為國立高雄師範大學國文研究所博士候選人，並為慈惠醫護管理專科學校專任講師。曾發表：〈阮籍生死觀研究〉、〈嵇康生命觀研究〉、〈論羅欽順的理氣思想〉、〈論《老子指歸》與《老子道德經河上公章句》的天道思想〉、〈《老子道德經河上公章句》的聖人論〉、〈《列子》生命美學的思想〉、〈《莊子》生命美學的思想〉、〈阮籍生命美學的思想〉、〈論《莊子》知識論的思想進路與究竟意義〉等單篇論文。

提　　要

　　德國哲學家馬丁‧海德格曾言：「死，則作為此在藉以向其死亡存在的存在方式的名稱」其「連常人本身也一向已經被規定為向死亡存在了」的死亡理論，誠清楚的說明了，人終會走向死亡，生命的形成，即終向死亡而存在。基於此，筆者欲藉現代的「生死學」觀點，去探索如何讓自我面對死亡，並得善盡而死的安身立命之道，而此生與死的哲學問題上，《老》《莊》所呈現的生死智慧，正彰顯了此一生死問題的深層向度，此深化的哲思，不僅自然的化解了常人對於死亡的恐懼，亦超脫了悅生惡死的拘格，而得自在的悠游於生命深度的無礙境界。首先，本論文試圖以道家《老子》時代憂患意識的深切感受為要，探究其生死思想的中心，誠應回歸於其「道」論的價值統攝，其思想所呈現的生死觀，即是順道自然，並內化成無所強為的涵養為其中心理念，因此聚焦四部份論述：一為踐道原則；二為不道早已；三為養生之道；四為養生效驗；五為養生境界；在「柔弱」、「處下」、「不爭」、「清靜寡欲」、「知止知足」等養生之道基礎上，證成《老子》八項經養生之道而成的效驗——嬰兒、樸、愚、無不為、長生久視、全己利人、新成、無遺身殃。此八項養生的效驗，當能讓吾人體認《老子》生死觀的重心所在，以為何謂生命的逆向思考。繼之，本論文第二部份以《莊子》「道」與「生死」的相應詮解，為本章立論的重點，期會通《莊子》生死觀的真正意涵所在。《莊子》的道論，大體而言，一為客觀的形上實體，一是主觀的心靈實踐，以探究《莊子》的生死觀，重視的是精神與「道」相應而逍遙自任，無所拘限，而能使自我精神臻至真人等最高境界，忘卻生死。《莊子》以精神生命為養生效驗依則所在，而其養生效驗，則可析分為「保持內心的寧靜，不為外境所搖蕩」、「形體與精神，無所勞累與虧損」、「外物無法傷害」、「保身、全生、盡年」、「入於純一境界」、「長生」等項，以為其護養精神生命的實踐成果。最終，本論文的研究目標，就《老子》最終的養生效驗而言，則是依「道」養生，因為善養生者，應能依道修養，與物無爭，並能善於與萬物和處，如是，當能臻至無死地之效驗，並成就《老子》中人格的典範——聖人，此實因聖人整合了既形上而又內在的「道」，根本實現了生命的終極意義。《莊子》所言養生之道，首要於順乎自然之法，因順乎自然，自能保全形軀而無強為之禍，亦因善養自然形軀生命，自能享盡自然天與之壽年，因此藉由「仰天而噓」、「坐忘」等養生方法，以使心靈黜棄聰明，離形去智，與大道相通，忘乎形體而得精神生命的逍遙自在，如是真實悟道，不矜固自我形軀，則能免於形軀之累，而益於精神生命的逍遙自適，因此《莊子》中養生的至高境界，即誠如「至人」、「神人」、「聖人」、「真人」般的逍遙自在，其要旨所在，只是無私無己，超越世俗外在之相，以應無窮之境，如是精神清明無待，自能達致涵養精神生命的超越境界。

目次

第一章　緒　論

第一節　研究動機

　　德國哲學家馬丁・海德格曾言：「死，則作爲此在藉以向其死亡存在的存在方式的名稱」[註1] 其「連常人本身也一向已經被規定爲向死亡存在了」[註2] 的死亡理論，誠清楚的說明了，人終會走向死亡，生命的形成，即終向死亡而存在。個體「生」的存在，亦趨向於「死」的存在，此實存理論觀點的應用，即是每一個個體必定面臨的實存問題；而此「亦生亦死，生死相續」的人生課題，當是身爲現代的人，皆應善解的終極問題。

　　如何面對生與死，[註3] 是作爲生死學的首要課題。而關於生命的意義與

〔註1〕馬丁・海德格著，王慶節、陳嘉映譯：《存在與時間》（臺北：桂冠圖書公司，1994 年 8 月），再版一刷，頁 334。

〔註2〕馬丁・海德格，同註1，頁 342。

〔註3〕就生死存在構造上，吾人所應思考的即是所謂「生」有兩層意義：一者是肉眼可見之時空系統的「生」；另一者則是超肉眼可見時空系統之「生」，在此「死」就只成爲是存在形式轉換的一個過程狀態詞而已。然而我們肯定了存在兩個時空性的「生」，是否也就肯定了兩個時空系的「死」呢？此處先排除永生與永死二種極端性存在樣態；當我們發現「死」只是「生」的表現形式在兩種時空系統間的轉換，對於有生命現象之存有者的動狀詞說明，而對於無生命現象之存有者則應說明爲「毀」或「滅」了。然而，這裡必須對超肉眼可見時空系統之存在時間的終結是否可稱爲「死」作一考察，若是靈魂垂入肉眼可見之世界乃是一般稱爲「輪迴」或「轉世」而不稱爲「死」，其中亦沒有肉眼可見世界之「死」的樣狀，而只是「投胎」、「轉世」的進入點。那麼，在超肉眼可見時空中之「死」就必須界定爲「永死」不再有機會轉世、投胎才可名知爲「死」了，用另一方式說，即是靈魂存有者自身被徹底地解

死亡的思考向度，吾人應著重在：我為什麼一定要生活下去？生活下去究竟有何意義或價值？如無任何意義或價值，則何不自殺，免得拖累我的生命？如說生活有其意義，為何生命又是如此短暫，終究難免一死？死亡本身又有什麼意義？有了死亡，是否就減殺如此短暫的人生意義？還是反能發人深省，體會到生命的可貴？生命的意義與死亡的意義為什麼構成一體兩面互補相成？〔註4〕

　　基於此，筆者欲藉現代的「生死學」觀點，去探索如何讓自我面對死亡，並得善盡而死的安身立命之道，而此生與死的哲學問題上，《老》《莊》所呈現的生死智慧，正彰顯了此一生死問題的深層向度，此深化的哲思，不僅自然的化解了常人對於死亡的恐懼，亦超脫了悅生惡死的拘格，而得自在的悠游於生命深度的無礙境界。現代推展生死學極具成就的傅偉勳曾言：「人人生而平等是死亡學的事實起點，人人必能超克死亡就成為死亡學的理想終點。」〔註5〕因此如何以《老》《莊》的生死智慧，超越對死亡的迷思，誠為筆者研究的動機所在。

第二節　研究範圍

　　在此首要說明本論文的主要範圍，是以《老子》、《莊子》之原文為主，不擬涉及文獻考證，如《老子》、《莊子》二書的真偽、作者、分篇、版本等問題。故本論文在思想義理上所提及的《老子》、《莊子》部分，即是以其整體文本為主，並以書名號代表。此外於本論文中，將援引現代生死學的理論，並借重此一方面研究專家的精闢見解，以及歷代學者研究《老》《莊》的洞澈論述及相關討論，以期能深化吾人對生死的認知。

第三節　研究目的

　　人類既有生死，而人類的文化應是不朽。〔註6〕在生死的文化中，「生死

　　　　離而成為非存在才是超肉眼可見時空的「死」了。請參看歐崇敬：〈哲學、生死與宗教國際學術研討會——生死構造的哲學省察〉《生死學研究通訊》（嘉義：南華大學人文學院生死學研究所，1998 年 3 月），頁 18。

〔註 4〕　傅偉勳：《死亡的尊嚴與生命的尊嚴——從臨終精神醫學到現代生死學》（臺北：正中書局，1998 年 11 月），臺五版第七次印行，頁 179。

〔註 5〕　傅偉勳，同註 4，頁 3。

〔註 6〕　持續的死亡危機——縱使它滑進我們潛意識最幽深的角落裡，我們一樣知道

學」雖然是透過學科整合而發展的，但依然落在分門別類的學科中。落在學科中的生死學，實無從反省自身成立的分際，因此就必須藉由「哲學（的）生死學」（the philosophical biothanatology）來提供反省基礎，換言之，生死學是依哲學生死學而成立，然而後者則又依自身的「生死哲學」而成立。〔註7〕而生死學的深度，即在於對本然實存的生死議題，賦予終極的領悟與超脫，這亦是筆者欲結合《老》《莊》生死觀與生死哲學的立意所在。「柏拉圖在其《斐多篇》給哲學家下了一個定義：哲學家懂得一種最偉大、最困難的藝術，即懂得如何去死。」〔註8〕因此，如何體認生命的本眞，並進而領悟死亡的超越，〔註9〕誠是人生哲學中超克生死觀，亦是越度生死教育的深層思想，此亦是筆者研究《老》《莊》生死觀的哲學目的所在。

此危機的存在──是文化的基礎。正如 Simmel 所言，死亡的認知猶如一股神力，把生命與生命內涵橇離開來。這股神力允許生命內含「客觀化」：替生命內含注射疫苗，好讓它不受生命漂浮短暫所侵害，好讓生命內含強過生命本身，簡單說就是，生命內含不朽，生命卻必朽。生命屬於時間，但它的價值卻外在於時間，根據此一道理，文化成就便可以累積。請參看齊格蒙・包曼著，陳正國譯：《生與死的雙重變奏──人類生命策略的社會學詮釋》（臺北：東大圖書，1997 年 4 月），初版，頁 49。

〔註7〕　蔡瑞霖：《宗教哲學與生死學》（嘉義：南華管理學院，1999 年 4 月），初版，頁 256。

〔註8〕　恩斯特・卡西爾著，范進、楊君游、柯錦華譯：《國家的神話》（臺北：桂冠圖書，1994 年 4 月），初版，頁 49。

〔註9〕　所謂「超越死亡」，意指：（1）能坦然地面對死亡，在心理上不畏懼死，從而享有生的歡欣和死的尊嚴（2）可以正常地深思有關死亡的各類問題，爲面對他人，尤其是自我生命的終點作好心理與生理上的準備（3）可以把對死亡的認識轉化爲人之生活過程與生命進程的動力，將死亡觀轉化爲規劃人生的資源和促進人生發展的動力機制。請參看鄭曉江：《超越死亡》（臺北：正中書局，19994 年 12 月），第二次印行，頁 167。

第二章　現代生死學

　　自古至今，生死問題，始終存在於眾人生與死遞嬗的無數經驗中；然而身居現代的我們，在面對自我的生死時，有系統的生死理論，實能讓自我更清楚的面對生死問題，此亦是「現代生死學」發展的重要目的。因此，本章擬將現代生死學析分為「現代生死學的起源、發展與種類」、「生命倫理學」、「死亡學」三部分，以說明生死學的現況與觀點，並透過現代生死學的說明，以了解現代生死學所探究的內涵為何，此亦為本章說明的重心所在。

第一節　現代生死學的起源、發展與分類

一、現代生死學的起源

　　何謂「生死學」？所謂「生死學」，是傅偉勳於一九九三年於《死亡的尊嚴與生命的尊嚴》一書中所創。〔註1〕而細究「生死學」這門學問的起源，應是肇始於三十年前美國的「死亡學」（Thanatology），其探索的核心課題，若以精神醫學暨死亡學專家庫布勒‧羅斯（Elizabeth Kubler-Ross）的語辭來說，就是「（生命）成長的最後階段」（the final stage of growth）。而「死亡學」的出現乃是因為當時美國的行為科學家發現多數的美國人無法正視死亡，平和善終，便起而提倡死亡覺醒運動（Death awareness movement），該運動適時地

〔註1〕　另有「生死學」是法國生物學家 Elie Metchnikoff 在 1903 年初次提出之說法。請參看尉遲淦：《生死學概論》中，鈕則誠：〈生命倫理學〉（臺北：五南圖書出版有限公司，2000 年 3 月），一版一刷，頁 39。

與興起於英國的臨終關懷運動（Hospice movement）相互呼應，於是開展出死亡學的主要內涵：死亡教育、臨終關懷、悲傷輔導等。〔註2〕因此，所謂的「死亡學」，可以分析為：（1）死亡學是研究有關臨終者身心照顧的學問（2）死亡學亦是研究有關臨終者家屬身心照顧的學問，透過這兩點分析，我們可了解「死亡學」是在教導臨終者如何正視死亡，臨終者家屬如何面對臨終者的死亡。〔註3〕然而傅偉勳認為生命的意義必須假定死亡的意義，才會彰顯它的終極深意，反之亦然，如說孔子所云「未知生，焉知死。」（《論語‧先進》），有見於「生」而無見於「死」，固屬一偏之見；死亡學有的偏重「死」而忽略「生」，亦屬一偏之見。因此，我們必須結合「生」與「死」，將生、死問題的學理探討一時並了，而讓死亡學在現代生死學的研究領域，發揮它的學理功能與真實意義。〔註4〕因此，傅偉勳主張的生死觀念，實括涵了現代「生死學」全方位的生命開展。

二、現代生死學的發展

如今，近二十年現代文明思潮的發展，即是反歸於省思自我生死的真相，生死問題成了人存在的真實，故如何善生，尤其如何善死，實為現今人類智慧必要解決的問題。

自傅偉勳提倡「生死學」一詞之後，在楊國樞的主導下，首度在臺大開設有關生死教育的通識課程。自此以後，生死學不但在台灣各大學院校成為通識課程的熱門科目，也成為社會中的熱門話題，同時學術界也進行不少相關的研討。其中佛光大學南華管理學院於民國八十五年正式籌備國內第一個生死學研究所，民國八十六年八月正式招生，至此「生死學」不但成為國內通識教育課程之一，亦正式成為教育體制的一環。〔註5〕生死大事是人生的必修課題，雖然「生死學」在國內發展的歷史尚未滿十年，然而客觀地說，作為科技整合的生死學研究，還未成為一個十分成熟的學科領域，換言之，「生

〔註2〕 林綺雲：《生死學》（臺北：洪葉文化事業有限公司，2000年7月），一版一刷，頁28。

〔註3〕 尉遲淦：〈生死學與通識教育〉《通識教育季刊》（臺北：通識教育季刊社，1998年9月），第5卷第3期，頁48。

〔註4〕 傅偉勳：《死亡的尊嚴與生命的尊嚴——從臨終精神醫學到現代生死學》（臺北：正中書局，1998年11月），臺五版第七次印行，頁178。

〔註5〕 尉遲淦，同註3，頁46。

死學」的學科主體性尚在建構當中，也正因爲如此，「生死學」沒有許多傳統學科的門戶壁壘與窠臼包袱，故其可開展與發揮的空間甚爲廣大。〔註6〕因此，藉由一般社會大眾對於生死的課題，由恐懼與避諱，經迷思與好奇，到積極參與探索及熱烈討論的生死關懷，實有益於現代生死學的整合發展。

三、現代生死學的分類

現代生死學的種類，〔註7〕筆者採用林綺雲《生死學》中綜合傳偉勳、葉海煙、蔡瑞霖等學者所分的生死學種類，〔註8〕加以說明：

（一）學問的生命：學術探討或理論建構

1、死亡相關疾病的研究與死亡界說的界定。

2、臨終或死亡的人際關係與精神狀態。

3、不同年齡層的死亡概念或心理發展知識。

4、悲傷或創傷輔導與治療的模式。

5、對死亡專業人員或組織的研究。

6、死亡與宗教或哲學的關連性問題。

7、死亡禮俗或儀式。

8、死亡教育。

9、死亡倫理與法律。

10、死亡的文學、藝術。

11、天災、人禍的集體死亡。

因此，「生死學」種類中的「學問的生命」部分，即重視關涉於生死的學術探討與理論架構，以爲了解有關生死現象的學術理論，並與以探究此二者學術理論的意涵所在。

〔註6〕　慧開法師：〈現代生死學之建構與展望〉《生死學通訊》（嘉義：南華大學人文學院生死學研究所，2002年1月），第6期。慧開法師亦提及南華大學生死學研究所的宗旨，亦即現代生死學的主要發展面向：（1）生命哲學、生死關懷之探索與生死禮俗文化之研究（2）生死教育與生命教育之奠基與推廣（3）生死、醫療、安養與社會福利等政策及法規之研究。同本註。

〔註7〕　如傳偉勳所言：「學問的生命」與「生命的學問」。所謂「學問的生命」，即是「指涉純粹客觀的學術探討或理論建構」；「生命的學問」，即是「特指我們實存主體性的生命體驗與探索及其哲理深化」。請參看傅偉勳：《學問的生命與生命的學問》（臺北：正中書局，1998年11月），第三次印行，頁5。

〔註8〕　林綺雲，同註2，頁30。

（二）生命的學問：實存或實務的關懷

所謂生命的學問，也就是生死學作爲應用科學的面向，對人類生命或臨終的實務關懷。此階段的學問也有必要從科技整合的宏觀角度把生死學聯貫到醫學（精神醫學、精神治療等）、哲學、宗教與一般科學（人類學、心理學、社會學等），以達到藉此學問協助人們自然接受死亡而能保持死亡尊嚴的實踐性意義。

換言之，「生命的學問」重視的是有關生死的實務關懷，尤其當疾病與死亡，正實然的呈現於生活當中時。因此，如何接受生命的自然死亡與維護生命的眞正尊嚴，即是關懷生命當下的實際性意義。

第二節　生命倫理學

何謂生命？其概念很難準確定義，然而在人類直覺中很容易發現生命的三個基本特質：第一，與其餘個體密切關聯，吸引、交往或相反排斥；第二，一個內在的完整結構，有系統的整體，是一個生物；第三，通過不斷努力的自我超越以達到更高形式的自我實現與自我改造。〔註9〕而生死學的重要內容之一即是「生命倫理學」，「生命倫理學」是一門科際學科，雖然「生命倫理學」形成之初，關心的是人類生存和改善生活品質等問題，但後來逐漸轉變爲處理醫療、生物、環境、人口等方面道德問題的學科，其所用以做爲學理基礎的，則是哲學、〔註10〕宗教方面的人文學術觀點，即是以人文學術向自然與社會科學知識整合。由於「生命倫理學」中的人文學術成分較重，所以有學者把它和人文學統合成一體，目的是爲了改善人類處境，因此把醫學倫理學、衛生保健倫理學、環境倫理學、研究倫理學、醫學哲學、醫學文學都納入「生命倫理學與人文學」中，〔註11〕Kopelman 揭櫫了十五項中心議題：有關健康、疾病的觀念，死亡與臨終，遺傳測試、篩檢和新技術，自主活動

〔註9〕 陶在樸：《理論生死學》（臺北：五南圖書，1999 年 9 月），初版一刷，頁13。

〔註10〕「生命倫理學」中，就生死教育的實施原則，我們眞正能夠在學校探討生死的途徑其實只有兩條：（一）理性的哲學途徑，主要是引發學生對問題主動思考、質疑、批判、詮釋，再深入質疑批判、層層推演的思辯過程。（二）感性的藝術之路：通過對藝術作品的鑑賞去體悟生死。請參看洪如玉：〈存在哲學取向的生死教育〉，《中等教育》（臺北：國立臺灣師範大學，2000 年 8 月），第 51 卷第 4 期，頁 92。

〔註11〕尉遲淦，同註 1 中，鈕則誠：〈生命倫理學〉，頁 40。

與自我決定的能力，人的位格、日漸衰弱的人以及生命品質，全球與環境的衛生，生殖和母親與胎兒的關係（包括墮胎），爲無行爲能力者作決定，研究設計、臨床檢測、研究者與其對象的關係、當前研究綱領、國際合作研究等，醫藥衛生研究中的隱私和保密，專業職責、價值、目標、規章、誓言和盟約，專業關係中的忠實、眞誠和信任，對有或無行爲能力者進行研究與治療時的知情同意，健康科學中的說明、確證和決策的模式，衛生保健的資源配置、照護管理和服務提供。〔註12〕

而就「生命倫理」的內在省思，其所探討的乃是與人類及動物生命、生活、生存攸關的道德抉擇問題，它並非超越時空的道德教訓，而是無逃於天地之間的倫理反思與實踐；所觸碰到生、老、病、死諸層面，主要涉及人在面對這些層面的存在情境（existential situation）。〔註13〕這些層面的存在情境，可以析分爲三部分：「兩性之愛」以「性別」（gender）的愛爲中心議題；「人倫之愛」環繞在「親代」（generation）的愛上；「生命大愛」則是對「全體人類」（all human being）的愛之充擴發皇。〔註14〕而「生命倫理學」所關涉的倫理反思與實踐問題，即是「兩性之愛」、「人倫之愛」、而至「生命大愛」的相互關懷與實踐。如此，透過生命倫理的省思關懷，生命的眞義則得彰顯，此即實踐生命品質的依則所在，亦是充實生死學內涵的另一貢獻。

第三節　死亡學

死亡，〔註15〕其所以成爲人類恐懼之因，實是對自我現存的依戀與自我

〔註12〕同註11，Kopelman, L.M.（1998）. Bioethics and humanities：What makes us one field？ *The Journal of Medicine and Philosophy*，23（4），356－368。

〔註13〕鈕則誠，同註11，頁39。

〔註14〕蔡瑞霖：《宗教哲學與生死學——一種對比哲學觀點的嘗試》（嘉義：南華管理學院，1999年4月），初版，頁256。

〔註15〕各種有關死亡的分類，可歸納爲：（一）生物學即醫學死亡：包括各種生物性的身體機能、臟器、器官及所有生命系統的永久的、不可逆的停止功能（二）心智或社會性死亡：指人類有意義生命的消失、已經沒有思想、沒有感覺之謂（三）法律死亡：即根據法律條文所斷定者（四）病理死亡即異常或非病死：前者指因疾病導致生理死者；後者則爲外力因素致死者。請參看張淑美：《死亡學與死亡教育——國中生之死亡概念、死亡態度、死亡教育態度及其相關因素之研究》（高雄：復文圖書出版社，1996年3月），初版一刷，頁16。而何謂死亡？其定義可就法律、社會、心理之不同層面探討，而法律上的死亡判決，仍需靠醫學上的死亡定義作依據。根據中華民國七十七年十一

形軀消亡後的未知。〔註16〕尤其就個體死亡問題而言，現代人確實遠較古人或傳統社會的人們更感受到孤離無依，亦會感到面臨自己的死亡問題，包括最親近的家人在內的任何他者，都無法取代絕症病人，在精神上為他解決問題，全然只有「自我承擔」；著名的精神醫學與死亡學專家庫布勒‧羅斯於其暢銷名著《死亡與臨終》首章說道：「一件最重要的事是，今天的死亡過程在許多方面都是更為可怕而令人厭惡的，就是說，更是孤單、機械化以及非人化。……死亡過程變成孤離而又無人情味，乃是由於（絕症）患者被迫從自己熟悉的環境運出，而匆匆忙忙送到急診所的緣故。」〔註17〕工業社會面對死亡之非人化方式，實顯其個人面對死亡特有的孤離感，因此，如何讓臨終者與臨終者家屬在面對死亡時擁有應有的死亡尊嚴，實是死亡學所重視的課題。

根據美國學會的研究，所謂的死亡學可界定為「一門科學，其焦點係針對生命受到威脅的人提供身體和情緒上的支持性照顧，並對家屬的安頓表現同等的關懷。所提出的則是一種落實照顧的理念，用以增強另類促進生活品質的方式，引介涉入各種情緒狀態的方法，且在瀕死歷程以及分離、失落、死別、悲慟等問題上培養出更為成熟的了解」。〔註18〕因此，了解「死亡學」對於臨終者與臨終者家屬身心關懷的重要，從而析分出面對死亡所應重視的課題：「死亡教育」、「臨終關懷與安寧療護」、「悲傷輔導」、「殯葬管理」等四項課題，以下即是這些課題說明的部分。

月二十三日行政院衛生署衛署醫字第七六三一九九號公告修正表格一、二、三，其對於「腦死」判定程序有所規範。

〔註16〕在面對自我將死的心理反應，庫布勒‧羅斯以兩年時間訪談約四百名絕症病患，發現可歸納為五個主要階段：（1）震驚與否認：「不可能是我，你們弄錯了！」、「不，那不是真的！」。（2）憤怒：「為什麼是我！」，這種反應可能針對醫護人員、上帝及家屬，病人會怨天尤人。（3）討價還價：心中祈求奇蹟出現，明顯的反應：「神啊！我如能病癒，以後一定要循規蹈矩做事」。（4）憂鬱：經過前述幾個階段後，發現事實已經明顯，面對殘酷的事實，就感到悲傷、畏縮、哭泣、意志消沉。明顯的反應是：「啊！是的！就是我」。（5）接受：「我已準備好了！」，病人這時才心平氣和地接受事實，面對死亡。而後續學者發現五階段出現的順序與時間並無一定規律，可能同時發生或重覆；雖此階段論也引起諸多批評與修正，但其理論仍深具影響力。請參看張淑美，同註15中，Elizabeth Kubler-Ross：《論死亡與臨終》，頁19。

〔註17〕傅偉勳，同註4，頁5。

〔註18〕鈕則誠：〈從科學學觀點考察生死學與應用倫理學的關聯〉《應用倫理學區域會議》（中壢：國立中央大學文學院哲學研究所，1997年6月），頁3。

一、死亡教育

（一）定　義〔註19〕

所謂「死亡教育」，係指探究死亡、瀕死與生命關係的歷程，能增進吾人醒覺生命意義，並提供吾人檢視死亡的眞實性及其在人生當中所扮演的角色與重要性。其目的在於幫助吾人以虔誠、理解及莊嚴的態度面對死亡及死亡的準備。其實施應是具目標性的正式或非正式的死亡相關主題的教育活動。其宗旨在於使人掌握健康而積極的生命觀，以創造積極而有意義的人生。

（二）重要性〔註20〕

1、幫助人們面對自己的死亡，個人可以使用有效的問題解決技術與處理策略，以處理內在的衝突與對死亡的恐懼。

2、日常生活中的音樂、藝術、文學，對死亡的描寫、宣洩，以及媒體對死亡的大肆報導、渲染，而成人對死亡卻又噤口不言，更需透過死亡教育使我們正視這些衝突的訊息，而以較健康、正常的觀點來從死論生。

3、因爲死亡宣告一個人生命的結束，透過思考死亡，可以協助吾人去評價自己的生活，進而鼓勵吾人培養出提昇健康與幸福的生活型態。

4、協助專業或非專業（包括家屬）的照護者，能夠覺得很坦然地給臨終病人及居喪者提供合宜的情緒支持。

5、幫助一般對死亡與瀕死毫無所知的門外漢了解有關的術語、主題及趨勢。

6、幫助吾人可以公開地爲自己的死亡作準備：如何預立遺囑、宣告自己將來希望選擇什麼喪葬儀式、遺體要如何處理。

（三）目　標〔註21〕

1、使兒童及青年了解有關死亡及瀕死等方面的基本事實。

2、使個人能獲得有關醫學及葬儀等方面的知識及訊息。

3、幫助個人澄清社會上及倫理上的醫些有關於死亡的主題。

4、使兒童及青年能坦然面對重要他人以及自己的死亡，進而能有效地處

〔註19〕張淑美，同註15，頁64。
〔註20〕張淑美，同註15，頁65。
〔註21〕張淑美，同註15，頁66。

理這些死亡事件。

5、透過審慮個人的價值及先後緩急的人生目標，以增進生活的品質並提昇生命的意義。

因此，吾人當透過「死亡教育」，以了解何謂死亡的意義、如何死別和哀悼、如何向兒童解釋死亡、及如何為死亡預作準備，並能了解器官捐贈和移植、死亡及瀕死的歷程、傳統喪葬的變遷、追悼儀式、兒童文學中對死亡的描述等主題，以為對於「死亡」的全然準備。

二、臨終關懷與安寧療護

（一）臨終關懷

從古至今，人類從未逃離過死亡的命運，因此，人類必會面臨自己或他人的臨終，如果臨終是人類必須面對的事情，那麼在人們感同身受的體會下，我們很容易就會有所謂的「臨終關懷」。然而現代社會型態與醫療體系已異於前，其緣由實因以下三點原因：〔註22〕

1、臨終場所的改變——從過去的家庭轉成現在的醫院與養老院。

2、醫療性質與功能的改變——過去的醫療居於輔助地位，對於瀕臨死亡的病人只能順其自然，現在的醫療不僅居於主導地位，還能延長瀕臨死亡病人的生命。

3、死亡的法制化與醫療化——從死亡的片面管制到醫療的全面介入。

而「臨終關懷」的意義可界定為在尊重個體需求的情形下，主動提供照顧，關心個體即將到達死亡的過程與協助解決身、心、靈與社會各個層面相關的衍生問題；其中，這種過程無論在形式上是漸進的或立即的；在時間上是較長的或短暫的；在原因是自然的、意外的或疾病的，最終都使個體的生理機能、心理活動、精神意識或社會功能進入終止的狀態。〔註23〕

（二）安寧療護

以上對於臨終關懷的界定，不但可以把臨終關懷的主要精神表達出來，也可以涵蓋安寧療護的意義，因為安寧療護的意義是對現代臨終關懷的一種醫療制度是的表達，這種表達可明顯見之於安寧療護的定義中，安寧療護就如同「安

〔註22〕尉遲淦，同註1，頁87。
〔註23〕尉遲淦，同註1，頁91。

寧照顧基金會」宣導所強調的，癌症末期不等於痛苦煎熬，而是針對癌症末期各種不適症狀進行緩和醫療，尤其是在疼痛控制上能做到讓患者維持「無痛」的安寧境界，透過團隊的服務達到身心靈的平安，其目的是希望透過專業的照護，讓患者能維持良好的生活品質。因此，專業照護的重點從治癒轉為照顧，不再一意的只以「救活」病人或延長其性命為唯一的原則，而是加入了許多對人的尊重、對生命全方位的思考。〔註24〕成功大學護理系副教授趙可式說明過去我國的法令規定病人病危時，要急救半個小時才可以，她回憶二十年前幫一位肝癌末期病人急救的過程中，病人的凝血狀況很差，血從病人腹部的洞口流出，流了一床，急救三十分鐘之後，病人宣告急救無效死亡，那時病人的肋骨被壓斷了，肝臟爛的像稀飯一樣，像這樣的急救過程中，原本就是末期的病人，死前還要忍受這樣的痛苦，實是毫無生命的尊嚴可言；反觀現在安寧病房中的病人就活的很有尊嚴，例如有一位肺癌病人，在其他醫院住院三個月都不能躺，整天坐著，導致尾椎都爛掉了，然而到了安寧病房，用了一些藥物和技巧，使得病人能平躺下來，這位病人講了一句話：「我現在已經心滿意足了。」這樣不同的生命尊嚴，實是更加說明了「安寧療護」的推動實能幫助病人能夠有尊嚴的死亡，並且在生命的最後能夠活的更有品質。〔註25〕

而「安寧療護」是一個以家庭為中心的照顧模式，為要協助慢性病患者在其臨終時期，仍能舒適地維持滿意的生活方式，而善終服務（即安寧療護）是一個多元性的專業訓練隊伍，其工作包括：家居探訪、專業醫療援助、隨時傳召服務、生理上之照顧及對病者家屬情緒上的支持指導。〔註26〕實際上，安寧療護的照顧模式並非只限於安寧病房，還有居家照顧及日間照顧的方式，端賴患者及其家庭的需要及照護團體所能提供的資源而定；因此安寧療護的主要精神不在於住安寧病房或蓋安寧病房，而是對人的尊重、對生命的尊重與珍惜，〔註27〕這即是「安寧療護」的精神所在。

三、悲傷輔導

生離死別，是人生不可避免的深刻體驗，而我們卻對生命中因失落而產

〔註24〕林綺雲，同註2，頁431。
〔註25〕趙可式：〈且讓生死兩相安〉《生死學通訊》（嘉義：南華大學人文學院生死學研究所，2001年7月），第5期。
〔註26〕尉遲淦，同註1，頁92。
〔註27〕林綺雲，同註2中，林慧珍：〈器官捐贈與安寧療護〉，頁432。

生的悲傷未及了解。因此,「悲傷輔導」的意義,誠為化解心靈失落的悲傷,並能讓悲喪者化悲傷為力量,以順利重拾更積極成長的人生。

而當人們面對至親的喪亡時,其呈現的悲傷反應,可以兒童及成人為說明:

(一)兒童對於親人死亡所呈現的反應 [註28]

1、否認:兒童之所以否認喪親,並非他們不關心,而是他們不懂如何處理自己的罪惡感。

2、孤立和退縮:當兒童察覺成人對死亡的反應是痛苦的,因此選擇孤立退縮,以逃避此情緒創傷。

3、生理障礙:兒童喪親的焦慮顯現於身體的症狀,如倦怠、作惡夢等。

4、罪惡感:兒童害怕是否因自己做了不對的事而造成親人的死亡,並後悔未能在死者生前表達其對死者的感情。

5、敵意:兒童一方面生氣死者離開他們,另一方面敵視其他人沒有預防死亡的發生。

6、取代:兒童會尋找其他人來代替死者在他們生活中所扮演的角色。

7、恐懼與驚慌:兒童會害怕親人死亡後,沒有人關心照顧他們。

(二)成人對於喪親所呈現的悲傷過程 [註29]

1、震驚:突然獲悉親人至親死亡時,心中極感震驚,並且可能會不願或拒絕相信事實。

2、解組:在震驚過後,可能有不知所措的心態,而無法做出理性的抉擇。

3、反覆無常的情緒:喪親友者,其對死者除了感到氣憤、怨恨外,自己亦會出現無助、痛苦和挫折之感。

4、罪惡感:面對親友的死亡,會後悔未能在死者生前好好善待之,甚至覺得自己應該為死者的死亡負責任。

5、失落與孤單:例如空的床位、留下來的照片及物件,都會令人難以適應。

6、解脫:認清逝者已逝,尤其是服侍一位臨終病人後,此對於死者本人及服侍的家屬而言,均是一種解脫。

〔註28〕張淑美,同註15,頁19。
〔註29〕張淑美,同註15,頁21。

7、重組：失去親友者重新尋找生活的方向，準備過新的日子，這重組的
　　過程是漸進的。

　　因此，對於悲傷者的輔導，〔註30〕首重於其對自我的調適。例如在身體層面的自我調適，應讓悲傷者了解照顧自我的健康爲要，並可設定生活規律的目標、與醫生坦然的說明自己的悲傷情緒及避免使用非經醫生建議的藥物或酒精來鎮定自己等；在心理層面的自我調適，例如可閱讀有關悲傷主題的書籍、找尋信任的人傾訴、接受他人給予我們的正向回饋或鼓勵、適時尋求他人協助、給予自己隨時隨地的自我增強、每天寫下自己完成的好事情、保存自己的日記並記錄自己的感受、寫封對逝者思念的信、決定自己未來的人生規劃、盡情的哭並尊重自己的悲傷方式、原諒自己、與親友一起至墓園看看去世的親人、參與支持團體等並重拾自己曾經喜歡從事的活動等；在心靈精神層面的自我調適，即參與宗教信仰或閱讀有關生死方面的哲理書籍等；在社會層面的自我調適上，主動多與友善積極的人在一起，並主動參與社交活動，與學習新事物等。〔註31〕如此透過對「悲傷輔導」的了解，除了有助於自我對於喪親悲傷的因應處理之外，亦能適切的幫助周遭親友走出悲傷的痛苦。

四、殯葬管理

　　所謂殯葬處，是人生最後一個階段的安置所；然而臺灣的殯葬文化所表現的種種問題，即是厚葬是被過度地世俗化、商業化，像五子哭墓、孝女花車、在馬路邊搭違建作喪事影響居民生活、奢華的喪事排場，以及講究帝王氣勢的墳墓，在在顯示臺灣的殯葬文化急待改良；並且有些葬儀社如同雜貨

〔註30〕蔡昌雄在〈從心理治療範型論死亡悲傷輔導論題與範疇的澄清〉一文中，
　　　　針對佛洛伊德、榮格與森田三種心理治療範型說明三者之特色：（一）佛洛
　　　　伊德的死亡本能說，顯然是把屬實心理範疇的死亡焦慮，視爲受到生理範
　　　　疇的本能，以及個人過去的身心發展所制約。（二）死亡在榮格的解釋體系
　　　　中，被看成是浮現自深層集體無意識心靈中的原型象徵，它召喚個人朝向
　　　　更完整的大我生命律動，以此完成心靈賦予人生的目的論價值。（三）依森
　　　　田之見，人無需爲情感負責，只需爲行動負責，這表示我們對死亡的焦慮，
　　　　乃是來自我們對死亡既成事實的無法接受，在意識層次形成過度的反思，
　　　　而此一過度的反思遂形成心靈能量的糾葛，並造成病態的心理問題。請參
　　　　看蔡昌雄：〈從心理治療範型論死亡悲傷輔導論題與範疇的澄清〉，《生死學
　　　　研究通訊》，（嘉義：南華大學人文學院生死學研究所，1999 年 12 月），創
　　　　刊號。
〔註31〕參考整理同註 2 中，李佩怡：〈悲傷之自我調適與基本助人技巧〉，頁 351。

店，殯儀館外觀陰森恐怖，喪禮之進行仿如市場叫賣，而市郊的公墓幾可用「亂葬崗」來形容，公墓胡亂開發同時也破壞了生態環境。〔註32〕因此如何轉化殯葬的消極文化進而實現生命積極的完滿善終思想，實是高品質、人性化的殯葬文化。

　　而如何建構一個優質的殯葬文化，在政府方面，應推動完善政策與法令，並監督業者，因此建議政府應與產、學兩界合作，與產業界共同研究如何提供更完善的殯葬設施，並鼓勵產業界投資建設殯葬設施以減輕政府負擔；而政府本身更應將殯葬設施的永續發展視為重要的策略，而非「邊緣」策略，以更積極的態度去推動殯葬設施之改善工作。在民眾方面，通常殯葬設施對民眾方面而言，常是被排斥或誤解而予以抗爭，因此就民眾角度而言，建議以社區為單位，透過社區教室或社區報刊的方式，宣導鼓勵採用火化、說明公墓公園化的優點、國外值得借鏡的案例等，使一般民眾能夠在日常生活中一點一滴地累積對於殯葬設施永續發展的概念，慢慢地改變民眾對殯葬設施的排斥與恐懼，以建立正確正向的殯葬觀念。在產業界方面，因為產業界有充足的資金與土地，且對於技術的研發往往較為積極，因此，政府應積極獎勵業界投入殯葬設施建設，讓更多業者願意投入殯葬設施的事業；並提昇殯葬業者的專業，如引進證照制度，使殯葬從業人員的素質提升，並且推動四個現代化：「服務項目宜分類明確化」、「收費標準合理透明化」、「服務周到辦事親切化」、「妥善安排各種喪葬儀式時程執行準時化」，並如美國社區學員專門培訓的「承攬殯葬者」，以專業經營的方式合理、公開、透明，以提供往生者更專業化、人性化的服務。在學術界方面，學術界的專家學者，往往是最能扮演推動殯葬設施永續發展意涵的角色，因此進行調查研究改進喪儀式，與工業界、醫療界進行先進工具設備的研發（自動化設施、防腐劑改良），再利用完善的教育資源推動殯葬業者的在職訓練與證照制的取得；在民眾結合方面編印完善的生死教育手冊等方式，皆是影響殯葬業者及殯葬設施升級的最佳引導者。〔註33〕

　　因此，如何建立合乎人性、尊嚴及環保的墓葬文化，實是殯葬管理改革的重要方針，亦是殯葬管理所面臨現代喪葬問題的重心所在。

　　綜合以上現代生死學理論的敘述，其目的是讓我們對現代生死學理論觀

〔註32〕林綺雲，同註2中，曾煥棠：〈信仰與喪葬角色功能〉，頁275。
〔註33〕參考整理同註1中，鄧文龍：《殯葬管理》，頁182。

念有著初步的概念。而下文所探討的老莊生死重點，即著重於生死哲學部分。自古至今的生死現象，形成了哲人深沉反思自我的生死觀，此生死思維的反芻，成就了哲人自我的生死智慧；無論中外，此生死智慧的呈現，實於生死相繼的現象中，使人們得以更深入的詮解生死現象，尤其是對於死亡恐懼的消解。而「死亡學」（Thanatology）是生死學的前身，傳統生死觀是當代「生死學」（Biothanatology）或「生死研究」（Studies of Life-and-Death）的血親來源，其發展和人類生命史及思維史一樣久遠；生死學或生死研究的議題，大抵離不開前人所已開發的生死智慧，及據以行動的生死抉擇。〔註 34〕因爲當代生死學乃是一門強調實務需求與實際經驗結合的「應用生死學」，而所謂的「生死哲學」，乃源於各族群歷史文化傳統的生死觀、生死智慧、生死抉擇及生死典範，以及個己當下的生死體驗，〔註 35〕故「哲學生死學」是一切「應用生死學」的後設基礎。〔註 36〕因此筆者以先秦時代《老》《莊》的生死觀念作說明，以爲與現代生死學的理論成爲相互遞嬗的生死智慧。

〔註 34〕 蔡瑞霖，同註 14，頁 255。

〔註 35〕 所謂當下的生死體驗，即如傅偉勳言及之「狹義的、單獨實存的生死學」，此乃屬學理探索之事，其實踐性應用則表現於所謂的「生死智慧」上。可參看傅偉勳，同註 4，頁 178。

〔註 36〕 蔡瑞霖：〈哲學、生死與宗教國際學術研討會——藝術治療與生死學：有關生死學、哲學生死學及其審美問題之探討〉《生死學研究通訊》（嘉義：南華大學人文學院生死學研究所，1998 年 11 月），頁 18。

第三章　《老子》的生死觀

　　在中國思想界，《老子》的思想，誠以時代憂患意識的深切感受爲要；而其思想的基本精神，則是希望在動盪的世界中，活出屬於生命的「常」，以爲安定生命歸宿的重要原則。〔註1〕因此，如何讓生命得以安然而存，安然而亡，實爲《老子》生死思想之精神所在；然探究其生死思想的中心，誠應回歸於其「道」論的價值統攝，故《老子》的生死觀，並不假定於天與天命之類的宗教超越性源頭，而是基於自然無爲的天道或天地之道。〔註2〕因此欲研究《老子》的生死觀問題，其首要方法，必以其道論爲主，再則爲其生死觀部分的探究，此二者亦是本章立論的重點所在。

第一節　《老子》的道論

　　《老子》，歷來研究者不計其數。若考據其時代問題，實爭論不斷；若直就其原典以探其思想，則演爲不同的思想體系。然無論其詮釋用語的差異性如何，就其深層思想的精神而言，仍可歸納出兩種基本型態：「客觀實有」的詮釋形態及「主觀境界」的詮釋形態。〔註3〕而本節探討有關《老子》的「道」，

〔註1〕 在周室統治勢力瓦解，政治社會秩序劇烈轉變的時代，人們感到既成的勢力，傳統的價值觀念等皆隨之而失去效用時，則生命的安全亦無由得；於是要在劇烈轉變之中，如何能找到一個不變的「常」，以作爲人生的立足點，因而可以得到個人及社會的安全長久，這是《老子》思想最基本的動機。請參看徐復觀：《中國人性論史》（臺北：商務印書館，1984年4月），七版，頁327。
〔註2〕 傅偉勳：《死亡的尊嚴與生命的尊嚴——從臨終精神醫學到現代生死學》（臺北：正中書局，1998年11月），臺五版第七次印行，頁164。
〔註3〕 所謂「客觀實有」的詮釋形態，也就是將「道」的形上意義理解作獨立在人

實以形上意義的道論爲主，故將所謂的「客觀實有」詮釋系統，益以己見，析爲三部分：一爲道成爲形上論的超越義；二爲道成爲形上論的內質義；三爲道成爲形上論的發用義。

一、道的超越義

道體成爲超越的形上學意義，即是其超越天地及萬物而存在。就超越天地而言，《老子》言：「无名，天地之始。」〔註4〕（〈一章〉）天地的開始，即是「無」，〔註5〕其超越性當先於天地，故「吾不知誰之子，象帝之先」（〈四

類心靈之外，客觀自存的「超越實有」；「主觀境界」的詮釋形態，則是較肯定「道」乃是經由主體實踐修養所証的「境界」，既不可以以「形上實體」視之，也不能從宇宙發生論的觀點認作「第一因」。請參看袁保新：《老子哲學之詮釋與重見》（臺北：文津出版社，1990年9月），初版，頁135。

〔註4〕關於本論文中引用《老子》之文句，皆以王弼：《老子・帛書老子》（臺北：學海出版社，1994年5月）再版本爲主，並將其章節附註於文句之後。

〔註5〕所謂的「有」、「無」，學者們認爲：

（一）牟宗三認爲道家的道是「無」，「無」起徼向性，從徼向性說生萬物。因此，首先不能客觀地說客觀世界有個東西叫無來創生世界，而要收進來主觀地講，靠我們有無限妙用的心境，隨時有徼向性，由徼向性說明客觀事物的存在。因此，牟先生認爲道非客觀之物，而是主觀之心用，其重視將「有」、「無」接收攝於主觀心中，成爲主體之實踐。請參看牟宗三：《中國哲學十九講：中國哲學之簡述及其所涵蘊之問題》（臺北：學生書局，1997年1月），第七次印刷，頁105。

（二）徐復觀認爲宇宙萬物創生的過程，乃表明「道」由無形質落實向有形質的最基本地活動過程，而「有」則是介乎無形質與有形質之間的一種狀態。請參看徐復觀，同註1，頁333。

（三）嚴靈峰認爲道之始爲「無」，道之成爲「有」，同時，「有生於無」的「生」，應當作：天生、動出或生起之意。請參看嚴靈峰：《老子達解》（臺北：華正書局，1987年8月），初版，頁8。

（四）張起鈞認爲道在恍惚微妙的狀態中，在恍惚混沌，變而未變之際，叫做「無」；已變而尚未成具體事物之際，叫做「有」，由「無」而生「有」，由「有」遂生出萬物。請參看張起鈞：《老子哲學》（臺北：正中書局，1983年5月），臺十版，頁5。

（五）陳鼓應亦認爲《老子》所說的「無」是含藏著無限未顯現的生機，「無」乃蘊涵著無限之「有」的。「無」和「有」的連續，乃在顯示形上的道向下落實而產生天地萬物時的一個活動過程。請參看陳鼓應：《老莊新論》（香港：中華書局，1999年5月），初版三刷，頁8。

（六）楊儒賓認爲「無」是道的自體原則，它凝聚在自體的絕對圓滿中；「有」則是道的創生原則，它對著萬物而顯。請參看楊儒賓：《先秦道家道的觀念的發展》（臺北：國立臺灣大學出版委員會，1987年6月），初版，

章〉)「有物混成,先天地生。」(〈二十五章〉)「道」之超越天地,即是之謂。而就超越萬物而論,則道體得以成爲萬物之母,故曰「天下有始,以爲天下母。」(〈五十二章〉)而此有物混成的「道」,既超越天地萬物,亦存於今,故曰「自古及今,其名不去。」(〈二十一章〉)自古至今,道皆固存。「道」,既先於天地,亦爲天下之母,「道」既超越天地萬物,自古至今亦固存,故此「道」實超越宇宙萬物矣。

道體成爲超越的另一形上學意義,即是其獨立而絕對。所謂「寂兮寥兮,獨立不改,周行而不殆,可以爲天下母,吾不知其名,字之曰道。」(〈二十五章〉)道體靜謐無形,獨立而不易,不因萬物之生滅而改變,因此,道體獨立絕對,誠可爲天下萬物之則。所謂「有名,萬物之母。」(〈一章〉)道體作用之「有」,能化育萬物,而「既得其母,以知其子。」(〈五十二章〉)如此,「道」化育萬物,正彰顯著道體的超然且獨立。

二、道的內質義

道體的內質並非虛空無物,所謂「道之爲物,惟恍惟惚。惚兮恍兮,其中有象。恍兮惚兮,其中有物。窈兮冥兮,其中有精。其精甚眞,其中有信。」(〈二十一章〉)道體渾然深遠的內質中,恍若有形象萬物。在此微妙深極的道體中,所謂的「其中有精」,其呈現的特性是極其眞切,此眞切特性,使得「道」能成爲不與天下爭的眞實基礎;而「其中有信」,則能讓道體具備了得以徵驗的特質,因此,道體自身,不但具備了「象」、「物」的內質基礎,亦涵蘊了眞切徵驗的特質。而當此具備「象」、「物」的內質基礎,亦涵蘊了眞切徵驗的道體產生了變化時,則呈現了其微妙莫測的特質,所謂「无狀之狀,无物之象,是謂惚恍。迎之不見其首,隨之不見其後。」(〈十四章〉)微妙深冥的道體,呈現著變化莫測的特質,無論何爲,皆無法拘限道體之呈現。

故「視之不見名曰夷,聽之不聞名曰希,搏之不得名曰微。此三者不可致詰,故混而爲一。」(〈十四章〉)「道常无名。」(〈三十二章〉)「道隱无名。」

頁49。

（七）而筆者認同所謂的「無」,是道體未發用的潛靜狀態,亦爲天地之始;而「有」,則是道體發用而化育萬物的現象,故爲萬物之母。然將此「有」、「無」置於形上部分,實說明著道體微妙深極之質性與道用廣大無盡之發用,以爲言詮之便。

（〈四十一章〉）此正說明著道體雖有著真實信驗的內質，然其變化莫測的特質與無法以世俗經驗言傳的虛無（「夷」、「希」、「微」），雖「混而爲一」，卻不可以「名」限之；其虛無變化的「无狀之狀，无物之象」，呈現著「其上不皦，其下不昧。」（〈十四章〉）的現象，故道體的絕對無限且虛無微妙的特性，實昭然呈現。「常无欲，以觀其妙；常有欲，以觀其徼。」（〈一章〉）於虛無處，觀照其微妙深極的道體；於變化處，觀照其道用之歸終；而「淵兮，似萬物之宗；湛兮，似或存。」（〈四章〉）道體的深微玄通，實爲萬物的根本，道體的深沉安靜，雖隱而不顯，然其化生萬物之功，亦如月印萬川般的體現而存。故道體的真實信驗，虛無微妙，誠爲道體的內在質性，而此內質的蘊化是無法以經驗世界言詮之。

而道體的另一內質性，即爲自然之性。所謂「人法地，地法天，天法道，道法自然。」（〈二十五章〉）所謂「道法自然」的意義，應當說是「道」以自然無爲不主的方式，推動著存在界的相生相長，我們既不可認爲「自然」是高於「道」之上的實在，也不能將之比擬現代科學所研究的物理自然。換言之，如果「道」是一個具有價值意義的概念，則「自然」也是一個價值概念，就像「無爲」遮撥「有爲」，「自然」也旨在遮撥「他然」，用以強調「道」之化育萬物，唯是不加干涉造作，令物自化自育而已。〔註6〕因此，當「道法自然」純以形上學詮釋之，則天下萬物之用，皆以「道」爲依則，「道」誠爲終極根本，因此「道法自然」之真意，實以自然順應萬物之變的特質爲方便言詮之說，以釋「道」之質的，而非在「道」之上又有一自然之境矣。若向下而成主體之實踐，亦是順任自如之心境而呈現之。

三、道的發用義

道體發用，自然有其循環反復之理，此循環反復作用，自是呈現著道體自然發用而不強自而爲，善順自然化生萬物而不自居，故不因偏執自我而有所困窮。以下即是將道體之發用現象，析分爲「復反歸根」、「周遍靈動而不窮」、「化生萬物而不居」、「順應自然而無爲」四項，加以說明。

〔註6〕 袁保新，同註3，頁105。以上是關於「道」以形上學觸及自然之義，若將此「道法自然」內具化，則是人不滯于其所見、所知、所爲、所生，而具不有、不恃之玄德，以安久于道，而達于自在、自如、自然之心境者，方能見此道法自然之義。請參看唐君毅：《中國哲學原論：原道篇卷一》（臺北：學生書局，1992 年 3 月），全集校訂版第二刷，頁 328。。

（一）復反歸根

道體發用，復反歸根即爲其作用，此「反」的作用意謂萬物之變，實順應循環反覆的自然之道，所謂「有物混成，先天地生。寂兮寥兮，獨立不改，周行而不殆，可以爲天下母。吾不知其名，字之曰道，強爲之名曰大。大曰逝，逝曰遠，遠曰反。」（〈二十五章〉）「道」，其運行是周行不殆的，若必名之，則曰其運行廣大遠極而後復返，〔註7〕如是周行不殆，天下萬物亦遵循其周而復返的循環反覆現象。「道」既是宇宙的本原，萬物的宗主，同時也是萬物生化的內在秩序和事物發展的必然聯繫，故就《老子》觀之，「道」既生萬物，萬物死滅後又復歸於「道」，故一切循無形而有形，有形而無形，由「道」而物，由物而返「道」，這便是《老子》「大曰逝，逝曰遠，遠曰反」之至理，是宇宙萬有基本的規律，故析言之，不論天道、地道、人道、事物之道，皆不離此反復之法則，而「道」是一切的源頭，也同是萬有的歸趨。〔註8〕所謂「萬物並作，吾以觀其復，夫物芸芸，各復歸其根。歸根曰靜，是謂復命。復命曰常，知常曰明。」（〈十六章〉）〔註9〕若論萬物變化的最高依則，則是「道」的本身，萬物變化，實皆涵蘊在道體的根本處，而不離道體，芸芸之萬物，各復歸其根，此根即是萬物的本源，即是「道」，能復歸於「道」，即是回歸於寂寥之道體，回復自然之本眞，是謂復命，若能如此，則曰知天道運行之常——循環反覆之理並善體之，即爲知明者。因此，「反者，道之動。」（〈四十章〉）〔註10〕無論萬物如何變化，其終必回歸於「道」，復歸其本眞。

〔註7〕 王弼註「大曰逝」之「逝」爲「行也」，註「逝曰遠」之「遠」爲「極也」，註「遠曰反」之「反遠」爲「不隨其所適，其體獨立」。今參看其說，同註4，頁29。

〔註8〕 魏元珪：《老子思想體系探索（上）》（臺北：新文豐出版社，1997年8月），初版，頁285。

〔註9〕 嚴靈峰認爲所謂「復命」，謂回復其性命之本眞。「常」，乃永久不變之常理。「明」，爲內視之明。今參看其說，同註5，頁79。而《老子》依據「道」的「周行不殆」，因而推演出循環論的道理，也就是所指的「歸根復命」，《老子》認爲萬物是各種、各樣、各色的，個個都歸復到它的原來的本根，這叫做「靜」，也叫做「復命」，「復命」是一種永久不變的常理，由芸芸而動，到歸根則靜，靜極又動，不斷循環，正譬如種子落地，生根發芽，開花結果，消耗之後，又成種子。請參看嚴靈峰：《老子研讀須知》（臺北：正中書局，1992年4月），臺初版，頁49。

〔註10〕 王弼註曰「有以無爲用，此其反也，動皆知其所無，則物通矣。」請參看王弼，同註4，頁47。而袁保新亦認爲「反者，道之動」，應該理解作「道」之遍潤萬物（即道之動）始終復歸其自身之常，保持其自身的同一性。請參看

故「元德深矣，遠矣。與物反矣，乃至於大順。」(〈六十五章〉)深極微妙的道用，使萬物能回返自然之道的本眞，進而得至大順之境。因此，道用的「反」，實即蘊涵著循環反覆的特質，使得萬物依自然現象而呈現，而此現象的最高依則，即是「道」，而能使萬物回返自然之道的本眞，進而得至大順之境的功臣，即是深極微妙的道用。因此，能了解此「反」之眞理者，即是知明者，這亦是《老子》順應自然之道，勿執著世俗經驗的智慧之言。

萬物變化的方式爲循環反覆，亦有相對互生的現象，如「唯之與阿，相去幾何；善之與惡，相去若何。」(〈二十章〉)「有无相生，難易相成，長短相較。」(〈二章〉)「高下相傾，音聲相和，前後相隨。」(〈二章〉)「名與身孰親，身與貨孰多，得與亡孰病。」(〈四十四章〉)以上相對互生的現象，實說明著勿偏執於一的觀念，應顧及周遍圓融的道用，如此，方不失「道」周行不殆之眞義。然而如何能顧及周遍圓融的道用？所謂「曲則全，枉則直，窪則盈，弊則新。」(〈二十二章〉)「將欲歙之，必固張之；將欲弱之，必固強之；將欲廢之，必固興之；將欲奪之，必固與之。是謂微明。」(〈三十六章〉)「貴以賤爲本，高以下爲基。」(〈三十九章〉)「明道若昧，進道若退，夷道若纇，上德若谷，大白若辱，廣德若不足，建德若偷，質眞若渝，大方无隅，大器晚成，大音希聲，大象无形。」(〈四十一章〉)「故物或損之而益，或益之而損。」(〈四十二章〉)「大成若缺，其用不弊；大盈若沖，其用不窮。」(〈四十五章〉)「大道若屈，大巧若拙，大辯若訥。」(〈四十五章〉)「躁勝寒，靜勝熱。」(〈四十五章〉)「信言不美，美言不信，善者不辯，辯者不善，知者不博，博者不知。」(〈八十一章〉)等觀念，皆呈現了《老子》「正言若反」(〈七十八章〉)的智慧。《老子》並不強調矛盾對立和相互鬥爭，而是看出了任何矛盾間，異中有同，同中有異，任何相互差別的世界中，皆有同一性，而相互同一中，也存有差別性，只見其同，未見其異，或只見其異，未見其同，都是執著於一己之偏，而未得其周遍圓融所致。〔註11〕

蓋「曲——全」、「歙——張」等語詞，相互對立排斥，但《老子》卻主張「曲則全」、「將欲歙之，必固張之」，顯然與一般語法習慣不合，故又被稱爲「詭辭」。而《老子》詭辭的運用，則是透過名言之間的矛盾，緊張，迫使心靈放棄對習知名言的執著，往上一躍，進入一個遼闊開放，不可言說的意

袁保新，同註3，頁106。

〔註11〕魏元珪，同註8，頁331。

義領域，來重新諦觀一切相對立的名言、價值之間的關係，於是曲可以全，全可以曲，相反者，實相成者，將一切對立與矛盾渾化於不可名言的「大道」之中。〔註12〕於是一切對立與矛盾，皆渾化融合於道體之中，所謂「復反歸根」之眞意，即是萬物如何對立變化，最終皆將復歸於道體之本眞，如是萬物回返「道」之本眞，終能得至大順之境矣。

（二）周遍靈動而不窮

道用的運行，是周遍靈動而無所窮盡，所謂「大道氾兮，其可左右。」（〈三十四章〉）無論上下左右四方，皆是道用遍在之處，無遠不包，無遠弗屆。其「周行不殆，可爲天下母。」（〈二十五章〉）之周遍靈動，無所窮殆，實可說明天下萬物引以爲依則的眞實所在。因此道體的發用，即如「道沖而用之或不盈。」（〈四章〉）「大盈若沖，其用不窮」（〈四十五章〉）般，雖呈現盈滿的狀態，然以虛無之狀成之，則無所困窮，虛而能受，故能靈動如盈。而「虛而不屈，動而愈出。」（〈五章〉）道體虛無容受而不餒，道用靈動變化而生生，如此，則如「綿綿若存，用之不勤」（〈六章〉）般，用之不窮，故道體深微，道用實爲周遍靈動而無所窮盡。

（三）化生萬物而不居

道體發用，即能化生萬物，所謂「有名，萬物之母。」（〈一章〉）「有」，是萬物得以創生的依據，此「有」，即爲生成萬物之道用，故道體經「有」之道用，而得化生萬物，所謂「道生一，一生二，二生三，三生萬物。」（〈四十二章〉）「道」的作用爲有，此有即是化生萬物之動源，故曰：「道生一」；而得以化生萬物動源的質因，即爲二之陰陽，故曰：「一生二」；而陰陽二氣交化之變的狀態，即爲三，故曰：「二生三」；陰陽二氣交化之變得致的結果，即是萬物的化生，故曰：「三生萬物」。因此，道用化生萬物依序的過程中，道體的發用爲「有」，有的作用以生「陰陽」，陰陽的作用成爲「二氣交化互變的狀態」，此陰陽二氣交化互變狀態的成果，即是「化生萬物」，故亦可曰：「有」之本爲「道」，「陰陽」之本爲「有」，「陰陽二氣交化互變狀態」之本爲「陰陽」，「萬物」之本爲「陰陽二氣交化互變狀態」，此即說明道爲萬物化生之總則，亦是其發用之依序過程。

而「谷神不死，是謂玄牝。玄牝之門，是謂天地根。」（〈第六章〉）即謂

〔註12〕袁保新，同註3，頁179。

道體不竭的虛無變化，爲深微母性的所在，此所在之母性本體，即是化生萬物的根本。而「道生之，德畜之，長之，育之，亭之，毒之，蓋之，覆之。」（〈五十一章〉）正說明著「道」化生萬物，使萬物各得其性，並長育之，深入個體，而其作用亦普遍於天下萬物，因此「道」的發用，實普遍於萬物，並能適性地化育萬物，故曰「道，善貸且成。」（〈四十一章〉）。

「道」化生萬物後，並非強以居功，而是順任萬物而化，無私而弗爲，故「道生而不有，爲而不恃，長而不宰，是謂玄德。」（〈五十一章〉）在「道」的無私發用上，「道」順任萬物而不加以干涉，即謂「玄德」，此即道體化育萬物，高妙深玄的核心意涵。故「萬物作焉而不辭，生而不有，爲而不恃，功成而弗居。夫惟弗居，是以不去。」（〈二章〉）「萬物恃之而生而不辭，功成而不有，愛養萬物而不爲主。」（〈三十四章〉）萬物依恃道體之用而生生，在此生生功成的愛養涵蘊之下，「道」的弗居與不涉，實爲其無心而成，無爲而得。故道用之化生萬物而不居，實彰顯著道體廓然而公之無私。

（四）順應自然而無為

道體的獨立超然，道用的化育成質，皆是順任自然而然，故曰：「夫莫之命而常自然。」（〈五十一章〉）而「天地不仁，以萬物爲芻狗。」（〈五章〉）即是天地使萬物各適其所性，譬如芻狗般的順任自然，依其所生，依其所滅，因此雖謂不仁，實即大仁無私。然道用的作用特質，即是「復歸於无物。」（〈十四章〉）循環反復，並回歸於道之本體，此虛無超然之本真，即是自然之道。所謂「爲道日損，損之又損，以至於无爲。」（〈四十八章〉）修養自我，順應自然無私之道，則能心智日漸清明，損之又損而成的靜默無私，即是全然符合了自然無爲的順任智慧。而「道常无爲而无不爲。」（〈三十七章〉）因「道」常以自然而然的無爲，順任萬物，故能無爲而無不爲，〔註13〕以「无有入无間，吾是以知无爲之有益。」（〈四十三章〉）以至柔化至剛的方式，而終知無爲之眞正有益矣。故「道」之順應自然而無爲，以化育萬物，則亦顯現道用無爲之德。

綜合以上有關《老子》「道」論的形上學部分，可歸納爲以下幾點：

1、道體成爲超越的形上學意義，即是其超越天地萬物而存在，「道」既超越天地萬物，自古至今亦固存，故此「道」實超越宇宙萬物矣。且道體獨立而絕對，其化育萬物，正如月印萬川般，萬川之月，實彰顯

〔註13〕「自然」之質性，以「無爲」之方式呈現，不妄爲爭強，故與萬物維持諧和狀態，因此能「無爲」而「無不爲」。

著月之獨立超然，故道體化育萬物，正彰顯著道體的超然且獨立。

2、道體渾然深遠的內質中，不但具備了「象」、「物」的內質基礎，亦涵蘊了眞切徵驗的絕對原質；然此眞切徵驗的道體產生了變化時，則呈現了微妙莫測的特質。但無論何爲，皆無法拘限道體之呈現，因此絕對主體不能用一般經驗世界視之，於虛無處，觀照其微妙深極的道體，於變化處，觀照其歸終之處。道體的深微玄通，實爲萬物的根本，其化生萬物之功，實如月印萬川般的體現而存。而道體的另一內質性，即爲自然之性，道以自然無爲不主的方式，順任存在界萬物相生相長，如是，所謂的「道法自然」，實是「自然」爲「道」之質的，以自然之性呈現了道體的眞切意涵所在。

3、道體發用，復反歸根爲其作用，此相對互生，循環反復的道用，顧及了萬物周遍圓融而得不偏執。而芸芸萬物，各復歸其根，其回復自然之本眞，是謂復命，此深極微妙的道用，使萬物能回返自然之道的本眞，進而得至大順之境。

4、道體經「有」之道用，而得化生萬物，而此道體不竭的虛無變化，爲深微母性的所在，即是化生萬物的根本。此根本之發用，實普遍於萬物，並能適性地化育萬物，並不強以居功，如是順任萬物而化，無私而弗爲，實彰顯著道體廓然而公之無私。

5、道體的發用，是周遍靈動而無所窮盡，雖呈現著盈滿的狀態，然以虛無之狀成之，則無所困窮，虛而能受，故能靈動如盈。道體虛無容受而不餒，道用靈動變化而生生。如是，故道體深微，道用無所窮盡。

6、道體的獨立超然，道用的化育成質，皆是順任自然而自然而然，如是「道」因常以自然而然的無爲，順任萬物，故能無爲而無不爲，以至柔化至剛的方式，而終知無爲之眞正有益矣。故「道」之順應自然而無爲，以化育萬物，則亦顯現道用無爲之德。

第二節　《老子》的生死觀

　　《老子》的生死觀是依「道」而顯，其涵蘊之思想精神與對現實生死解脫問題，有著密不可分的關係。換言之，《老子》本人不專在宇宙如何起源的形上加以說明，而是在乎內在生命的導向，「道」所著重的並不是生成自身以

外的他物，而是如何去點化現實世界，使其得到完滿的發展，這才是《老子》
道論的重要關鍵；更進一步說，《老子》不在做一個素樸的宇宙生成論者，厥
在做一個生命與自然的契合論者。〔註14〕故欲探究並解脫人類的生死問題，
必須將「道」內在於主體修養上；因此，「道」爲存在的眞實，而生死之際則
爲此一眞實在吾人個體性中所展現出來的終極情境；其中，卻有其實在性及
作爲一存有者的確鑿意義。〔註15〕因此，以「道」爲依則，並能將之落實於
自我的生命實踐上，如是，方能彰顯眞正的生死意義。

　　《老子》思想所呈現的生死觀，即是順道自然，並內化成無所強爲的涵
養爲其中心理念，所謂「出生入死。生之徒，十有三；死之徒，十有三；人
之生，動之死地，亦十有三。夫何故？以其生生之厚。」（〈五十章〉）生死本
是自然之事，天命之定，實無需強爲，故生死之徒，皆順任自然而受生就死，
本是自然而然；若因人事強爲而置之死地，則非養生之道。故本節將《老子》
的生死觀，析分爲四部份論述：一爲踐道原則；二爲不道早已；三爲養生之
道；四爲養生效驗；五爲養生境界。以下即是論述範圍。

一、踐道原則

　　「道」，於現實生活實踐上，若能執道修身，則能遠禍不殆，故「道」，
既是超越天地萬物之終極，亦是修身之必然先驗。所謂「天之道其猶張弓與，
高者抑之，下者舉之，有餘者損之，不足者補之。天之道損有餘而補不足，
人之道則不然，損不足以奉有餘。孰能有餘以奉天下，唯有道者。」（〈七十
七章〉）唯有天之道，能使萬物勿強而爲過，以自然平衡之性，使萬物得以和
而同存，故能有利於天下萬物者，唯有「道」。「道」既善利天下萬物，若依
「道」而行，自能和而不殆，故「天下有始，以爲天下母。既得其母，以知
其子。既知其子，復守其母，沒身不殆。」（〈五十二章〉）「道」，既先於天地，
亦爲天下之母，若依「道」而落實於現實世界實踐之，則能沒身不殆。所謂
「道者，萬物之奧。善人之寶，不善人之所保。」（〈六十二章〉）「道」，實爲
萬物之至尊者，若善守之，無論善與不善者，皆能以「道」修爲己身，遠禍
得福，踐道而行，則能遠禍得福，終身不殆。故「昔之得一者，天得一以清，
地得一以寧，神得一以靈，谷得一以盈，萬物得一以生，侯王得一以爲天下

〔註14〕魏元珪，同註8，頁296。
〔註15〕葉海煙：《老莊哲學新論》（臺北：文津書局，1997年9月），一刷，頁48。

正。」（〈三十九章〉）「道」爲天地萬物生成之總則，因此天地萬物依恃「道」而得自性。所謂實踐，即是依「道」而成之，故「聖人抱一爲天下式。」（〈二十二章〉）「我獨異於人，而貴食母。」（〈二十章〉）「載營魄抱一，能无離乎。」（〈十章〉）在生命實踐上，以「道」爲修身依則，如是，當能守眞無違矣。

　　「是以萬物莫不尊道而貴德，道之尊，德之貴，夫莫之命而常自然。」（〈五十一章〉）「德」以「道」爲形上基礎，但「道」的作用卻必須通過「德」的充分實現，以顯現其涵煦化育之功。換言之，所謂「德」，亦即價值理序籠罩下每一事物自我實現的內在動力，它是屬於個別具體事物的，與「道」之超越萬物復周遍於萬物，在層次上應有所區分。但是，「道」雖然高高在上，乃存在界得以生續之形上基礎，可是「道」之生化萬物卻是以「無爲」、「自然」、「不主」的方式，令物自生自化，因此，「道」的涵煦化育必須通過各個事物之復歸常德，才顯其大用。〔註16〕故萬物莫不尊「道」之自然，以實現自然而化之「德」，以成其功，故踐道之德，即是「道」自然而化的眞實呈現。

　　而踐道原則，其首要條件，是心理上明白「道」是「易知易行」的，所謂「大道甚夷」（〈五十三章〉）大道是如此平易，無私無爲，不因善與不善而有所異，故《老子》言：「吾言甚易知，甚易行。」（〈七十章〉）知「道」行「道」，本是極易之事，故世人踐道，當知「道」之易知易行，以爲踐道之心理建設。然踐道需重於初始之時，所謂「其安易持，其未兆易謀。其脆易泮，其微易散。爲之於未有，治之於未亂。」（〈六十四章〉）在失靜動亂之初，是最容易斷絕解散之時，因此需在未有動蕩之初，即與以整飭，在未萌禍亂之際，加以治理，故依「道」而爲，當能防微杜漸，遠禍而安。故若能於初始之時避禍，並與以修身，則必能有其最終效驗之基，因此「合抱之木生於毫末，九層之臺起於累土，千里之行始於足下。」（〈六十四章〉）「愼始」之眞義，不但是消極的避禍，更是積極的修身；若能恆而行之，无懈无惰，終必成功，此即所謂「愼終如始，則无敗事。」（〈六十四章〉）故世人踐道，當愼始愼終，如是持恆爲之，則無敗事。

　　「道」，既是易知易行，能遠禍得安，若能勤而行之，必是知明者。所謂「上士聞道，勤而行之。中士聞道，若存若亡。下士聞道，大笑之。」（〈四十一章〉）眞正有修爲之士，能勤而行道，其先驗智慧即來自知道之明，故能「不窺牖，見天道。」（〈四十七章〉）以白我對「道」所體認的智慧，自然能

〔註16〕袁保新，同註3，頁107。

不受外在經驗世界之限，而能直達天道的本眞，進而修養自我，而成天人合一之效，故謂「自知者明。」（〈三十三章〉）「知常曰明。」（〈五十五章〉）「見小曰明。」（〈五十二章〉）「明」，即是智慧，故能知道之微妙和常，驗證體認，即是眞智慧者。故「大丈夫處其厚不居其薄，處其實不居其華」（〈三十八章〉）以「道」爲修身依則，不居浮華而飾禮矯僞，眞實的以「道」和潤自身，以得性情之本眞，此即「道」可實踐性的智慧証驗，亦是護養生命的眞實效驗。因此，「修之於身，其德乃眞。修之於家，其德乃餘。修之於鄉，其德乃長。修之於國，其德乃豐。修之於天下，其德乃普。」（〈五十四章〉）故世人踐道，若依「道」修養，則其驗效，自小我以至大我，終能遠禍得福，和合而安。

故世人踐道，當知「道」易知易行，不因善與不善者而有所異。而爲道重於初始之時，在未有動蕩之初，即與以整飭，在未萌禍亂之際，則加以治理，因此依「道」而爲，當能防微杜漸，遠禍而安，且若於初始之時能愼始修身，並恆而行之，如是無懈無惰，則爲事終將成矣。故眞正有修爲之士，能知「道」之微妙和常，驗證體認，並勤而行之，如是不居浮華而飾禮矯僞，眞實的以「道」和潤自身，以得性情之本眞，此即「道」可實踐性的智慧証驗，不但是知明者，亦能善得護養生命的眞實效驗。

二、不道早已

《老子》生死觀的精神所在，誠依「道」爲則，以遠禍而安；若非道而妄爲，則將遭禍非死矣。故爲道誠應修養內心的和樸安適，而非陷溺於外在形軀的執著享樂，此實爲《老子》生死觀的眞精神。然依《老子》所謂世人戕生之爲，不外乎有三種型態：其一是爭強好鬥而妄爲；其二是汲營富貴而貪爲；其三是愛戀形軀而痴爲。此三者戕生之爲，皆爲過分欲望的呈現，如是，非道而行，終遭禍而亡。故以下三種戕生之爲，皆是不道早已，非道而禍的證明。

所謂戕生之爲，其一即是爭強好鬥而妄爲，《老子》認爲世人因不依常道之理而妄作，強而好勝，實易遭禍，這是「不知常，妄作凶。」（〈十六章〉）世人不知常道，妄爲而行，則易於遭禍，故凶。而「堅強者，死之徒。」（〈七十六章〉）「強梁者，不得其死。」（〈四十二章〉）人因何而非死？不外乎爭強好鬥，背道而馳，故易遭難而死。然何謂「強」？所謂「心使氣曰強。」（〈五十五章〉）無論名利富貴或聲色男女，皆放縱所欲而妄爲，如是，爲名利富貴

貪而爭先，爲聲色男女奪而縱欲，心靈因使氣而更加陷溺，「禍莫大於不知足，咎莫大於欲得。」（〈四十六章〉）放縱所欲而妄爲，實是罪過。因爲「強大處下。」（〈七十六章〉）因縱欲而陷溺的心靈，終將處下而不復，如是「物壯則老，謂之不道，不道早已。」（〈五十五章〉）強自而爲，剛強至老，終因失去嬰兒的淳樸，而益於衰矣，此不道而致的災禍，實因強自妄爲。而「慈故能勇，儉故能廣，不敢爲天下先，故能成器長。今舍慈且勇，舍儉且廣，舍後且先；死矣。」（〈六十七章〉）若以「道」之無私、積厚與謙退之質性養生，則能得無畏、有餘及成長之生命能量，若反之而好勇爭先，則必非死矣。故爭強好鬥而妄爲，實戕生之爲而易遭禍矣。

　　而另一戕生之爲，即是汲營富貴而貪爲。人之所欲，其弊皆過於己身之應有，一味競逐於外在的需求而不知所止，故易遭禍而敗亂，災禍，即源於不知足，非道而爲，故終非善終。人們增益於物質的追求，如是即易受殃，故曰「益生曰祥。」（〈五十五章〉）因此，「開其兌，濟其事，終身不救。」（〈五十二章〉）汲汲營營外在之事，使得原本清明的心靈，備受震盪而迷惑昏亂，如是必當終身不救，所謂「持而盈之，不如其已；揣而銳之，不可長保。金玉滿堂，莫之能守；富貴而驕，自遺其咎。」（〈九章〉）盈滿必終，強銳必短，多財必失，恃驕必咎，此皆非養生避禍之道。「五色令人目盲，五音令人耳聾，五味令人口爽，馳畋獵，令人心發狂，難得之貨，令人行妨。」（〈十二章〉）就上所引來說，目盲、耳聾、口爽、心發狂以及行妨，這是病兆；而五色、五音、五味、馳騁田獵及難得之貨，這是病源。〔註17〕太多的外在刺激，必會喪失原本純一無雜之身，至於心，更是昏昧無度，終致敗亡。「多藏必厚亡」（〈四十四章〉）過多外在刺激而導致欲望無度，如是終將敗亡。政治上「民之輕死，以其上求生之厚，是以輕死。」（〈七十五章〉）在上位者因重於求生，汲營富貴權勢，而剝削人民，則人民必當起而抗爭，輕於犯死矣，追此禍源，實因君主求生之厚，究其根源，實爲非道之弊。故汲營富貴而貪爲，實戕生之爲而敗壞矣。

　　戕生之爲的另一型態，即是愛戀形軀而痴爲。《老子》言及「寵辱若驚，貴大患若身。何謂寵辱若驚？寵爲下，得之若驚，失之若驚，是謂寵辱若驚。何謂貴大患若身？吾所以有大患者，爲吾有身，及吾无身，吾有何患。」（〈十

〔註17〕林安梧：《中國宗教與意義治療》（臺北：文海學術思想研究發展文教基金會，1996 年 4 月），初版，頁 148。

三章〉）所謂養生，實應以修養自我心靈為主，因心靈為形軀之神，故養生之真義，實為勿強自照顧外在形軀以長生，而是應重視內在心靈的修為安適，外在的形軀是不可靠的，因為即使如何的重視與保養己身，亦終將面對死亡，如是，重視內心的修為，以使行為合於常道，進而使生命安適無禍，是多麼的重要！如是，又何患焉？形軀，只是修養心靈的輔助而已，故無此外在形軀之貪愛，又何懼其消亡呢？故愛戀形軀而痴為，實戕生之為而不智矣。

以上三種戕生之為，皆是多欲貪愛而強自妄為。所謂爭強好鬥而妄為，不依常道之理而妄作，如此強而好勝，妄為而行，實易於遭禍，故心靈因使氣而更加陷溺，因縱欲而陷溺的心靈，終將更加衰敗，處下而永不能復，此實因不道而導致的災禍。汲營富貴而貪為，一味競逐於外在的需求而不知所止，如是汲汲營營外在之事，使得原本清明的心靈，備受震盪而迷惑昏亂，過多的外在刺激，必會喪失原本純一無雜之身，乃至於心，昏昧無度，招致敗亡，終身不救。而心靈為形軀之神，故養生之真義，實應重視內在心靈的修為安適，而非強自照顧外在形軀以長生，因為形軀，只是修養心靈的輔助而已，若過度執著愛戀形軀，而痴心強護形軀而妄想不死，如是愛戀形軀而痴為，實戕生之為，反而不智。因此，世人之苦痛，實源於自我貪欲而妄為，如是，若不知有所止，依「道」而養生，則自我心靈終將因多欲昏昧而枯亡。

三、養生之道

所謂生命，大致可區分為二：其一是形軀生命，其二是精神生命。形神相依，本易理解，然過度的放縱形軀生命，則精神生命終將痿靡而敗。故如何涵養形軀生命與精神生命，使之能相適而安，實是《老子》養生之道的中心理念。因此，「柔弱」、「處下」、「不爭」、「清靜寡欲」、「知止知足」等養生之道，皆是相應於自然之道而內化於生命的實踐，如是，當能謹守自我而無所不為，不但能消極的使形軀生命避禍保壽，更能積極的讓精神生命安適自在，此誠涵養生命的真正價值。

（一）柔 弱

柔弱，勿強而為之，即順應自然之道而發用，所謂「弱者，道之用。」（〈四十章〉）自然之道之發用，即以柔弱之質性為要，故曰「天下莫柔弱於水，而攻堅強者莫之能勝。」（〈七十八章〉）天下之至柔，莫過於水，而以至柔之水，

能勝至堅之物，即是「天下之至柔，馳騁天下之至堅。」（〈四十三章〉）「柔弱勝剛強」（〈三十六章〉）之理。「守柔曰強。」（〈五十二章〉）能守住柔弱之道用，必能以柔克剛，是曰眞「強」。「柔弱處上。」（〈七十六章〉）即以柔弱處世，實蘊涵著以下爲上之反動，故柔弱之修爲，能如「天門開闔，能无雌乎」（〈十章〉）般，以動靜之間，善守柔靜。故應謹言愼行，勿急躁強爲，且以「專氣致柔，能嬰兒乎」（〈十章〉）之道用，以凝聚精神，專氣於心靜純柔，故能心靜平和，如嬰兒之自然。故曰「人之生也柔弱，其死也堅強。萬物草木之生也柔脆，其死也枯槁。故堅強者死之徒，柔弱者生之徒。」（〈七十六章〉）以柔弱爲生，因堅強而死，故處於世，應以柔弱態度應世，勿強而爲之，如是方能遠禍而安，順道而適。

（二）處 下

內在主體修養，即應順受「道」之處下特質，所謂「江海所以能爲百谷王者，以其善下之，故能爲百谷王。」（〈六十六章〉）江海居卑處下，即能容受所有川河之注流，善下之驗，即能成就江海爲百谷王之效。故「知其榮，守其辱，爲天下谷。爲天下谷，常德乃足，復歸於樸。」（〈二十八章〉）能守辱爲下，即爲天下谷，爲天下谷，則備道用之順任自然，不強而上，則足爲常德之功。所謂「貴以賤爲本，高以下爲基。」（〈三十九章〉）即是以低下爲應世之法，如是，當能容受眾物，匯積成善因之能而化成高貴之境。是故善於處下而應世，終能得其常德而有所收穫。

（三）不 爭

「道」，能化生萬物而不居，故天道之特質即是「功遂身退，天之道。」（〈九章〉）天之道，能於功成之時不居功而善退之，所謂「功成而弗居」（〈二章〉）即是爲道之德。又因爲「不敢爲天下先」（〈六十七章〉）退而不爭，故能「成器長」（〈六十七章〉）如是使萬物各成其性而不爭強之，此猶如「上善若水，水善利萬物而不爭，處眾人之所惡，故幾於道。」（〈八章〉）水因善利萬物而不爭，處卑居下，故幾近於道。功成而弗居，即是「天之道，不爭而善勝。」（〈七十三章〉）天道順任萬物卻謙退不爭，如是能得善勝，亦「以其不爭，故天下莫能與之爭。」（〈六十六章〉）如吾人之主體修養，能守得「道」不爭之特質，不與世爭，則世人亦不與己爭，故自能遠禍避害，而得精神之清靜無雜，安然自適。

（四）清靜寡欲

養生之道，其一即是清靜，此清靜與「無」之道體，是相生呼應的。「無」的境界就是「虛一靜」，就是使我們的心靈不粘著固定於任何一個特定的方向上；生命的紛馳、心理的情緒、意念的造作，都有特定的方向，粘著在這個地方，就著於此而不能通於彼，你生命粘著於此，我生命粘著於彼，各是其是，衝突矛盾就出現了。〔註18〕因此，「塞其兌，閉其門，挫其銳，解其分，和其光，同其塵，是謂元同。」（〈五十六章〉）所謂安養自身之要，即是閉塞經驗之所欲，歸於靜寂；解挫私心之紛亂，安於現實；和同塵世之相異，謙沖恬淡。故以清靜修身，自能達至玄妙和同之境，即所謂「事无事」（〈六十三章〉）以道用的清靜修養自身，如此，「其安易持」（〈六十四章〉）於清靜的安然中，得其善體世間變動之要而免禍，故「天下之牝，牝常以靜勝牡。以靜爲下。」（〈六十一章〉）以靜爲下，故能安然修涵，常德乃全。因此，「聖人爲腹不爲目」（〈十二章〉）聖人修養自我生命，即在於清靜厚實的修涵內在，而非因外在的絢爛而迷亂，所謂「重爲輕根，靜爲躁君。」（〈二十六章〉）以厚實與清靜爲修涵德性之重要依則，反之，輕浮躁亂，則爲修涵德行者之大忌。道所呈現的無爲順任，應用於實踐上之核心宗旨，即在於淡泊，所謂「滌除元覽。」（〈十章〉）「少私寡欲」（〈十九章〉）即是心靈的清虛，無世俗經驗的紛雜，自然而寡欲。而「味无味」（〈六十三章〉）即是以恬淡無欲爲修身之要，故「无名之樸，亦將无欲。」（〈三十七章〉）所謂無欲，即是樸之精神所在，因此「治人事天莫若嗇。夫唯嗇是謂早服，早服謂之重積德。重積德則无不克，无不克則莫知其極。莫知其極，可以有國。有國之母，可以長久。是謂深根固柢，長生久視之道。」（〈五十九章〉）以嗇養生，當能寡欲而安，而早服積德，當能無所不克，長生久視。故「聖人去甚、去奢、去泰。」（〈二十九章〉）聖人修養，以客觀爲事，袪除主觀的偏執多欲，並能「不見可欲，使民心不亂。」（〈三章〉）清靜寡欲，以使心無所昏亂。故以清靜寡欲養生，能使精神生命無所昏亂，善體世事變動而能遠禍。

（五）知止知足

養生，能清靜寡欲，進而知止知足，即能使生命遠禍而長久，所謂「知足不辱，知止不殆，可以長久。」（〈四十四章〉）以清靜爲修心之法，進而以

〔註18〕牟宗三，同註5，頁94。

寡欲為成事之要，故心理上知足，則必能不辱；行為上知止，則必得不殆；
如是，當能遠禍不殆，可以長久。所謂「知足者富」（〈三十三章〉）寡欲知足，
則必能趨於安然之境，得心靈之富；反之，「甚愛必大費」（〈四十四章〉）為
己偏執，為物所役，則反而耗亂心智，不得善清矣。故能知止知足，當能使
生命定靜而安，長久而適。

　　綜上所言，世人養生之道，應順應自然而柔弱謙退，因柔弱養生，實蘊涵
著以下為上之反動，故動靜之間，善守柔靜，謹言慎行，勿急躁強為，如是當
能心靜平和，遠禍而安。而內在主體修養，即應順受「道」之處下特質，因處
下修養，當能容受眾物，匯積成善因之能，如是，終能得其常德而有所收穫。
如此常德而修養自我，當能於功成之時不居功而善退之，誠如水般，既柔弱謙
退，亦因善利萬物而不爭，處卑而安，故吾人內在主體修養，亦應守得此特質，
不與世爭，如是，世人亦不與己爭，自能遠禍避害，而得精神生命之清易無雜，
安然自適。如是養生之道，善保內心之清靜寡欲，以清靜修身，自能常保心靈
的清虛，而無世俗經驗的紛雜，以寡欲修身，當能積德而安，無所不克，以客
觀涵養自我，能使精神生命無所昏亂，善體世事變動而得遠禍。如此清靜寡欲，
進而知止知足，則能使生命遠禍而長久，所謂心理上知足，則必能不辱；行為
上知止，則必得不殆，如是；知止知足，當能使生命定靜而安，長久而適。故
護養生命，當以「柔弱」、「處下」、「不爭」、「清靜寡欲」、「知止知足」等養生
之道，內化於生命的實踐，如此，消極的使形軀生命避禍保壽，積極的讓精神
生命安適自在，此誠涵養生命的真正價值所在。

四、養生效驗

　　依「道」養生，以使生命得其正面的效驗，當是對自我生命的真正尊重，
故依道養生後的效驗，誠是生命的真正意義。而關於「壽」之問題，《老子》
曾提出了「死而不亡者壽」（〈三十三章〉）之見解，凡人皆有死，死實為一無
可奈何之事。面對此一事實，除了一般人消極悲觀的宿命思想與淺薄樂觀之
享樂主義，中國聖人之智慧是在物質生命之外之上，發現了「德行」生命之
不朽與「精神」生命之永恆，《老子》所謂「死而不亡者壽」，即是肯定物質
生命原無究竟之意義，而人生「悠久」之價值，唯在「德性」與「精神」之
永恆與不朽，這種思想對現實人生之偶然性與有限性講，既是一種莫大的安
慰，同時也是一種強烈的鼓勵，而人生真實之意義與目的，於此亦顯然可見

矣。〔註19〕其意誠表達了人的形軀生命終會消亡，然精神生命卻能恆常，故《老子》的生死觀，並不在於外在形軀的愛戀，而是精神的無盡恆常，此即「壽」之眞意。故能依道修養自我生命，即使形軀生命終將消亡，然精神生命能無盡恆常，由此亦能得知涵養精神生命的重要，當益於形軀生命的存在；而即使形軀生命消亡了，精神生命亦能恆常無盡。因此，筆者試著依《老子》所言養生觀念部分，而區分成以下八項經養生之道而成的效驗——嬰兒、樸、愚、無不爲、長生久視、全己利人、新成、無遺身殃。此八項養生的效驗，當能讓吾人體認《老子》生死觀的重心所在，以爲何謂生命的逆向思考。

（一）嬰 兒

修養自我，若能使生命臻至嬰兒般純柔無牧之境，則爲常德，所謂「爲天下谿，常德不離，復歸於嬰兒。」（〈二十八章〉）嬰兒自然順受，以不離常德之容，柔弱不爭，故世人若能順應自然之道，則當復歸於嬰兒般之純柔不爭。而「我獨泊兮其未兆，如嬰兒之未孩。」（〈二十章〉）嬰兒不受世俗污染，故自我之修爲，必當謹愼凝鍊，使心靈達致如同嬰兒般之純柔無雜，且「含德之厚，比於赤子。蜂蠆虺蛇不螫，猛獸不據，攫鳥不搏。」（〈五十五章〉）〔註20〕以赤子淳厚之德爲修養之境，故能自然無僞，遠離災禍，所謂「骨弱筋柔而握固，未知牝牡之合而全作，精之至也。終日號而不嗄，和之至也。知和曰常，知常曰明。」（〈五十五章〉）嬰兒終日自然爲之，不違自然之純和也，故知此自然之純和曰常，而知此純和之常，即爲眞明。故修養自我，當能柔和不爭，自然無僞，如是，則能使生命如同嬰兒般純柔無雜，遠禍得明矣。

（二）樸

修養自我，以謙退無欲爲常德，誠至樸之境，如「爲天下谷，常德乃足，復歸於樸。樸散則爲器，聖人用之，則爲官長，故大制不割」（〈二十八章〉）〔註21〕與世相處，不與世爭，備謙退之德，即是樸，若非樸，則百行殊類之器出，而落於世人相爭之象。故修涵自身，若能「見素抱樸」（〈十九章〉）則

〔註19〕請參看王淮：《老子探義》（臺北：商務印書館，1990 年 12 月），九版，頁136。

〔註20〕所謂蜂蠆虺蛇不螫，猛獸不據，攫鳥不搏，亦不過是充類至盡之辭，極言人能如赤子之無機心，則不忤於物，物亦未有能傷之者。請參看胡哲敷：《老莊哲學》（臺北：中華書局，1987 年 12 月），九版，頁 65。

〔註21〕王弼註曰「樸，眞也。眞散則百行出，殊類生若器也。」請參看王弼，同註4，頁 34。

達至眞樸之境，所謂「大丈夫處其厚不居其薄。」（〈三十八章〉）眞正修爲者，即是善以厚樸修身，而不以僞薄爲之。既是「柔弱處上」（〈七十六章〉）故一再弱其志，損而又損，即使「化而欲作，吾將鎮之以无名之樸。」（〈三十七章〉）以無名之樸使歸之靜弱，故得處上。反之，「強大處下」（〈七十六章〉）以強大爲事，終將落於處下之境，必得災禍，故「自是者不彰，自伐者无功，自矜者不長。」（〈二十四章〉）自我多欲強爲，必得災難。故修養生命，能弱己之志，一損再損，則能到達眞樸之境。

（三）愚

「道」之不爭，更深層言，即是以「愚」爲養生之效驗。「絕學无憂」（〈二十章〉）遠離智巧，人以爲愚，實則無所憂，故「纍纍兮若无所歸。眾人皆有餘，而我獨若遺。我愚人之心也哉，沌沌兮，俗人昭昭，我獨昏昏。俗人察察，我獨悶悶。澹兮其若海，飂兮若无止。眾人皆有以，而我獨頑似鄙。」（〈二十章〉）眾人皆以才能現於世，獨我笨拙似無才，其實爲修道之人，能體道之微妙深識，虛靜無爲，故能無爲而無所不爲。「知者不言，言者不知。」（〈五十六章〉）強爲爭辯者，終有所禍，故爲不知，眞正智慧者，當能守於不言，安之若愚。

「上德不德，是以有德。下德不失德，是以无德。上德无爲而无以爲，下德爲之而有以爲。上仁爲之而无以爲，上義爲之而有以爲。上禮爲之而莫之應，則攘臂而扔之。故失道而後德，失德而後仁，失仁而後義，失義而後禮。夫禮者，忠信之薄而亂之首。前識者，道之華而愚之始。是以大丈夫處其厚不居其薄，處其實不居其華，故去彼取此。」（〈三十八章〉）禮爲亂之首，〔註22〕眞正修德者，是無爲而無不爲，若強以世俗之仁義忠信爲處世教條，則必生紛爭。是故眞正有德者，是身居樸厚而不居僞薄，如是，當能讓自我生命無所爭，無所憂。

（四）無不為

「道」順應自然而不爲，故依道養生，誠能無私無爲。所謂「爲道日損，

〔註22〕禮是人文的總形式，亦即人文精神由內而外的具現，然由《老子》「道」的立場看來，禮的形式化，勢必導致人文系統的紊亂以及人文精神的渙散。請參看葉海煙，同註15，頁80。故從《老子》對禮之負面看法，我們看到當時不僅周文的骨幹「禮」受到嚴重的批評，連帶地「仁、義、忠、信」的德目也被視爲亂世的徵象，加以譴責。顯然在《老子》的時代，周文已經崩解，僵化的禮文不再能安立世道人心，仁義忠信也流爲外在的形式。請參看袁保新，同註3，頁85。

損之又損，以至於无爲，无爲而无不爲。」（〈四十八章〉）爲道之法在於不斷
的培養自我虛靜之心，以至於能順應自然而無所爲，所謂「爲无爲」（〈六十
三章〉）則終能無所不爲。而「大小多少，報怨以德。」（〈六十三章〉）則在
以無爭無私之心處世，故能容受世俗之怨而以德化之。故「善者，吾善之。
不善者，吾亦善之。」（〈四十九章〉）無論善與不善，皆和而善之，「聖人常
善救人，故无棄人；常善救物，故无棄物，是謂襲明。故善人者，不善人之
師，不善人者，善人之資，不貴其師，不愛其資，雖智大迷，是謂要妙。」（〈二
十七章〉）眞正有智慧之人，當寬廣通達，對於世人全然受之，體道而不遺，
是謂要妙。故修養自身，能虛靜無戕，無爭而公，自能無私無爲而無不爲，
得其生命之寬闊而無所對待。

（五）長生久視

《老子》養生法，實重「道」之實踐，所謂「萬物得一以生」（〈三十九
章〉），得一以生，即以「道」爲養生之則，故生。而《老子》所謂生之法，
即是「人之生也柔弱……萬物草木之生也柔脆……柔弱者生之徒。」（〈七十
六章〉）以柔弱爲養生之法，必當遠離紛爭禍害，反之，強自爭端，必當速亡。
「天長地久。天地所以能長且久者，以其不自生，故能長生。」（〈七章〉）因
不自強爲，故天地得以長久爲生，而人居天地之間，若能體自然之道而行，
亦可長生。故《老子》所謂生者，能以柔弱無爲養生，故能長生。然此長生
之意，非但形軀生命之長久，亦是精神生命之長生。故「夫唯無以生爲者，
是賢於貴生。」（〈七十五章〉）眞正善養生者，是以虛靜涵養己身，而非過分
強愛己身。如是，「不失其所者久」（〈三十三章〉）不失其道，則能順任自然，
得生長久。而「知足不辱，知止不殆，可以長久。」（〈四十四章〉）以寡欲清
靜爲養生之則，必當長久之益。

《老子》認爲「治人事天莫若嗇。夫唯嗇是謂早服，早服謂之重積德。
重積德則无不克，无不克則莫知其極。莫知其極，可以有國。有國之母，可
以長久。是謂深根固柢，長生久視之道。」（〈五十九章〉）所謂長生久視之道，
必以虛靜無爲修之，如是善成淳厚之德，無所不爲，無所不克，其效莫知其
極。能體道修涵，則能使精神清化，以益於生命之長久。故修養生命，以虛
靜柔弱，依道無爲而修養自我，則能清化自我之精神生命，遠禍而安，更進
而保有自我形軀生命之天壽，而非戕生速亡。

（六）全己利人

修養自我，能如聖人般「是以聖人後其身而身先，外其身而身存，非以其无私邪，故能存其私。」（〈七章〉）修道之眞人，能以退而不爭之法處世，故能成其在世時清靜無禍之願。故修養自我，能退而不爭，則當能成自我無禍而安之所願。所謂「曲則全。」（〈二十二章〉）者，即在遇事紛爭時，能適時退讓，當能使生命得整全的效驗。

「天之道，利而不害。」（〈八十一章〉）天道善利天下而不害，此爲「道」善利天下之精神。取以爲修養之則，故「聖人不積，既以爲人己愈有，既以與人己愈多。」（〈八十一章〉）能善利天下者，必亦利於自我。故天之道，損有餘以補不足，是養生之最大幸福。故修養自我，以和同眾生，善利天下，如是，眾生有利，自我之生命亦將得利。

（七）新　成

生命的存在，應以「勇於不敢則活。」（〈七十三章〉）能勇於勿強出頭而爲，虛靜無爭，必無得爭之，故得安活。精神生命因虛靜無爭而益加順適，形軀生命亦能因此而得安而無禍。進而言之，古之善爲道者，「古之善爲士者微妙元通。深不可識。夫唯不可識，故強爲之容。豫焉若多涉川，猶兮若畏四鄰，儼兮其若客，渙兮若冰之將釋，敦兮其若樸，曠兮其若谷，混兮其若濁。孰能濁以靜之徐清，孰能安以久動之徐生。保此道者不欲盈，夫唯不盈，故能蔽而（不）新成。」（〈十五章〉）眞正善養生者，必以虛靜退下，去欲而樸，容受若愚之法修養自我，則能形似不盈若蔽，而心誠靈活若新。故能善於修養自我，則生命得靈活而動，誠若新成，而非因多欲強爲，而讓生命鈍毫枯槁，終至消亡。

（八）無遺身殃

修養自我，能依「道」修爲，「既得其母，以知其子；既知其子，復守其母，沒身不殆。」（〈五十二章〉）復守道體，則能沒身不殆，故「知常容，容乃公，公乃王，王乃天，天乃道，道乃久，沒身不殆。」（〈十六章〉）「知止，可以不殆。」（〈三十二章〉）知常可以沒身不殆，即以「道」之容公無私，而知止、善下以養生，故能遠禍而不殆。依「道」養生，「用其光，復歸其明，无遺身殃，是爲習常。」（〈五十二章〉）以「道」之智慧養生處世，雖用外射之光，終歸於內照之明，既不傷人，對己亦無所禍害，能保己身精神清靈，

故能無遺身殃，此謂習常。

　　善於養生者無死地，「蓋聞善攝生者，陸行不遇兕虎，入軍不被甲兵。兕无所投其角，虎无所措其爪，兵无所容其刃。夫何故？以其无死地。」（〈五十章〉）為何兕虎甲兵不能傷之？人生不死之道，首在「不遇」，陸上行走，不要碰上猛獸的襲擊，兩軍交戰間，不要被兵器砍到，遠離一級戰區，避開凶險之地，從名利場、權力圈超拔出來，就不會把自己逼上死亡的邊緣；問題在「不遇」僅是幸運，不死之道不能依憑偶然僥倖，而當有必然的保證，故老子由客觀機緣的「不遇」轉向主體修養的「無所」，首要在「不遇」，根本卻在「無所」，不要碰上固屬上上之策，問題在即使碰上了，仍可立於不敗之地，那就在我自身沒有可以被攻擊傷害的處所。〔註23〕吾心不起執著，沒有分別，不痴迷、不熱狂，就不會患得患失，總說是吾心沒有投靠、沒有弱點，也就沒有可被打敗的要害。〔註24〕因此，善養生命者，因與物無所爭，並能善於與萬物和處，故得無死地之境。

　　綜上所言養生效驗，依「道」養生，若能使生命臻至嬰兒般純柔無牨之境，則為常德，以赤子淳厚之德為修養之境，故能自然無偽，遠離災禍。以謙退無欲修養自我，一損再損，弱己之志，則能善臻真樸之境，遠禍而安。善於不爭，遠離智巧，雖笨拙無才似愚，然實微妙深識，虛靜無為，故能無為而無所不為。而無私無為，培養自我虛靜之心，故能容受世俗之怨而善化之，如是，寬廣通達，無爭而公，無私無為，終能臻至無不為之境，得其生命之寬闊而無所對待。

　　而依道實踐，以虛靜無為修之，如是善成淳厚之德，無所不為，無所不克，其效當莫知其極，故能體道修涵，則當能使精神清化，以臻於生命長生久視之境。然至若長生久視問題而言，形軀生命終將消亡，精神生命卻能恆常無盡，故能透過修養自我，以使自我精神生命清明靈動，而非佚亡枯竭，如是，方得「壽」之真意，且能勇於勿強出頭而為，虛靜無爭，如是生命才是真正的靈活。故遇事紛爭，若能適時退讓，則得合全之效，亦是整全精神生命之法，亦能成自我無禍而安之所願。且善為道者，善以虛靜退下，樸嗇

─────────────

〔註23〕王邦雄：〈老莊哲學的生死智慧〉《宗教哲學》（臺北：中華民國宗教哲學研究社，1998年7月），第4卷第3期，頁74。
〔註24〕王邦雄：《二十一世紀的儒道》（臺北：立緒文化事業公司，1999年6月），一刷，頁243。

若愚之法修養自我，故能形似不盈若蔽，而心誠靈活若新，亦能終身不殆。如是依道修養，於己，當能善保己身精神清靈，無遺身殃，於人，亦能善利天下安和眾生，無所對立。故善養生者，應能依道修養，與物無爭，並能善於與萬物和處，如是，當能臻至無死地境之效驗。

五、養生境界

　　《老子》於人生主體實踐之養生，實即其生死觀之重要依則，而其所樹立的人格典範，即是聖人。《老子》的人論，顯示了《老子》哲學足以指導人生的積極效應，他解構人生以重見人生的根本意向，其實昭然若揭，故其面對現實人生的批判不可謂不強烈，然因道論的涵蓋性深廣無比，再加上對生命主體的挺立並未特別突顯，所以人性，自在道生德畜的無窮向度中，獲致足以安頓身心的實證經驗，可以說，《老子》是在天地的大鎔爐中，對人之生命進行嚴厲的鍛煉，而這一切都在定靜祥和的情境中進行，其所樹立的人格典範——聖人，便是人努力行道的生命果實。〔註25〕故《老子》之養生境界，即以聖人之境為主。

　　而聖人修養，誠以「道」為依則，所謂「聖人抱一為天下式。」（〈二十二章〉）以「道」為修養之依則，故能「是以聖人不行而知，不見而名，不為而成。」（〈四十七章〉）而聖人如何踐道？首先聖人能慈愛眾生，所謂「聖人常善救人，故无棄人；常善救物，故无棄物。」（〈二十七章〉）聖人之慈愛，實普遍愛護眾生，故「聖人不積，既以為人己愈有，既以與人己愈多。」（〈八十一章〉）因此聖人慈愛眾人，則能得其精神之滿足。而聖人不積之為，當其心靈之清靜寡欲，所謂「聖人去甚、去奢、去泰。」（〈二十九章〉）「聖人欲不欲，不貴難得之貨。」（〈六十四章〉）聖人力去強為多欲之害，實得精神清靜之境。且聖人善於處下，所謂「聖人後其身而身先，外其身而身存。」（〈七章〉）「聖人之道，為而不爭。」（〈八十一章〉）「聖人為而不恃，功成而不處。」（〈七十七章〉）聖人善下而能成其精神之大，功成而弗居，其不自驕，不強為之胸懷，正為聖人之因。而聖人之不矯強偽，亦是其養生之法，所謂「是以聖人方而不割，廉而不劌，直而不肆，光而不耀。」（〈五十八章〉）即是此意。

　　故聖人依「道」修為，善以「道」之「利益天下」、「清心寡欲」、「善下不

〔註25〕葉海煙，同註15，頁96。

爭」、「功成不居」、「不矯強僞」等特質，內化爲自我主體修養，以善成其人生。因此，如果人在實踐修養上不能取法「聖人」的高尚品格，則一切有關「道」的理解性解釋都不免淪爲「概念遊戲」，只能滿足人類知解上的需求而已。因爲，《老子》對形上之「道」的陳述，均是他在實踐「聖人」的人格中，基於親證所提出的一種有關存在界的解釋。〔註26〕故聖人所以成爲人格的典範，實因聖人體現了既形上而又內在的「道」，根本實現了生命的終極意義。

〔註26〕袁保新，同註3，頁109。而老子「聖人」的觀念必須安置在「人──自然」結構與「天、地、人」三元指向中來思考：「聖人」是在「人──自然」關係中所建立的人之意義，而此一人之義之建立又是在「天、地、人」三元指向中，以「人」在「天」、「地」兩項因素下，所確定的一種均恆處理的方式。請參看丁原植：〈老子思想中「聖人」觀念的提出〉《哲學與文化》（臺北：哲學與文化月刊雜誌社，1991年2月），第18卷2、3期，頁212。

第四章　《莊子》的生死觀

　　《莊子》對於「道」的詮解，雖架構於客觀的形上意味，似乎並非如《老子》般的突顯，但其對「道」的重要意涵，卻仍植基於客觀之「道」，而加以應化，以爲人生實踐的顯揚與飛昇。〔註1〕其對於生死的詮解，即以順化自然變化爲依則，以成就心靈的逍遙自在，而能突破世人悅生惡死的拘格，即說明了「道」與「生死」的相應關係，是《莊子》生命哲學中最重要的思想。故本章即以《莊子》「道」與「生死」的相應詮解，爲本章立論的重點，以期會通《莊子》生死觀的眞正意涵所在。

第一節　《莊子》的道論

　　《莊子》的道論，大體而言，一爲客觀的形上實體，一是主觀的心靈實踐。然就探究《莊子》整體中心思想意涵而論，顯而易見的，即是後者思想重於前者；然究其根源，其客觀的形上實體，仍是其道論的基礎。故本節以

〔註1〕　唐君毅認爲：「莊子之道，要在既化人生命中之心知爲神明，以往向于此天地萬物之轉易變化於前者，即更遊心於其中，亦更超越於其外，昭臨於其上，以成神明之無所不往，見『天地與我並生，萬物與我爲一』爲其根本。故其神明之運，自始爲開展的，放達的，六通四闢，而無所不通，無所不往，亦無定所，爲其所必適者。……神明往至天地萬物之外之上，至於接天地之精神與造物者之『大本大宗』，而更回到此吾人之生命之自身，求自成爲至人、眞人、神人、天人、聖人，則莊子之道也。」，莊子以遊心爲實踐其生命逍遙之要則，終而與「大本大宗」之道相接，如是則得眞人等至上逍遙的人生實踐。請參看唐君毅：《中國哲學原論——原道篇》（臺北：學生書局，1992年3月），全集校訂版第二刷，頁287。

探究《莊子》客觀形上實體之「道」爲主，並以「超越義」、「內質義」、「發用義」三部分說明。

一、道的超越義

就形上學超越意義而言，《莊子》所彰顯的「道」，具有時間的超越義，與空間的超越義兩者。就時間的超越義而言，所謂「夫道……自本自根，未有天地，自古以固存。」（〈大宗師〉）〔註2〕「先天地生而不爲久，長於上古而不爲老。」（〈大宗師〉）實意謂著「道」於未有天地時已存，亦超越於上古之時；而天地「扁然而萬物自古以固存。」（〈知北遊〉）天地既使萬物自古蓬勃生長，而「道」於未有天地時已存，故「道」先天地，亦先萬物而在，此即說明「道」必先天地萬物而在的時間超越義。

就其空間的超越義而言，所謂「在太極之先而不爲高，在六極之下而不爲深。」（〈大宗師〉）「道」於空間部分，不但高於太極之先，亦深於六極之下，即在於其「無所不在」的遍在性。〈知北遊〉中，東郭子問莊子「道」惡乎在的問題，莊子以「無所不在」具答之，實說明著「道」非但具有超越宇宙義，亦普遍地內在於萬象中，此爲「道」遍潤宇宙萬物之意義所在。故《莊子》特別強調「道」在萬物的普遍性，萬物因「道」而自足自立，這是獨立的基本意義。同時，「道」使生命之獨立性有了普遍的意義，「道」以各種方式普遍存在於物中，而仍保有其普遍創化的超越性，所有生命體乃因「道」的創化的普遍性，而皆獲得足以自我肯定以堅持其存在的獨立性，物物以平等之獨立性平等共存，普遍之生命精神使各生命體彼此關聯，互成一體。〔註3〕故「道」於空間上，實超越整個宇宙，並呈現其浩闊的包容性，雖其所在的特質，是以「不爲高」、「不爲深」、「不爲久」、「不爲老」的無爲謙退呈現，然仍無掩「道」超越宇宙之通義。

二、道的內質義

道體，誠具備了眞實有物的內容體，所謂「夫道，有情有信。」（〈大宗師〉）即說明著「道」之本體並非虛空無質，而是眞實有信驗的實質體。而其

〔註2〕 本文所索引的《莊子》文句，皆據郭慶藩：《莊子集釋》（臺北：萬卷樓圖書有限公司，1993年3月），初版二刷之本爲主。

〔註3〕 葉海煙：《莊子的生命哲學》（臺北：東大圖書，1992年2月），三版，頁200。

實質本體，卻是淵深澄澈且微妙，所謂「夫道，淵乎其居也，漻乎其清也。」（〈天地〉）「淵乎其不可測也。」（〈天道〉）道體本身內涵之呈現，並非停滯不動、固守一端，而是淵深澄清、靈動微妙的變動有機體，故「道」雖是實質體，卻不偏執任何有形無形之象，故謂「道不可有，有不可无。」（〈則陽〉）因其不可拘限於「有」與「無」之名，故是「无爲无形。」（〈大宗師〉）無所作爲，也無所形跡，所謂「在太極之先而不爲高，在六極之下而不爲深，先天地生而不爲久，長於上古而不爲老。」（〈大宗師〉）即是道體善下無爲之表現，而「夫虛靜恬淡寂寞無爲者，天地之平，而道德之至，故帝王聖人休焉。」（〈天道〉）虛靜、恬淡、寂寞、無爲，乃是天地的本原，故道體呈現著「惛然若亡而存。」（〈知北遊〉）的微妙狀態。然其微妙的特質，呈現著只能心傳，而非流於表象經驗的傳受，故謂「可傳而不可受，可得而不可見。」（〈大宗師〉）「道不可聞，聞而非也；道不可見，見而非也；道不可言，言而非也。」（〈知北遊〉）故其「今彼神明至精，與彼百化。」（〈知北遊〉）之參與萬物的變化，實「油然不形而神」（〈知北遊〉）因此其自然神妙無爲的變化，實即微妙深極之道體變化。

三、道的發用義

道之發用，呈現出浩瀚廣大的包容性，無所不備，無所不容的特性，故謂「夫道，於大不終，於小不遺，故萬物備。廣廣乎其无不容也。」（〈天道〉）而「六合爲巨，未離其內；秋豪爲小，待之成體。」（〈知北遊〉）無論六合或秋豪，皆得容受，即謂道用大小皆備。故「道」之發用，非但兼備萬物各體，其運行亦是恆常不變，所謂「至貴，國爵并焉；至富，國財并焉；至願，名譽并焉。是以道不渝。」（〈天運〉）世俗名利之象，若就道之發用義而言，皆可拋之，此實道之恆常不變之眞義。

故就「道」之客觀形上義而言，道體必是先於宇宙萬物而存在，並彰顯著其超越時空萬物的意義。而其內涵特性，非但是具備了眞實有信驗的實質體，並且是深蘊了淵深澄清、靈動微妙的變動有機體。不偏執任何有形無形之象，無所作爲，也無所形跡，其虛靜恬淡、寂寞、無爲之現，乃是天地的本原，只能心傳，而不能流於表象經驗的傳受，因其自然神妙無爲的特質，而有微妙深極之道體變化。而這一切的客觀形上之道，亦成爲心靈實踐的相應實體，方是通變生死觀的依則所在。

第二節 《莊子》的生死觀

　　《莊子》的生死觀，重視的是精神與「道」相應而逍遙自任，無所拘限，而能使自我精神臻至眞人等最高境界，忘卻生死。所謂「道之人，不隨其所廢，不原其所起，此議之所止。」（〈則陽〉）識道之人，不因世事消逝而心生憂傷，不強究世事起源而與人爭辯，故「人相忘乎道術。」（〈大宗師〉）體道之人，將悠遊於大道而自適。所以「道」與生死觀間的相應相成，實成就了《莊子》精神上與道相應的生死觀，是順任生死，終而忘卻生死，而得精神逍遙自任的至高境界。故本節將以「踐道原則」、「生死觀」、「非養生之道」、「養生之道」、「養生效驗」、「養生境界」六部分說明《莊子》生死觀之意涵所在。

一、踐道原則

　　以「道」爲體，而加以實踐，此實踐之道即是「道」之充然發揮。而「其應於化而解於物也，其理不竭，其來不蛻，芒乎昧乎，未之盡者。」（〈天下〉）以「道」爲依歸，則能應於外在之變化，解脫外物之束縛，此爲實踐道者之自在處。故依道實踐，當能順化萬物而解脫束縛，此亦踐道的效驗所在；而依「道」應於生死，亦能安於生死，進而使精神臻至逍遙自在的境界。故就《莊子》中之踐道部分，析分爲「通而爲一」、「因任自然」、「以無用爲大用」三項，以爲踐道原則之所在。

（一）通而為一

　　「道」，於外在一切事物現象，皆無所異分，其根柢即以天地萬物皆是同質，所謂「天地一指也，萬物一馬也。」（〈齊物論〉）「天地與我並生，而萬物與我爲一。」（〈齊物論〉）「自其同者視之，萬物皆一也。」（〈德充符〉）「夫天下也者，萬物之所一也。」（〈田子方〉）天地萬物皆同質爲一，故無所異分。若強異分之，則「自其異者視之，肝膽楚越也。」（〈德充符〉）如此，「其分也，成也；其成也，毀也。」（〈齊物論〉）萬物之分，雖成萬物，然既成萬物，則必生對立，此對立之勢，則有所毀也。因此，「厲與西施，恢恑憰怪，道通爲一。……凡物無成與毀，復通爲一。」（〈齊物論〉）「以道觀之，物无貴賤。」（〈秋水篇〉）〔註4〕「道」，無所異分，則天地萬物，復通爲一，故以「道」

〔註4〕 在「以道觀之」的統合之下，如此觀法有無窮之可能，一種觀法代表一種實際之認知層次與角度，而於其中平等遍佈「道」之意義。「道」之意義使所有

觀物，實無貴賤之分。如是，「夫若然者，且不知耳目之所宜，而遊心乎德之和；物視其所一而不見其所喪，視喪其足猶遺土也。」（〈德充符〉）以萬物皆一的觀點視之，則只求遊心於萬物之德和，故於外在耳目與肢體，皆無視無喪，而得悠遊心靈的逍遙自在，故「得其所一而同焉，則四支百體將爲塵垢，而死生終始將爲晝夜而莫之能滑，而況得喪禍福之所介乎！」（〈田子方〉）當四肢百體皆如塵垢，死生終始無所可擾，那麼得喪禍福，又如何困之？此則「道」通而爲一的眞實效驗。故世人踐道，應依「道」通而爲一之特質修養自我，如是，當能於物無所對待，而使精神順任逍遙自在。

（二）因任自然

「道」，以萬物通而爲一，無所異分，所謂「唯達者知通爲一，爲是不用而寓諸庸……因是已。已而不知其然，謂之道。」（〈齊物論〉）通達者，既了解「道」通而爲一之理，則不固執己見，而順任自然；順任自然而不強知所以然，則是無爲之「道」矣。所謂「物之生也，若驟若馳，无動而不變，无時而不移。何爲乎，何不爲乎？夫固將自化。」（〈秋水〉）萬物的生長，本是自然的變化，其「無動而不變，無時而不移」的形勢，原是其自化的緣故，如是，爲與不爲，都是順任自然的變化而已。而「夫天籟者，吹萬不同，而使其自己也，咸其自取，怒者其誰邪！」（〈齊物論〉）〔註 5〕天籟之音，即是風吹萬種竅孔，自然而致，「萬物皆出於機，皆入於機。」（〈至樂〉）〔註6〕即是萬物皆源於自然，亦歸於自然。故「今之大冶鑄金，金踊躍曰『我且必爲鏌邪』，大冶必以爲不祥之金。今一犯人之形，而曰『人耳人耳』，夫造化者必以爲不祥之人。今一以天地爲大鑪，以造化爲大冶，惡乎往而不可哉！」（〈大宗師〉）自然的造化，若強而逆之，必有待而遭違，然若能全然順任自然的變化，則善得無待之逍遙。

的認知層次與角度在對立中獲致統一，所有認知之殊異內涵並不礙理性之大統一，可以說，「道」的意義使所有的認知終於統合。請參看葉海煙，同註3，頁 153。

〔註 5〕　「天籟」的涵義，直可引申至超脫實物，而獨指「天然」此意義或境界，即是子綦以自己與自取兩語所暗示或隱指的妙境。使其自己的消極意義就是否定自己背後「怒之使然」者的存在，它的積極意義，正是自己如此由於自取如此。請參看王煜：《老莊思想論集》（臺北：聯經出版公司，1981 年），初版二刷，頁 115。

〔註6〕　此處之「機」，意指「生機」而言，就是萬物生理，就是萬物共同之大我。請參看胡哲敷：《老莊哲學》（臺北：中華書局，1987 年 12 月），初版，頁 217。

「吾所謂无情者，言人之不以好惡內傷其身，常因自然而不益生也。」（〈德充符〉）不以好惡之情而違逆自然，傷及自身，故無所用及人爲好惡之情，方是無情之自然效驗，故「物无非彼，物无非是……方生方死……方可方不可……因是因非……是以聖人不由，而照之於天，亦因是也。」（〈齊物論〉）萬象的變化，是聖人不限於彼是相對之勢，而全應自然，「夫乘天地之正，而御六氣之辯，以遊无窮者，彼且惡乎待哉！」（〈逍遙遊〉）若能順應自然之化，與六氣之變，〔註7〕使精神逍遙遊於無窮之境，那麼又有何可待者？「汝遊心於淡，合氣於漠，順物自然而无容私焉，天下治矣。」（〈應帝王〉）即使治天下，亦遊心於恬淡無爲，無任私心，〔註8〕順應自然萬物，如是，天下亦善自爲治而無所違。故「若夫乘道德而浮遊則不然。无譽无訾，一龍一蛇，與時俱化，而无肯專爲；一上一下，以和爲量，浮遊乎萬物之祖；物物而不物於物，則胡可得而累邪！此神農黃帝之法則也。」（〈山木〉）起伏上下，皆與時俱化，以和爲量，順任萬物而不役於物，如是，則能無所累患。故世人踐道，應依「道」因任自然之特質修養自我，如是，誠能使自我精神逍遙於無窮之境，而不役於物。

（三）以無用爲大用

「道」，以「不爲高」、「不爲深」、「不爲久」、「不爲老」的無爲謙退呈現，而世人依此修養，誠能不與世爭，所謂「惠子謂莊子曰：『吾有大樹，人謂之樗。其大本擁腫而不中繩墨，其小枝卷曲而不中規矩，立之塗，匠者不顧。今子之言，大而無用，眾所同去也。』莊子曰：『……今子有大樹，患其无用，何不樹之於无何有之鄉，廣莫之野，彷徨乎无爲其側，逍遙乎寢臥其下。不

〔註7〕 「氣」論是中國古代的自然觀，是中國古代素樸唯物主義學說的大宗、主流。在春秋時代，「氣」被用以說明世界的秩序和普遍聯系；至戰國時期，「氣」被看作是化生萬物的元素或本原。秦以後，氣論學說被兩漢、魏晉南北朝、隋、唐及後代哲學家繼承和發展。中國古代哲學家希有言「人」而不言「天」者，更希有言「天」而不言「氣」者。請參看李存山：《中國氣論探源與發微》（中國社會科學出版社，1990 年），初版，頁 3。

〔註8〕 《莊子》以此形容無成見、無欲望、無好惡時的心理狀態。此時的心理狀態，對一切與心相接之物，皆無所繫戀，無所聚注，只是冷冷地，泛泛地「應而不藏」，故《莊子》即以「淡」形容之。「遊心」的「遊」，是形容心的自由自在地活動，不是把心禁錮起來，而是讓心不挾帶欲望、知解等的自由自在地活動，此即所謂「遊心於淡」，而「合氣於漠」，是形容無欲望目的的心理活動。請參看徐復觀：《中國人性論史‧先秦篇》（臺北：商務印書館，1984 年），七版，頁 385。

夭斤斧，物无害者，无所可用，安所困苦哉！』(〈逍遙遊〉)惠子之患樗樹無用，實以世俗不中繩墨、不中規矩、匠者不顧之利害觀點視之爲無用，反之，《莊子》卻認爲如是將大樹置於廣漠之野，使其逍遙自在，亦善得無斤釜外物傷之之患，如此無所可用，方是無患之眞實保障。故「夫柤梨橘柚，果蓏之屬，實熟則剝，剝則辱；大枝折，小枝泄。此以其能苦其生者也，故不終其天年而中道夭，自掊擊於世俗者也。物莫不若是。且予求无所可用久矣，幾死，乃今得之，爲予大用。」(〈人間世〉)世俗以爲柤梨橘柚，果瓜之類可食用的水果，皆爲可用，故此類有用之物，皆無法善得壽命之終，此則爲有用之禍，若能成爲無所用之物，善退於後，無所爭先，方能得無用之福。「人皆知有用之用，而莫知无用之用也。」(〈人間世〉)實爲《莊子》「無用論」——無用方爲大用、無用方能保全之眞切義涵。故世人踐道，應依「道」謙退無強修養自我，以無用善下處之於世，如是，誠能使自我生命遠禍而安，壽命得以善終。

《莊子》中的踐道原則，說明著世人應能體「道」於天下一切事物現象，皆無所異分，若強自異分，則必生對立，有對立之勢，則有所毀，故以萬物皆一的觀點視之，則只求遊心於萬物之德和，於外在耳目與肢體，皆無視無喪，方得心靈悠遊的逍遙自在。而萬物通而爲一，無所異分，故順任自然而不強知所以然，則是無爲之道。順任自然的變化，不以好惡之情違逆自然而傷及自身，順任萬物而不役於物，如是，則能無所累患，使精神逍遙遊於無窮之境，那麼精神上又有何可待者？而「道」之無爲謙退，若世人依此修養，誠能不與世爭，世人亦不與之爭。可用的柤梨橘柚，皆無法善得壽命之終，此則爲有用之禍，若如樗樹之無用之物，因能善退於後，無所爭先，方能得無用之福，如是無斤釜外物傷之之患，而得逍遙自在，故無所可用，方是無患之眞實保障，此爲無用方爲大用之眞切義涵。故世人依「道」而實踐，當能順化萬物而解脫束縛，安應於生死，進而使精神臻至逍遙自在的境界。

二、生死觀

《莊子》的生死觀，說明著人的生命如白駒過郤般的短暫，忽然而已，即歸於死亡，因此，「人生天地之間，若白駒之過郤，忽然而已。」(〈知北遊〉)「天與地無窮，人死者有時，操有時之具而託於无窮之閒，忽然无異騏驥之馳過隙也。不能說其志意，養其壽命者，皆非通道者也。」(〈盜跖〉)以有限

的生命，寄形於無限的天地間，益顯生命的短暫，如是，若無法暢適自我之
靈明精神，以善養自我之短暫壽命，則非達道之人。故「道者，萬物之所由
也，庶物失之者死，得之者生，爲事逆之則敗，順之則成。故道之所在，聖
人尊之。」（〈漁父〉）「道」，是萬物所由之源，萬物得之則生，失之則亡，順
之則成，逆之則敗，故萬物之生死，皆應順應自然之道，形軀的生死，亦不
過是自然的變化而已，善解於道，自是聖人應尊之處。因此，就《莊子》中
關於生死觀部分，析分成「世俗壽夭生死的迷失」、「生死不斷變化」、「生死
皆自然」、「生死爲一」四部分，以爲其生死觀的說明。

（一）世俗壽夭生死的迷失

生死本是自然之事，然世人悅生惡死，誠爲世人迷失之處，所謂「人之
生也，與憂俱生，壽者，久憂不死，何苦也！」（〈至樂〉）人之生也，難道能
證其一生純樂乎？實際的生存環境，既非純然爲樂，則當有所憂愁，生命的
存在，總是爲生存而奮鬥，然此必是與世有所爭，亦有所違，如此汲營生存，
即使爲壽，亦是昏沉不智，如此久憂不死，實是痛苦，以此視之，夭無所悲，
壽亦何足樂？故應「不樂壽，不哀夭。」（〈天地〉）面對生命的壽夭，實無需
因而喜與悲。因爲壽而昏沉於世，誠爲痛苦，因此即使長壽，又何喜哉？

因此，「天下莫大於秋豪之末，而大山爲小；莫壽於殤子，而彭祖爲夭。」
（〈齊物論〉）〔註9〕《莊子》打破世俗以存在世上時間長短爲壽夭的標準，而
反以殤子爲壽，彭祖爲夭，此正是對形軀生命留戀的諷刺！故世俗樂壽哀夭，
悅生惡死的拘套，對《莊子》而言，實是亟需修正的觀念，如《莊子》以麗
姬嫁與晉王之例，正說明悅生惡死的荒謬所在，「予惡乎知說生之非惑邪！予
惡乎知惡死之非弱喪而不知歸者邪！麗之姬，艾封人之子也，晉國之始得之
也，涕泣沾襟；及其至於王所，與王同筐床，食芻豢，而後悔其泣也。予惡
乎知夫死者不悔其始生之蘄生乎！」（〈齊物論〉）麗姬當初的哭泣，是因要嫁
與晉王的恐懼，這正如同人們要面對死亡時的恐懼一般，等到享受了歡樂，
麗姬才後悔當初的哭泣，這亦同於眞正了解死亡後，才後悔當初對死亡的恐

〔註9〕 泰山之大，彭祖之壽，世人既極稱之；然而泰山比於「道」之全體，則何啻
一毫之末？彭祖比於天地之無古今，則何啻朝菌蟪蛄？質而言之，《莊子》是
以毫無形質者爲最大，不生不死爲最壽。凡佔有形質，則大中有大，故雖大
不可爲大；有生則有死，雖壽不可爲壽。故「道」無形體，而無所不在，故
名之曰「大」；天地是無終始，故名之曰「壽」。請參看胡哲敷，同註 6，頁
211。

懼，是何其愚蠢！故生即是惑，死，正是回歸自然而已！

　　故「夫大塊載我以形，勞我以生，佚我以老，息我以死。故善吾生者，乃所以善吾死也。」（〈大宗師〉）大自然賦與人們形體，以生使勞，以老得佚，以死而息，故所謂的死亡，只是人們真正得以安息之境，又何惡焉？因此以生為善者，亦應以死為善。死亡，難道如此可怕嗎？《莊子》舉了與骷髏的對話，誠讓世人對於死亡有另一番的省思：「髑髏曰：『死，无君於上，无臣於下；亦无四時之事，從然以天地為春秋，雖南面王樂，不能過也。』莊子不信，曰：『吾使司命復生子形，為子骨肉肌膚，反子父母妻子閭里知識，子欲之乎？』髑髏深矉蹙頞曰：『吾安能棄南面王樂而復為人閒之勞乎！』」（〈至樂〉）骷髏說明的死後世界，是一逍遙從容的自在世界，因此如果回復為生，則反是勞苦之境。故「明乎坦塗，故生而不說，死而不禍，知終始之不可故也。」（〈秋水〉）能通達生死不斷的變化，即使是生，亦不為悅，死，亦不為禍。

　　因此「古之真人，得之也生，失之也死；得之也死，失之也生。」（〈徐无鬼〉）「古之真人，不知說生，不知惡死。」（〈大宗師〉）古之真人，因不悅生，亦不惡死，全然忘卻生死的拘限，故得精神的純然自任，逍遙自在，而「彼方且與造物者為人，而遊乎天地之一氣。彼以生為附贅縣疣，以死為決丸潰癰，夫若然者，又惡知死生先後之所在！」（〈大宗師〉）遊於方外者，以人之形軀為贅瘤（氣的聚結），以死亡為破癰（氣的消散），如此，生命的死生先後，又有何分別呢？因此，《莊子》打破世俗生死壽夭的迷失，實讓世人勿執著於生存長壽之真意矣。

（二）生死不斷變化

　　生死誠本自然變化，所謂「道无終始，物有死生。」（〈秋水〉）以「道」而言，無謂終始，以物而論，本有死生，故「死生存亡，窮達貧富，賢與不肖毀譽，飢渴寒暑，是事之變，命之行也；日夜相代乎前，而知不能規乎其始者也。」（〈德充符〉）死生存亡等世俗之相，如日夜般相代而轉。即是人生的生死，亦是不斷的變化。而「生有所乎萌，死有所乎歸，始終相反乎无端而莫知乎其所窮。」（〈田子方〉）生死始終循環而無所窮盡，「未生不可忌，已死不可阻。死生非遠也，理不可覩。」（〈則陽〉）自然的生死變化，本是不可忌與不可阻，死生循環無盡，並非遠隔矣。

　　故莊子妻死，莊子則謂「是其始死也，我獨何能無概然！察其始而本无生，非徒无生也而本无形，非徒无形也而本无氣。雜乎芒芴之間，變而有氣，

氣變而有形，形變而有生，今又變而之死，是相與為春秋冬夏四時行也。」（〈至樂〉）人之成為形體生命，是經由偶然之運化而成氣，氣而成形，形而生命，而後終亡，如是生死之循環，正如同春夏秋冬四時般的反復，知有此自然之理，又何須戀及此必亡之形體生命呢？故「生也死之徒，死也生之始，孰知其紀！人之生，氣之聚也；聚則為生，散則為死。若死生為徒，吾又何患！故萬物一也。是其所美者為神奇，其所惡者為臭腐；臭腐復化為神奇，神奇復化為臭腐。故曰：『通天下一氣耳。』聖人故貴一。」（〈知北遊〉）人有形軀之生，只是天地之氣的聚合，形軀之亡，亦是天地之氣的消散而已，生死既是相繼反復的自然現象，吾又何患焉？〔註10〕

而「生者，假借也；假之而生生者，塵垢也。死生為畫夜。且吾與子觀化而化及我，我又何惡焉！」（〈至樂〉）形軀生命只是假借於外在物質的組合，然此身終將如塵垢般的忽微，如此死生畫夜般的自然變化，吾又何惡焉？「有乎生，有乎死，有乎出，有乎入，入出而无見其形，是謂天門。」（〈庚桑楚〉）所謂「天門」，即是有生有死，出入无見其形，即是自然之理。「方生方死，方死方生……是以聖人不由，而照之於天，亦因是也。」（〈齊物論〉）面對生死不斷變化的現象，聖人不由世俗的生死是非之相，而是因任自然之理，「注然勃然，莫不出焉；油然漻然，莫不入焉。已化而生，又化而死，生物哀之，人類悲之。解其天弢，墮其天袠，紛乎宛乎，魂魄將往，乃身從之，乃大歸乎！」（〈知北遊〉）面對死亡，生物哀之，人類悲之，然形軀的自然轉移，正是歸返自然之大化。故生死本是不斷變化，亦只是純然自然之化矣。

（三）生死皆自然

萬物的生命，皆是自然所賦與，故「生非汝有，是天地之委和也；性命非汝有，是天地之委順也。」（〈知北遊〉）此身之形軀生命，原是天地所委付的自然生命，故「芴漠無形，變化無常，死與生與，天地並與，神明往與！」（〈天下〉）生死的變化，本是與天地自然並存，因此「聖人之生也天行，其

〔註10〕若以自然言「氣」，則人的生死禍福等一切際遇，亦可說是「氣」的決定，亦可說是自然的決定。這裡自不免於有命定論或決定論的傾向。故《莊子》常勸人不要以價值的眼光來看生死禍福等際遇，不要以生為善，以死為惡，不要以福為善，以禍為惡；而是要把生、死看成一體，是一事的兩面，而平觀生、死，不起樂生惡死的想法，這樣便能免卻很多因價值的區分而來的麻煩。請參看吳汝鈞：《老莊哲學的現代析論》（臺北：文津出版社，1998年6月），一刷，頁129。

死也物化。」（〈刻意〉）聖人在生之時，順應自然而行，在死之際，順應自然而化，如是純任自然，自得與自然共融之和。故人之於世，本有生死，此本自然，依此而順化，當與自然共融而無所違逆。

（四）生死為一

破除世俗生死壽夭的迷失，猶是消極的作法，積極的方式是明白生死為自然，生死變化也是自然，終而視生死為一。世人悅生惡死，在於生死異分，然「胡不直使彼以死生為一條，以可不可為一貫者，解其桎梏，其可乎？」（〈德充符〉）〔註11〕可否之別，死生之分，皆為桎梏束縛，不如死生一條，皆通而為一。「不以生生死，不以死死生。死生有待邪？皆有所一體。」（〈知北遊〉）〔註12〕不因生死有所待，死生無待，皆為一體，「萬物一府，死生同狀。」（〈天地〉）萬物本是一體，故「物化」則無所執著，萬物流轉，死生即使相繼，那麼死生又何需相異？「孰能以无為首，以生為脊，以死為尻，孰知死生存亡之一體者，吾與之友矣。」（〈大宗師〉）「無」、「生」、「死」原為一體，生死本是自然變化，無所執著，能通豁生死一體，即是善解生死真相，如是，方得善體道之無為無待。能善體生死為一，無所異分，當可通豁生死，善應自然之化而得逍遙無待。

《莊子》中呈現的生死觀，說明著萬物的生命，皆是自然所賦與，而生死的變化，則是與天地自然並存，故人之生死，本是自然，依此順化，當與自然共融而無所違逆。因生死本為自然變化，故死生存亡等世俗之相，如日夜般相代而轉。即是人生的生死，亦是不斷的變化，如是生始死終，循環而無所窮盡，人形軀之生，只是天地之氣的聚合，形軀之亡，亦是天地之氣的消散而已，生死既是相繼反復的自然現象，吾又何患焉？生死本是自然之事，然世人悅生惡死，誠為世人迷失之處，因世人汲營生存，即使為壽，亦是昏

〔註11〕莊子以人的樂生而惡死，實係精神的桎梏。為了解除其桎梏，莊子似乎採取三種態度：一是把它當作時命的問題，安而受之，無所容心於其間。二是進而以「物化」的觀念，不為當下的形體所拘繫，隨造化之化而俱化。三則似乎莊子已有精神不死的觀點。請參看徐復觀，同註8，頁405。

〔註12〕顯然地，「生」和「死」在莊子看來，只是生命中的個別現象；而這些現象之所以被注意，那是因為人固執著用「差別相」來審斷生和死，致使人「悅生惡死」，甚至「貪生怕死」，莊子是要以整體宇宙的流行來宏觀生死的現象，以「萬物畢同畢異」的知性來統合整體觀的慧心。請參看鄔昆如：〈莊子的生死觀〉《哲學與文化》（臺北：哲學與文化月刊雜誌社，19944年7月），21卷第7期，頁584。

沉不智，如此久憂不死，實是痛苦。如是，夭無所悲，壽亦何足樂？故生是惑，死，即是歸回自然而已！能通達生死不斷的變化，即使是生，亦不爲悅，死，亦不爲禍，如是全然忘卻生死的拘限，善得精神的純然自任而逍遙自在。世人因己而有所待，如是悅生惡死，生死異分，實爲痛苦之源，故能體認生死本是自然變化，無所執著，能通豁生死一體，即是善解生死眞相。如是，方得善體道之無爲無待。故善順自然變化而無待於生死，誠是《莊子》精神無所畏懼，順任生死而逍遙自在的生死觀。

三、非養生之道

　　世人苦痛，究其原因所在，誠是不知如何善養自我，以使自我心靈安適。故《莊子》生死觀的精神所在，誠依「道」而爲，以修養自我，如是自能生死相安，心靈逍遙自在。今視《莊子》中所謂世人苦痛所在，所謂「有機械者必有機事，有機事者必有機心。機心存於胸中，則純白不備；純白不備，則神生不定；神生不定者，道之所不載也。」(〈天地〉) 心中存有機心，心靈必不純明，無純明之心，則心神恍惚不定，如是，必無法與「道」相應。「夫道不欲雜，雜則多，多則擾，擾則憂，憂而不救。」(〈人間世〉) 若心思雜亂，則必生憂擾，憂擾之心，必致困憂，然究其原因，實是心中有所愛戀慾望，故「道之所以虧，愛之所之成。」(〈齊物論〉)「意有所至而愛有所亡，可不愼邪！」(〈人間世〉) 有自我之私欲所愛，則必生偏執，心生困擾，如是修道必有所不備。

　　而《莊子》書中曾言所謂的失性情形：「失性有五：一曰五色亂目，使目不明；二曰五聲亂耳，使耳不聰；三曰五臭薰鼻，困惾中顙；四曰五味濁口，使口厲爽；五曰趣舍滑心，使性飛揚。此五者，皆生之害也。」(〈天地〉) 執著形軀之耳、目、鼻、口之欲，而導致心靈的陷溺，如是傷害本性而無法修養自我清明之心性，實生之害也。故「喪己於物，失性於俗者，謂之倒置之民。」(〈繕性〉) 役使自我形軀，而使自我陷溺於世俗之物，《莊子》謂之「倒置之民」。這些倒置之民，「夫富者，苦身疾作，多積財而不得盡用，其爲形也亦外矣。夫貴者，夜以繼日，思慮善否，其爲形也亦疏矣。」(〈至樂〉)「今世之人居高官尊爵者，皆重失之，見利輕亡其身，豈不惑哉！」(〈讓王〉)「德溢乎名，名溢乎暴，謀稽乎誋，知出乎爭，柴生乎守，官事果乎眾宜。」(〈外物〉) 倒置之民，追隨世俗功名利祿，在乎權力名位，以致見利而輕亡其身，這難道不是一件令

人困惑之事？而世俗矯偽之人，「演門有親死者，以善毀爵爲官師，其黨人毀而死者半。」（〈外物〉）以善於哀毀之容而得取爵位，而黨人亦有所陷溺而死者過半，如是，皆是令人困惑之情。因此，「小人則以身殉利，士則以身殉名，大夫則以身殉家，聖人則以身殉天下。故此數子者，事業不同，名聲異號，其於傷性以身爲殉，一也。」（〈駢拇〉）無論何種階層之人，其傷性痛苦之處，皆是心有所欲，執著貪戀，如是以身殉之，是何其不智！

心中雖追尋著欲望享樂，然私心過度貪戀，終將陷溺於欲，無可自拔，故「近死之心，莫使復陽也。」（〈齊物論〉）因私心貪欲，而損害了自我清明的心靈，如是近死之心，拯救亦難。「吾生也有涯，而知也无涯。以有涯隨無涯，殆已；已而爲知者，殆而已矣。」（〈養生主〉）人們以有限的生命體力，去追尋無限的外在知識，如是，必將殆矣，所謂「直木先伐，甘井先竭。子其意者飾知以驚愚，修身以明汙，昭招乎如揭日月而行，故不免也。」（〈山木〉）不斷的以世俗之知來修養自己，如是擾亂己心，必遭困頓。而「馳其形性，潛之萬物，終身不反，悲夫！」（〈徐无鬼〉）將自我有限心智，馳騁於世俗之上，以致終身無救，誠屬悲哀之爲！故「今世俗之君子，多危身棄生以殉物，豈不悲哉！」（〈讓王〉）拋棄自我清明心靈，而使自身殉於外物的追求上，豈不悲哉！「一受其成形，不忘以待盡。與物相刃相靡，其行盡如馳，而莫之能止，不亦悲乎！終身役役而不見其成功，苶然疲役而不知其所歸，可不哀邪！人謂之不死，奚益！其形化，其心與之然，可不謂哀乎？」（〈齊物論〉）如是，只顧追求世俗外物爲生而備生困擾，卻遺忘了心靈精神的逍遙自在，傷性殉身，而終導致終身不反，實可謂世人眞正的悲哀！

四、養生之道

《莊子》生死觀中，精神的逍遙自適，即是以「養生」之法而成之，所謂「夫至人者，相與交食乎地而交樂乎天，不以人物利害相攖，不相與爲怪，不相與爲謀，不相與爲事，翛然而往，侗然而來。是謂衛生之經已。」（〈庚桑楚〉）至人，順任自然而爲，生只消極的爲形軀之存，而全然的積極爲精神之涵養，如是，純眞無拘的順應自然，即是養護生命的眞義。至於涵養精神的方法，「純粹而不雜，靜一而不變，惔而无爲，動而以天行，此養神之道也。」（〈刻意〉）純一無雜，虛靜無爲，順動自然，「依乎天理……因其固然……怵然爲戒……。」（〈養生主〉）養生之法，首重依乎自然之天理，因於自然之本然，以愼養生，

故「彼節者有閒，而刀刃者无厚；以无厚入有閒，恢恢乎其於遊刃必有餘地矣。」（〈養生主〉）以無爲之德，善養自然之生，凡事不強爲，則能順應生命而得精神之優遊自在。故以下即就「順乎自然」、「無執，不以好惡內傷其身」、「忘乎形軀」、「虛靜無爲」、「深藏慎世」、「安生死與忘生死」、「遊心勝物不傷」、與「不爲死生而改變」等項目，以說明《莊子》養生觀念的意涵所在。

（一）順乎自然

修養自我，首要即在於能順乎自然，所謂「聖人不謀，惡用知？不斲，惡用膠？无喪，惡用德？不貨，惡用商？四者，天鬻也。天鬻者，天食也。既受食於天，又惡用人！」（〈德充符〉），聖人不圖謀慮，不強爲之，無所缺喪，不求利益，一切應乎自然。「彼至人者，歸精神乎无始而甘冥乎无何有之鄉。水流乎無形，發泄乎太清。」（〈列禦寇〉）至人，精神歸於無始無何有之鄉，正如同水以無形之狀順流，誠順應自然之效。

「心養。汝徒處无爲，而物自化。墮爾形體，吐爾聰明，倫與物忘；大同乎涬溟，解心釋神，莫然无魂。萬物芸芸，各復其根，各復其根而不知；渾渾沌沌，終身不離；若彼知之，乃是離之。无問其名，无闚其情，物固自生。」（〈在宥〉）修養心靈，只要順乎自然，忘形去智，渾然無機，因萬物之自然之生，順其自然，「安排而去化，乃入於寥天一。」（〈大宗師〉）如是，聽任自然，順應變化，則能入於純粹寥遠之境。

「聖人藏於天，故莫之能傷也。」（〈達生〉）聖人含藏於自然，故外物無法傷之，而得精神之無礙，「緣督以爲經，可以保身，可以全生，可以養親，可以盡年。」（〈養生主〉）〔註13〕因此，順乎自然而以爲常法，則其效驗可以

〔註13〕 所謂「緣督以爲經」，其意有兩項論述：

　　成玄英《疏》曰：「緣，順也。督，中也。經，常也。夫善惡兩忘，形名雙遣，故能順一中之道，處真常之德，虛夷任物，與世推移。養生之妙，在乎茲矣。」轉引自郭慶藩，同註2，頁117。因此所謂養生主者，乃是在指出存養吾人生命之主要方式，不外是循理之自然而已，能順理之自然，即無意必之執，亦無善惡刑名之累。請參看高柏園：《莊子內七篇思想研究》（臺北：文津出版社，1992年4月），初版，頁115。故順任自然之道，無執己強爲，乃是真正常保精神自適消遙，善養吾人精神生命的養生之道。

　　王船山云：「《奇經》八脈，以任督主呼吸之息。身前之中脈曰任，身後之中脈曰督。督者，居靜而不倚於左右，有脈之位而無形質。緣督者，以清微纖妙之氣，循虛而行，止於所不可行，而行自順，以適得其中。」轉引自郭慶藩，同註2，頁117。學者以爲「緣督以爲經」，是莊生知道人體經脈體系與作用的確證，經脈所以通氣，故人離不開氣，不只離不開氣，人根本就是氣

保全自然形軀之身而無強爲之禍，可以保全精神生命而無強礙之擾。能善養自然形軀生命，自能享盡自然天與壽年。

「若夫乘道德而浮游則不然。无譽无訾，一龍一蛇，與時俱化，而无肯專爲；一上一下，以和爲量，浮遊乎萬物之祖；物物而不物於物，則胡可得而累邪！此神農黃帝之法則也。」（〈山木〉）神農黃帝的處世態度，無譽無訾，時進時退，順應自然，無肯專爲；上下之間，順和萬物，悠遊於萬物的根源；順應自然而無所偏執，則是神農黃帝養生之法。

（二）無執，不以好惡內傷其身

修養自我，當能無執己身，不因世俗感官之好惡而自傷己身，所謂「夢飲酒者，旦而哭泣；夢哭泣者，旦而田獵。方其夢也，不知其夢也。夢之中又占其夢焉，覺而後知其夢也。且有大覺而後知此其大夢也。」（〈齊物論〉）夢中與現實互異，清醒時，方知人生如同一場夢境，如是，又何執焉？「道與之貌，天與之形，无以好惡內傷其身。」（〈德充符〉）道與天，給與人自然之形軀，人不應以世俗之好惡內傷自身。「吾所謂无情者，言人之不以好惡內傷其身，常因自然而不益生也。」（〈德充符〉）所謂「無情」，即是不以世俗之情爲情，不以世俗好惡之情而傷身，常因順自然而不益形軀之生，故「无以人滅天，无以故滅命，无以得殉名。謹守而勿失，是謂反其眞。」（〈秋水〉）〔註14〕無以人爲滅天命，無以造作滅順命，無以貪得求俗名，無執而回歸自然，自能反其本眞，又何以好惡而傷其身呢？因此，不以貪戀有執，來自傷己身，能歸反本眞，能跳脫世俗好惡之拘陷，自然得道生命的逍遙自在。

（三）忘乎形軀

形軀，是人得以生存於世的基本所具，然過分的執著己身，亦是有所貪戀，而心生痛苦，所謂「故德有所長而形有所忘，人不忘其所忘，而忘其所

造成的。請參看杜正勝：〈生死是連續或是斷裂──中國人的生死觀〉《當代》（臺北：合志文化事業股份有限公司，1991 年 2 月），第 58 期，頁 37。而後更進而說明「緣督以爲經」乃是指古代氣功的一種方法。請參看張榮明：《中國古代氣功與先秦哲學》（臺北：桂冠圖書，1992 年 1 月），初版，頁 207。而筆者則以爲成玄英之說，自能透顯《莊子》順乎自然的養生之道，此精神生命的逍遙自在，自能較形軀生命的護養長生，益顯其生命的眞正意義。

〔註14〕如何透過生命自然之性分，上達生命本然之眞相，以建立生命之理想，並爲人格之超越開出一道無盡之路，乃《莊子》倫理學之本務。請參看葉海煙：《老莊哲學新論》（臺北：文津出版社，1997 年 9 月），一刷，頁 53。

不忘，此謂誠忘。」（〈德充符〉）德性有所增長，即能善忘外在形軀，故真正不當的遺忘，是執著於外在的形軀，而遺忘了心靈的修養。若深而觀之，「昔者莊周夢爲胡蝶，栩栩然胡蝶也，自喻適志與！不知周也。俄然覺，則蘧蘧然周也。不知周之夢爲胡蝶與，胡蝶之夢爲周與？周與胡蝶，則必有分矣。此之謂『物化』。」（〈齊物論〉）「莊周」與「蝴蝶」，就世俗視之，有所分別，若就自然而言，則皆通爲一，故有執產生分別，無執則得物化，那麼，自我的形軀，於自然的流轉變化中，又何需執著呢？〔註15〕

形軀生命既不須過分執著，如是的養生，當著重於忘乎形體而得精神生命的逍遙自在，其法有謂「仰天而噓，荅焉似喪其耦。」（〈齊物論〉）仰天緩緩呼吸，進入了超越形軀與精神對待的境界，無視其分別，以享無形軀束縛之樂。「墮肢體，黜聰明，離形去知，同於大通，此謂坐忘。」（〈大宗師〉）《莊子》體道，〔註16〕何謂「坐忘」？坐忘實是擺脫了識知心種種有形相的計度預謀，分別忘執，以回歸向靈台心的虛靈明覺，及對「道」的觀照，仁、義、禮、樂在《莊

〔註15〕由「莊周夢蝶」一事而言，可由以下線索視之，分層探討：

（一）筆者意謂《莊子》言此夢境，只是詮釋之便，其重點在於莊周與蝶，皆是個體形軀。以世俗視之，原是分異：然由夢境之中，形軀之外物，當能合化於自然，於自然的流轉變化中，莊周與蝴蝶的形軀，皆通爲一，如是，外在的形軀，又何須執著？故筆者以「忘乎形軀」觀念爲此夢的探討重點。

（二）吳汝鈞意謂莊周夢爲蝴蝶，即全身全心爲蝴蝶，專心投入蝴蝶的身分與活動中，覺得無比舒暢，完全忘卻莊周其人：醒來後，則回復本來面目。這種完全投入外物方面去，完全忘卻本來身份，完全爲外物所取代，是徹底的物化。亦唯有在這種徹底的物化中，才能真正排除一切識知心的計較與預謀的作用，而得到最大的滿足感。所謂化，是隨順他者，忘卻自身之意，萬物往哪裡變化，自己也流蕩到那裡，而隨順安住於其中，必須要能隨遇而安，才能化，這是靈台心與自然所成就的大諧和的深化的表現，人在這種「化」中，精神上感到充實飽滿，無比痛快。故吳汝鈞以「心與自然諧和」觀念爲此夢的探討重點。請參看吳汝鈞，同註9，頁117。

（三）王叔岷意謂莊周夢爲蝴蝶，忘其爲莊周，莊周與蝴蝶，各安於自然之分：各安於自然之分，則在覺安於覺，夢安於夢，故無所謂夢覺。莊周由夢覺體悟物化之理，即死生變化之理：然則在生安於生，在死安於死，則無所謂生死。破覺夢猶外生死，破覺夢之執，以明外生死之理，齊物之義，盡於此矣。故王叔岷以「明外生死之理」觀念爲此夢的探討重點。請參看王叔岷：《先秦道法思想講稿》（臺北：中央研究院，1992年5月），初版，頁103。

〔註16〕崔大華：《莊學研究》（北京：人民出版社，1992年11月），初版，頁183。

子》眼中，都是成立於識知之心，足以桎梏人的心靈自由。「墮肢體，黜聰明」表示識知心的作用被克服過來，不再出現以識知心的聰明去計較執取肢體的形相而成的主客對峙局面。而「離形去知」，主客格局打破，靈台的新光自能透出，而能當下照取絕對的道的虛靜性格，即謂「大通」。〔註17〕遺忘肢體，黜棄聰明，離形去智，則與大道相通，坐而遺忘世形，則得逍遙自在，「形若槁骸，心若死灰，眞其實知，不以故自持。」(〈知北遊〉)形體定如槁骸，心靈靜若死灰，眞實悟道，不矜持己見，亦即不矜固自我形軀。「養志者忘形」(〈讓王〉)，涵養心靈者，則忘乎外在之形軀。

「夫支離其形者，猶足以養其身，終其天年，又況支離其德者乎！」(〈人間世〉)形軀殘缺者，能養身終年，更何況忘德之人，更能忘乎形體而全其精神心靈。「夫欲免爲形者，莫如棄世。棄世則无累，无累則正平，正平則與彼更生，更生則幾矣。」(〈達生〉)要想免於形軀之累，則莫如捨棄世事，捨棄世事，則心靈虛靜，自能忘乎形體而近道矣。故以忘乎形軀的方法養生，當能使自我免於形軀之累，如是心靈虛靜，自是益於精神生命的逍遙自適。

（四）虛靜無為

修養自我，應善以虛靜、無爲之法，以益於精神生命的清化。所謂「若一志，无聽之以耳而聽之以心，无聽之以心而聽之以氣！聽止於耳，心止於符。氣也者，虛而待物者也。唯道集虛。虛者，心齋也。」(〈人間世〉)修爲虛明的心，則以「道」爲之，因耳止於感官之聽，心止於感應外物，唯「氣」，虛能順應萬物，無所執戀，故虛明之心，即「心齋」也。〔註18〕「欲靜則平氣。」(〈庚桑楚〉)寧靜則能平氣，「人莫鑒於流水而鑒於止水，唯止能止眾止。」(〈德充符〉)人唯能鑒於止水，故止則能靜照於物，靜觀眾物。「其爲物，无不將也，无不迎也；无不毀也，无不成也。其名爲攖寧。攖寧也者，攖而後成者也。」(〈大宗師〉)無不將迎，無不毀成，即使萬物紛擾，仍能保持安寧之境，即是「攖寧」。「瞻彼闋者，虛室生白。」(〈人間世〉)若能觀照虛明之心，此虛明之心則能生出光明。「平者，水停之盛也。其可以爲法也，

〔註17〕吳汝鈞，同註9，頁99。
〔註18〕「心齋」是使心處於虛靈的狀態，沒有情欲，也沒有經驗內容，即沒有有關經驗世界的種種計較的、區別的知識，在「心齋」下的心，是靈台明覺的，它的虛靈正好與「道」的虛靜相應，此種相應，可視爲一種純粹經驗。請參看吳汝鈞，同註9，頁101。

內保之而外不蕩也。」（〈德充符〉）當內心保持眞實平靜時，則當能保持內心恆靜而不爲外物所擾。「人能虛己以遊世，其孰能害之！」（〈山木〉），即以虛己而遊世，如是無待於世，孰能害之？故「夫虛靜恬淡寂漠无爲者，天地之平而道德之至，故帝王聖人休焉。休則虛，虛則實，實者倫矣。虛則靜，靜則動，動則得矣。靜則无爲，无爲也則任事者責矣。无爲則俞俞，俞俞者憂患不能處，年壽長矣。夫虛靜恬淡寂漠无爲者，萬物之本也。」（〈天道〉）虛靜恬淡寂寞無爲，誠天地之本，道德之極，如是無爲，則心靈安逸，無憂患之慮，精神生命自在，自然年壽生命得全，而無強爲之禍。

「天无爲以之清，地无爲以之寧，故兩无爲相合，萬物皆化。芒乎芴乎，而无從出乎！芴乎芒乎，而無有象乎！萬物職職，皆從无爲殖。故曰天地无爲也而无不爲也，人也孰得無爲哉！」（〈至樂〉）天地無爲，而得萬物安化自在，故萬物繁多，皆源於無爲，則其效驗能無爲而無不爲，「子獨不聞夫至人之自行邪？忘其肝膽，遺其耳目，芒然彷徨乎塵垢之外，逍遙乎无事之業，是謂爲而不恃，長而不宰。」（〈達生〉）至人遺忘外在形軀，而逍遙於無事之境，故爲而不恃，長而不宰，此即無爲之驗。「無思無慮始知道，無處無服始安道，無從無道始得道。」（〈知北遊〉）無思無慮，無處無服，無從無道，即是「道」之眞從，亦是無爲之效驗矣。故以虛靜、無爲而使精神生命復樸，使自我精神生命自在。

（五）深藏慎世

世人之患，常急於外炫己才而遭嫉恨災殃，所謂「彼人含其明，則天下不鑠矣；人含其聰，則天下不累矣；人含其知，則天下不惑矣；人含其德，則天下不僻矣。」（〈胠篋〉）人爲之爭，其禍源皆出自外炫其才，馳騁其知，若能深藏其聰明德智，不顯外露，則無所爭亂，如是天下必得安和。「夫全其形生之人，藏其身也，不厭深眇而已矣。」（〈庚桑楚〉）能深藏其身，不厭深遠，懂得深藏修爲而不急躁外露，如是，不與外界相生爭端，方能得全其形生。「當時命而大行乎天下，則反一無；不當時命而大窮乎天下，則深根寧極而待；此存身之道也。」（〈繕性〉）面對時勢，若不逢時機而有所窮困，則當深藏極寧，勿顯露於外而益加困窮，此亦存身之道。「察乎安危，寧於禍福，謹於去就，莫之能害也。」（〈秋水〉）體道者，其處世之道，即能察於安危之際，安於禍福之時，謹愼進退之爲，如是，則亦不爲所害。「予嘗言不死之道。東海有鳥焉，其名曰意怠。其爲鳥也，翂翂翐翐，而似无能；引援而飛，迫脅而棲；進不

敢爲前，退不敢爲後；食不敢先嘗，必取其緒。是故其行列不斥，而外人卒不得害，是以免於患。直木先伐，甘井先竭。子其意者飾知以驚愚，脩身以明汙，昭招乎如揭日月而行，故不免也。」（〈山木〉）所謂「不死之道」，誠如東海之意怠鳥般，於同列中因善而退之，不與群爭，故同列不排斥之，外人亦無法害之，因此能免於禍患而不死。反之，直木甘井之顯要於世，故無法全成，正如同有心文飾修身以驚駭於世者，因光耀於世而引人嫉妒怨恨，如是，則不免於禍矣。

（六）安生死與忘生死

生死，本是自然之事，所謂「死生，命也，其有夜旦之常，天也。」（〈大宗師〉）人的死生，本是自然之命，正如同日夜變化般的自然，因此死亡既爲必然，則「達生之情者，不務生之所无以爲；達命之情者，不務知之所无奈何。」（〈達生〉）因爲形軀之亡，本是應然，因此安命，不執著形軀生命的延續，順乎自然的變化，方是真正通達者。「自事其心者，哀樂不易施乎前，知其不可奈何而安之若命，德之至也。」（〈人間世〉）因此修養內心，使其不受喜怒哀樂的影響，即使面對死亡，亦能安之若命，此爲修心之德的極點。「夫哀莫大於心死，而人死亦次之。……萬物亦然，有待也而死，有待也而生。吾一受其成形，而不化以待盡，效物而動，日夜無隙，而不知其所終；薰然其成形，知命不能規乎其前，丘以是日徂。」（〈田子方〉）秉受天地成形，而安於參與自然的變化，此爲心靈修養的方法，因此真正的悲哀不是身死，而是隳墮心靈的修養。

安於生死，即是修養心靈之德，而後能擁有心靈的真正自在。「適來，夫子時也；適去，夫子順也。安時而處順，哀樂不能入也，古者謂是帝之縣解。」（〈養生主〉）安於生死之時而順應自然的生死變化，如此哀樂必不能入於心靈，此爲順天的解脫，亦爲真正的生死解脫。故「聖人之生也天行，其死也物化；……其生若浮，其死若休。」（〈刻意〉）聖人存在時順自然而行，死亡時應自然而化，生如浮游，死若休息，安於生死，誠合於自然之德。「故聖人將遊於物之所不得遯而皆存。善妖善老，善始善終，人猶效之，又況萬物之所係，而一化之所待乎！」（〈大宗師〉）聖人悠遊夭壽之境，通豁死生之域，此即合乎「道」之自然運化。

然而「生之來不能卻，其去不能止。悲夫！世之人以爲養形足以存生；而養形果不足以存生，則世奚足爲哉！雖不足爲而不可不爲者，其爲不免矣。

夫欲免爲形者，莫如棄世。棄世則无累，无累則正平，正平則與彼更生，更生則幾矣。」（〈達生〉）生死本是自然而又必然的現象，耗費心機養形，非但勞累精神，最終仍歸於死，如此之累，又何需爲之？故應捨棄俗務，善養精神靈明，樂與自然變化，則幾近於「道」。「忘年忘義，振於無竟，故寓諸無竟。」（〈齊物論〉）忘掉生死年歲，忘卻世俗仁義，則得精神的靈明逍遙。「況官天地，府萬物，直寓六骸，象耳目，一知之所知，而心未嘗死者乎！」（〈德充符〉）天賦靈明的智慧者，外六骸耳目，故心亦未嘗有死的牽絆，「孟孫氏不知所以生，不知所以死；不知就先，不知就後；若化爲物，以待其所不知之化已乎！」（〈大宗師〉）孟孫氏不知生死先後，以順任自然變化爲修養，自能應化未知的變化。「上與造物者遊，而下與外死生无終始者爲友。」（〈天下〉）而《莊子》更近一層，上與造物者同遊，下與忘生死無終始者爲友，欣然服悅並超然於生死者。「古之眞人……其出不訢，其入不距；翛然而往，翛然而來而已乎。不忘其所始，不求其所終；受而喜之，忘而復之，是之謂不以心損道，不以人助天。」（〈大宗師〉）古之眞人，則順任自然，安受生死而善忘之，故能不用分別心損道，亦不用人知以助自然「吾猶守而告之，參日而後能外天下；已外天下矣，吾又守之，七日而後能外物；已外物矣，吾又守之，九日後能外生；已外生矣，而後能朝徹；朝徹，而後能見獨；見獨，而後能无古今；无古今，而後能入於不死不生。殺生者不死，生生者不生。」（〈大宗師〉）〔註19〕修養心靈，三日後能遺忘外物，七日後能不爲物役，九日後能外於生，而後心靈清明，而後實證於「道」，謂之「見獨」，而後無古今別，而後終能入於不死不生之境，〔註20〕此爲悟道之絕對效驗。

（七）遊心勝物而不傷

當自我心靈不爲物役，則「萬物而不爲義，澤及萬世而不爲仁，長於上古而不爲老，覆載天地刻彫眾形而不爲巧。此所遊已。」（〈大宗師〉）所謂「遊心」，即是誠全萬物而不居功，如是心靈逍遙無礙，此即體道之眞自在。「老

〔註19〕〈大宗師〉所言，乃是明道學道之歷程，側重在認知之超越，其精神專一與回歸之路向十分明顯；自朝徹以上，不標時日，因已超越一般之意識計執，而入於純精神之生命領域。請參看葉海煙，同註3，頁222。

〔註20〕不自以爲生，故能不死。「不死」的意義不是永生或長生，而是不以死爲死的「無心」及「無爲」，這並非不認同死的事實，而是將生的意義作最圓滿最普遍也最眞實的體現，如此的生命鍛鍊並不僅止於心理情感的調適上遂，而且是靈性的顯發與生命的冶化。請參看葉海煙，同註3，頁173。

聃曰：『吾遊心於物之初』……孔子曰：『願聞其方』曰：『草食之獸不疾易藪，水生之蟲不疾易水，行小變而不失其大常也，喜怒哀樂不入於胸次。夫天下也者，萬物之所一也。得其所一而同焉，則四支百體將爲塵垢，而死生終始將爲晝夜而莫之能滑，而況得喪禍福之所介乎！棄隸者若棄泥塗，知身貴於隸也，貴在於我而不失於變。且萬化而未始有極也，夫孰足以患心！已爲道者解乎此。』」（〈田子方〉）所謂遊心之法，即是了解萬物共通之道，得其同一，則四肢百體、死生終始，皆只是自然變化，以自身精神之不變性，以順應自然之通變性，如是遊心萬物之變，而不變者即是心靈的順適逍遙。

「至人之用心若鏡，不將不迎，應而不藏，故能勝物而不傷。」（〈應帝王〉）〔註21〕至人用心，如鏡子般的空明，任物自適，不送不迎，凡所映照，皆應而不藏，如是無所隱諱，無所用私，故能勝物而不傷，「彼節者有閒，而刀刃者无厚；以无厚入有閒，恢恢乎其於遊刃必有餘地矣。」（〈養生主〉）以無所用私之心，參應萬物之變，如是以無厚入有間，則能遊心萬物而有所餘地，與萬物無所相對衝突，則能善得養生之道。「聖人處物不傷物。不傷物者，物亦不能傷也。唯无所傷者，爲能與人相將迎。」（〈知北遊〉）聖人善於與萬物共處而不傷物，因不傷物，故聖人與萬物不相對待，物亦不會傷之，如是與人相處，自是遊其和諧之境而不傷。

（八）不為死生所改變

死生本是自然，所謂「死生亦大矣，而不得與之變，雖天地覆墜，亦將不與之遺。審乎无假而不與物遷，命物之化而守其宗也。」（〈德充符〉）死生雖是大事，卻不爲死生影響，不與物遷，與物之化而善守道體。「八年而不知死，不知生。」（〈寓言〉）修養八年而外生死，不爲生死而改變。「死生无變

<hr>

〔註21〕這是「鏡的哲學」，也是「照的哲學」。照而不照，不照而照，並不是簡單的詭論，而是一種無所用心的遊戲情境象存在界的無止盡的開放，如此，來去自如，出入無礙，實非一般的行動哲學所能驗證，《莊子》顯然將天地的意義納入兼具元始性、終極性與和諧關係的開放性系統中。請參看葉海煙，同註 3，頁 29。而王慶光認爲氣論溝通應變哲理始於《老子》「天之道……不言而爲善應，不謀善盧」（〈七十三章〉），及《莊子》「應而不藏，勝物而不傷於物」（〈大宗師〉），中經《管子》「物至而應，如影之象形，響之應聲」（〈心術上〉），最後到《淮南子・原道訓》「物至而神應，知之動也」，可說淵遠流長了，原來養生氣功中發現精氣同外物發生感應，屬於超時空、超經驗的「靈感思維」，必須排除耳目感官、七情六慾及聰明才可能出現。請參看王慶光：〈道家「內聖外王」新詮〉《徐文珊教授百歲冥誕紀念論文集》（臺北：文史哲出版社，1999 年），初版，頁 257。

於己，而況利害之端乎！」（〈齊物論〉）至人死生無變於己，更何況利害觀念呢？「且彼有駭形而无損心，有旦宅而无情死。」（〈大宗師〉）人原有形軀之改變，而至人無心靈的損傷，故生死形軀之變，自能無損心靈，而得精神的逍遙自在。「夫天下也者，萬物之所一也。得其所一而同焉，則四支百體將爲塵垢，而死生終始將爲晝夜而莫之能滑，而況得喪禍福之所介乎！棄隸者若棄泥塗，知身貴於隸也，貴在於我而不失於變。且萬化而未始有極也，夫孰足以患心！」（〈田子方〉）得萬物各體之所一，故肉體之死生無損於心靈，此誠修道之重要依則。

綜上所論，《莊子》所言養生之道，首要於順乎自然之法，因順乎自然，自能保全形軀之身而無強爲之禍，能保全精神生命而無強礙之擾，如是，則能善養自然形軀生命，自能享盡自然天與之壽年。而世俗多誘，故修養自我，當能無執己身，不因世俗感官之好惡而自傷己身，因此，不以貪戀有執，來自傷己身，如是乃能歸反本眞，跳脫世俗好惡之拘格，方能得生命的逍遙自在。自然形軀，本會消亡，若過分執著而有所貪戀，則心生痛苦，因此藉由「仰天而噓」、「坐忘」等養生方法，以使心靈黜棄聰明，離形去智，與大道相通，忘乎形體而得精神生命的逍遙自在，如是眞實悟道，不矜固自我形軀，則能免於形軀之累，而益於精神生命的逍遙自適。故修養自我，應善以虛靜、無爲之法，以益於精神生命的清化，所謂「心齋」，以道爲之，虛能順應萬物，無所執戀，故修爲虛明之心。以靜觀物，如是無不將迎，無不毀成，即使萬物紛擾，仍能保持安寧之境，即是「攖寧」。而虛靜恬淡寂寞無爲，誠天地之本，道德之極，能無爲，則心靈安逸，無憂患之慮，精神生命復於樸，因無強爲之禍，年壽生命自然得全。而世人形軀之亡，其禍源皆出自外炫其才，馳騁其知而外遭嫉惡，故若能深藏其聰明德智，不顯外露，則無所爭亂，如是天下必得安和，個人亦能得全其形生，因此處世之道，則當察於安危之際，安於禍福之時，謹愼進退之爲，如是，深藏愼世，方爲不遭非死之道。然生死，本是自然之事，若能善養內心，使心靈面對死亡，亦能安之若命，此則爲修心之德的極點，故安於生死，而後方能通豁生死，擁有心靈的眞正自在。通豁生死，樂與自然變化，則幾近於「道」，而後忘卻生死，終能入於不死不生之境，使心靈絕對逍遙自任。所謂「遊心」，即是誠全萬物而不居功，如是了解萬物共通之道，得其同一，以自身精神之不變性，以順應自然之通變性，如是遊心萬物之變，而不變者即是心靈的順適逍遙。故任物自適，不送不迎，無所用私，如是方能勝物而不傷，心靈

逍遙無礙，此即體道之眞自在。依道而不與物遷，與物之化而善守道體，死生無變於己，乃能體道而善得精神的眞逍遙自在。

五、養生效驗

《莊子》的生死觀精神上源自於「道」，其與有生之物的關係是由上往下的流佈，精神使吾人有養生之可能，使生命的進程能由下往上發展，但對「長生」之理想，《莊子》並不熱中，故《莊子》之密契境界，應是以生命境界爲主體，而生命境界須以有生有死之事實存在爲起點，超生死即在超生死的現象義，可以說，《莊子》對生死採有距離的觀照，此一距離由生命精神自然具現，藉精神生命之發展，吾人即可不斷調整此一距離，以使生命自我完成的能力可以不斷發揮出來，而生死之間的距離，則以「道」爲調整之準則，由有距離漸進於無距離，生死的現象義終可化消，精神生命乃具永恆不死的意義，而生死的一貫性，並非現象的連續性，其間有形上之道爲其根本之基礎，故能「善吾生者，乃所以善吾死也。」（〈大宗師〉）〔註22〕因此，《莊子》以精神生命爲養生效驗依則所在，而其養生效驗，則可析分爲「保持內心的寧靜，不爲外境所搖蕩」、「形體與精神，無所勞累與虧損」、「外物無法傷害」、「保身、全生、盡年」、「入於純一境界」、「長生」等項，以爲其護養精神生命的實踐成果。

（一）保持內心的寧靜，不爲外境所搖蕩

「其爲物，无不將也，无不迎也；无不毀也，无不成也。其名爲攖寧。攖寧也者，攖而後成者也。」（〈大宗師〉）如前所云，以「道」修養自身者，懂得於萬物生死成毀之紛變中，保持內心的寧靜，如是，即是「攖寧」。而「平者，水停之盛也。其可以爲法也，內保之而外不蕩也。」（〈德充符〉）自我心靈能效法水平極端靜止之境，則內心必能保持極端平靜，而不爲外境所搖蕩，如是當能恆常的涵養精神生命，忘卻世俗的利害束縛。

（二）形體與精神，無所勞累與虧損

「棄事則形不勞，遺生則精不虧。夫形全精復，與天爲一。天地者，萬物之父母也，合則成體，散則成始。形精不虧，是謂能移；精而又精，反以相天。」（〈達生〉）捨棄俗事，則形體不勞，遺忘形軀，則精神無虧，故棄事

〔註22〕葉海煙，同註3，頁236。

則形不勞，忘形而精不虧，其層層相扣，當精而又精，順勢歸返自然而形體精神皆得成全。涵養精神生命以「道」爲依則，得「道」能順應萬物，與物諧和而不相對，故人之生命得其所生，而能有所成；反之，與物相對而不諧和，則終至禍敗。

（三）外物無法傷害

「至人之用心若鏡，不將不迎，應而不藏，故能勝物而不傷。」（〈應帝王〉）如前所言，至人之用心若鏡，任物自然而無所造作，善應萬物而不隱諱矯柔，如是當能勝物而不傷。「察乎安危，寧於禍福，謹於去就，莫之能害也。」（〈秋水〉）能於安危、禍福、去就之際，細察謹慎而安之，如此當能安己於世而不爲所害。「聖人藏於天，故莫之能傷也。」（〈達生〉）聖人處世，因善體自然之無爲，故不招怨尤，外物亦自然無法傷之。「人能虛己以遊世，其孰能害之！」（〈山木〉）人能虛己之心遊世而不強爲，又有誰能害之？又如東海意怠鳥「其爲鳥也，翂翂翐翐，而似無能；引援而飛，迫脅而棲；進不敢爲前，退不敢爲後；食不敢先嘗，必取其緒。是故其行列不斥，而外人卒不得害，是以免於患。」（〈山木〉）意怠鳥懂得善退善下之道，是以同列不斥，外人亦不得害之。「聖人處物不傷物。不傷物者，物亦不能傷也。」（〈知北遊〉）聖人與萬物相處之法，誠以諧和爲要，故不傷物，因不傷物，與物無相對立，故物亦不傷之。

（四）保身、全生、盡年

「緣督以爲經，可以保身，可以全生，可以養親，可以盡年。」（〈養生主〉）順應自然，以爲常道，則能不與萬物相違，如是無強爲之禍，當能保全形軀身體、安養精神生命、善盡自然年壽，此爲善養全幅生命之效驗。故「夫支離其形者，猶足以養其身，終其天年，又況支離其德者乎！」（〈人間世〉）身體殘缺者，猶能養身終壽，況忘德者，其益能逍遙自在，得全精神生命而能安樂於世，終享其自然之壽矣。

（五）入於純一境界

「且汝夢爲鳥而厲乎天，夢爲魚而沒於淵。不識今之言者，其覺者乎，其夢者乎？造適不及笑，獻笑不及排，安排而去化，乃入於寥天一。」（〈大宗師〉）現今之言者，不知是醒著？或是作夢？故萬物皆在變化，互通爲一，即如生死，亦只是形軀的轉化而已，故不執著此形軀之生，順任自然的安排

而順應變化，如此，精神生命自可入於純一之境而逍遙自在。

（六）長　生

「至道之精，窈窈冥冥；至道之極，昏昏默默。无視无聽，抱神以靜，形將自正。必靜必清，無勞女形，无搖女精，乃可以長生。……我守其一以處其和，故我修身千二百歲矣，吾形未常衰。」（〈在宥〉）因心理多少影響身體，而至道深靜潛默，故善體道者，不煩勞形體，不搖蕩精神，以寧靜修養心靈，至是形體自然較爲安適，乃能長生。若就《莊子》重視精神生命而論，所謂形體未衰，至千二百歲，其用意當突顯心靈精神的恆常無衰，因修涵心靈多少得以影響形軀，能修至千二百歲，只是言詮之便，終以發揮精神生命之恆常。反之，若將千二百歲落入重視形軀生命之長生論，則此執著外在形軀之觀點，實非善道者，因外在形軀終將消亡，物化的結果，又何所執爲？任何強爲延長形軀壽命的結果，亦只是爲外在形軀之生所役使而已。

故依「道」修養，能順應萬物，與物諧和而不相對，故得其所生所成。不執著此形軀之生，順任自然安排而順應生死，如是精神生命自可入於純一之境而逍遙自在。並懂得於萬物生死成毀之紛變中，保持內心極端寧靜，而不爲外境所搖蕩，捨棄俗事，使形體不勞，遺忘形軀，使精神無虧，故棄事則形不勞，如是順勢歸返自然而形體精神皆得成全。吾人應體認「來」，只是應時而生，「去」，亦只需順化而死，安已生之時，順應逝之命，如此心靈方不爲樂生哀死之情所擾亂，亦因任物自然而無所造作，善應萬物而不隱諱矯柔，如是當能勝物而不傷。即謂長生，亦只是以寧靜修養心靈，如是形體自然安適，亦當能得壽命之長生，而非妄想形軀不死。故順應自然常道，不與物違，如是無強爲之禍，當能保全形軀身體、安養精神生命、善盡自然年壽，此爲善養全幅生命之效驗。

六、養生境界

《莊子》所謂的養生境界，即「至人無己，神人無功，聖人無名」（〈逍遙遊〉）中所言，養生的至高境界，即誠如至人、神人、聖人般的逍遙無待，其要旨所在，只是無私無己，超越世俗外在之相，以應無窮之境，如是精神清明自在，自能達致涵養精神生命的超越境界。以下即略述《莊子》所言養生至高之「至人」、「神人」、「聖人」、「眞人」的境界。

（一）《莊子》對「至人」境界之描述

至人神矣！大澤焚而不能熱，河漢沍而不能寒，疾雷破山風振海而不能驚。若然者，乘雲氣，騎日月，而遊乎四海之外。死生无變於己，而況利害之端乎！（〈齊物論〉）

古之至人，先存諸己而後存諸人。（〈人間世〉）

至人之用心若鏡，不將不迎，應而不藏，故能勝物而不傷。（〈應帝王〉）

至人潛行不窒，蹈火不熱，行乎萬物之上而不慄。……是純氣之守也。……彼將處乎不淫之度，而藏乎無端之紀，遊乎萬物之所終始，壹其性，養其氣，合其德，以通乎物之所造。夫若是者，其天守全，其神無郤，物奚自入焉！（〈達生〉）

至人……忘其肝膽，遺其耳目，芒然彷徨乎塵垢之外，逍遙乎无事之業，是謂爲而不恃，長而不宰。（〈達生〉）

至人有世，不亦大乎！而不足以爲之累。天下奮柄而不與之偕，審乎无假而不與利遷，極物之眞，能守其本，故外天地，遺萬物，而神未嘗有所困也。通乎道，合乎德，退仁義，賓禮樂，至人之心有所定矣。（〈天道〉）

古之至人，假道於仁，託宿於義，以遊逍遙之虛，食於苟簡之田，立於不貸之圃。逍遙，无爲也；苟簡，易養也；不貸，无出也。古者謂是采眞之遊。（〈天運〉）

夫至人者，上闚青天，下潛黃泉，揮斥八極，神氣不變。（〈田子方〉）

夫至人者，相與交食乎地而交樂乎天，不以人物利害相攖，不相與爲怪，不相與爲謀，不相與爲事，儵然而往，侗然而來。是謂衛生之經已。（〈庚桑楚〉）

唯至人乃能遊於世而不僻，順人而不失己。（〈外物〉）

彼至人者，歸精神乎無始而甘冥乎无何有之鄉。（〈列禦寇〉）

綜上《莊子》所言「至人」之境，所謂「至人無己」，就是說至人超脫了形軀，達到眞我的境界，使自己和萬物合成一體，這時根本無畏於生死，無懼於利害，因爲只有形體才有生死利害，這個眞我和自然同流，以萬物的存在爲自己的存在，那還有生死利害可言？所以至人乃是在心性上達到純粹至

眞的境界。〔註23〕因此「至人」，先修涵充實自我心靈，而後能幫助他人；且
善於遺忘外在的形軀，精神超越世俗而無爲；應世而處，不施與，不耗費，
簡略易足，遊心於世而不偏執於物，隨順人情而不喪失自己，如是悠遊逍遙，
是謂「采眞之遊」。且其心靈超越，不與世人以利害相爭，故無外物橫生之禍，
更無惑於生死之變，用心若鏡，任物來去而不強僞隱藏，是故能勝物而不傷。
因善守純合之氣，使心靈神遊於萬物根源，以涵養其德，通向自然，如是天
性純備，精神凝聚，外物終無法傷之。況至人心靈無役於物，精神無所困擾，
因貫通於道，故有心靈靜定之效。其精神神遊於世，超越自在而神色不變，
歸向於無始之境，亦樂眠於無何有之鄉。如是護養生命之道，自能和樂於天
地，不圖慮於人，生命清朗自在，純眞無知而無拘無束。

（二）《莊子》對「神人」境界之描述

> 「藐姑射之山，有神人居焉，肌膚若冰雪，綽約若處子；不食五穀，
> 吸風飲露。乘雲氣，御飛龍，而遊乎四海之外。其神凝，使物不疵
> 癘而年穀熟。」（〈逍遙遊〉）

《莊子》所謂的「神人」是聖人、至人、眞人的神話化，「藐姑射之山」
就是神話化，〔註24〕神人的「神凝」與至人的「其神無郤」，乃至眞人的守注
根源，是無以異的，神人特別著重的，是出神的超越性，能承於物之物，游
於物之虛，是在道的混沌間遊戲，所以能「乘雲氣，御飛龍」。〔註25〕可是神
凝之後，又如何能使物不疵癘而年穀熟呢？這正同《中庸》上所說的：「喜怒
哀樂之未發，謂之中；發而皆中節，謂之和。中也者，天下之大本也；和也
者，天下之達道也。致中和，天地位焉，萬物育焉。」（〈第一章〉）這是說人
和萬物必須和諧相處，人的所作所爲，都會直接或間接的影響到自然界，因
此神凝就是精神內聚，不傷害外物，以保持和諧，在和諧中，以助成萬物的

〔註23〕吳怡：《逍遙的莊子》（臺北：東大圖書，1991 年 4 月），三版，頁 135。

〔註24〕《莊子》理想人格的這些奇異的性能，它表現的與其說是超脫世俗的思想，
　　　　不如說是在遠古社會生產力低下的情況下，人們對征服限制，威脅人類生存
　　　　的自然力的幻想：生活資料的匱乏，無法抵禦的，以水、火爲代表的兇猛的
　　　　自然災害的侵襲，山川河海的阻隔等，最後降臨的更是人人皆無法逃脫的死
　　　　亡，都是古代人們不能在現實中戰勝，而只能通過幻想在神話中戰勝的對象，
　　　　特別是死亡。而《莊子》理想人格精神境界所具有的幻想的神話性質，與作
　　　　爲中國神話之淵藪的《山海經》和《楚辭》中描寫神鬼世界的〈九歌〉相比，
　　　　更是非常明顯的。請參看崔大華，同註 16，頁 166。

〔註25〕趙衛民：《莊子的道》（臺北：文史哲出版社，1998 年 1 月），初版，頁 193。

變化。〔註 26〕故《莊子》描述了「神人」的容態柔瑩靜潔,不拘絆於世事,故世無能害之。其心靈獨立自足,開放無礙,自能與宇宙萬物和諧而合爲一體,而達致相容同和的至高境界。

(三)《莊子》對「聖人」境界之描述

聖人不由,而照之於天,亦因是也。(〈齊物論〉)

聖人和之以是非而休乎天鈞,是之謂兩行。(〈齊物論〉)

故聖人將遊於物之所不得遯而皆存。善妖善老,善始善終。(〈大宗師〉)

聖人之靜也,非曰靜也善,故靜也;萬物無足以鐃心者,故靜也。(〈天道〉)

若夫不刻意而高,无仁義而修,无功名而治,无江海而閒,不道引而壽,无不忘也,无不有也,澹然无極而眾美從之。此天地之道,聖人之德也。(〈刻意〉)

聖人藏於天,故莫之能傷也。(〈達生〉)

天地有大美而不言,四時有明法而不議,萬物有成理而不說。聖人者,原天地之美而達萬物之理,是故至人无爲,大聖不作,觀於天地之謂也。(〈知北遊〉)

《莊子》中的「聖人」與「至人」是比配於天地,在與「道」的互相隸屬中,就如同「道」與天地的自然組合,既是相應「道」的變化,故無爲、不作,而天地的大美,是在「道」中展開,四時的規律是「道」的變化,萬物的成理,是因「道」的運行而產生萬物的差異。〔註 27〕因此《莊子》所描述的「聖人」之境,正說明著聖人因任自然之道,不執著於是非識見,外物亦無法傷之,故謂聖人的真正清靜,是萬物不足以攪擾內心,聖人的常德,是不求仁義功名於世,恬淡而善忘。故其安順於老少生死,推原天地之美而善達萬物之理,逍遙於不得亡失之境而和大道共存。

(四)《莊子》對「真人」之境界之描述

古之真人,其寢不夢,其覺无憂,其食不甘,其息深深。……古之真人,不知說生,不知惡死;其出不訢,其入不距;翛然而往,翛

〔註26〕吳怡,同註 23,頁 133。
〔註27〕趙衛民,同註 25,頁 190。

然而來而已矣。不忘其所始，不求其所終；受而喜之，忘而復之，是之謂不以心捐道，不以人助天。是之謂真人。若然者，其心忘，其容寂，其顙頯；淒然似秋，煖然似春，喜怒通四時，與物有宜而莫知其極……古之真人，其狀義而不朋，若不足而不承；與乎其觚而不堅也，張乎其虛而不華也；邴邴乎其似喜乎！崔乎其不得已也！滀乎進我色也，與乎止我德也；厲乎其似世乎！警乎其未可制也；連乎其似好閉也，悗乎忘其言也。……其一與天為徒，其不一與人為徒。天與人不相勝也，是之謂真人。（〈大宗師〉）

素也者，謂其无所與雜也；純也者，謂其不虧其神也。能體純素，謂之真人。（〈刻意〉）

古之真人，知者不得說，美人不得濫，盜人不得劫，伏戲黃帝不得友。死生亦大矣，而无變乎己，況爵祿乎！若然者，其神經乎大山而無介，入乎淵泉而不濡，處卑細而不憊，充滿天地，既以與人，己愈有。（〈田子方〉）

古之真人，以天待人，不以人入天。古之真人，得之也生，失之也死；得之也死，失之也生。（〈徐无鬼〉）

《莊子》中的「真人」，其知能夠洞燭事物的真相，所以無求無憂；了解生死存亡的道理，所以不愛生而惡死，他知道自然界均一的性體，因此超越相對，而與「道」合一；亦知人世間差別的現象，因此與物委蛇，而不強為分別，這都是真人透過了真知而達到天人合一的境界。〔註28〕真人同時體現道之為真與知之為真，而將本體之真與認知之真作超越之綜合，至此，認知之超越即可邁向人格之超越與精神之超越。〔註29〕真人既知自然之所為的超越依據，亦知人性之所為的先驗依據，而此兩依據在存有學上實相統合，唯真人能知之，是以真人乃人性與自然的綜合和體現，真人在彰顯道之時就綜合並體現了兩者，在此意義下，有真人始有真知，蓋真人之所真知者，乃「道」之本身，而此「道」之本身正是自然與人性之究極根源。〔註30〕故真人無慮於世事，容態靜寂安閑，能善體純素，使自我心靈純然清明，其精神遼闊超

〔註28〕吳怡，同註23，頁136。
〔註29〕葉海煙，同註14，頁112。
〔註30〕沈清松：〈莊子的人觀〉《哲學與文化》（臺北：哲學與文化月刊雜誌社，1987年6月），第14卷第6期，頁15。

邁，超越外物，忘生死而復返自然；其精神清明遼闊，超邁外物而復返自然，此即爲善體「眞知」矣，亦是眞人善達相忘生死、天人合一的境界。

　　綜合以上《莊子》所養生的境界而知，所謂「至人」、「神人」、「聖人」、「眞人」等境界，其意旨皆一。成玄英《疏》云：「至言其體，神言其用，聖言其名。故就體語至，就用語神，就名語聖，其實一也。」〔註31〕而蔣錫昌云：「莊子言人者有六，一曰至人，二曰神人，三曰聖人，四曰眞人，五曰天人，六曰大人；諸名雖殊，其實一也。……人之修養功夫，如能超脫一切牽掛，可謂已至爐火純青之境；則其胸襟自能海闊天空，纖塵不留；逍遙自在，與化爲體；無往而不可，無往而不適。」〔註32〕可見，《莊子》思想中理想人格的精神境界在不同情況下會有不同的表現形態，而作爲整體的、總體的自然實在的「道」，其內蘊是無所不包的，得「道」的精神境界也是極寬廣豐富的，一個道德修養或精神境界極高的人，他的精神世界的本質堅定性與他的表現行爲的隨境多樣性，總是很自然地結合在一起的，因此在《莊子》看來，理想人格的精神境界如同廣漠的天地，一切皆被包容，一切皆可形成，理想人格的精神境界可因環境的不同而呈現不同的形態，但其內在「道」的本質卻不會改變；就處世態度而言，它是超世的，也是遁世的，又是順世的，然而它精神上的自由感，即心境上的那種逍遙自在、安寧恬靜的感受卻是如一的。〔註33〕因此《莊子》中理想人格境界的養生之道，其最終境界即是能臻至死生無變於己，自我精神不隨形軀之死生而有所陷溺，如是，方能眞正順任精神，逍遙自在於世，此亦《莊子》生死觀的眞正意涵所在。

〔註31〕轉引自郭慶藩《莊子集釋》中成玄英《莊子疏》，同註2，頁23。
〔註32〕蔣錫昌：《莊子哲學》（臺北：鳴宇出版社，1980年5月），初版，頁82。
〔註33〕崔大華，同註16，頁193。

第五章　《老》《莊》生死觀的智慧

　　《老》《莊》生死觀的哲學意涵，在於其能超越世人對生死之我執，而能通豁生死。故探究其生死觀的智慧，可析分為兩部分說明：一為《老》《莊》生死觀的異同；二為《老》《莊》生死觀對現代生死的啟示。

第一節　《老》《莊》生死觀的異同

一、相同方面

（一）世人非養生之道，實因過分之欲而成

　　《老子》認為世人戕生之為，皆是欲望過分的呈現，故世人動之於死地，皆由於生生之厚，若是不依常道而妄為，則必遇災禍之兇。故堅強者，終處下而不得其死，強而好勇爭先，終遭橫生之禍；貪欲於感官享受，將令人心發狂，競逐於富貴名利，終自遭禍咎；執著己身形軀，終有大患，凡此皆非養生之道。而《莊子》認為人心中各有心機，因心機欲望而神生不定，故非道遭禍；因此世人無法踐道，實因心中有所愛欲，如此因愛欲而失卻了本性，皆是害生之為，故「倒置之民」，雖有「小人」、「士」、「大夫」、「聖人」等事業名聲之不同，然其為殉之原因皆同，即是殉欲。如此疲累乏困，終使心靈枯竭而死，卻終身不復，可不悲哉？故《老》《莊》皆認為人類苦痛之源，是過度的欲望所致，〔註1〕心中競逐貪欲，甚至損人利己，無論何種階層，終將

〔註1〕　僅當我們能夠以謙卑和無為的態度，我們才能以「開放」而非「操控」的態度來面對看待人與人、人與社會、和人與宇宙之複雜關係，並慎重的決定什

因心靈困窮遭禍而亡。

（二）生死皆應順任自然之道，勿強執而招致煩憂

《老子》以爲世人之「生」，皆爲「道」所化生，所謂「出生入死。生之徒，十有三；死之徒，十有三；人之生，動之死地，亦十有三。夫何故？以其生生之厚。」（〈五十章〉）生死本是自然之事，天命之定，實無需強爲，故生死之徒，皆順任自然而受生就死，本是自然而然；若因人事強爲而置之死地，則是非養生之道。「道」既善利天下萬物，若依「道」而行，自能和而不殆，故「天下有始，以爲天下母。既得其母，以知其子。既知其子，復守其母，沒身不殆。」（〈五十二章〉）「道」，既先於天地，亦爲天下之母，若依「道」而落實於現實世界實踐之，則能沒身不殆。因此世人若能依「道」修養，則能心靈安適而得以遠禍，即使形軀消亡，亦能因有限即無限，使精神的安適超越了形軀的存在，此亦是《老子》所謂「壽」之眞意。而《莊子》中說明「道者，萬物之所由也，庶物失之者死，得之者生，爲事逆之則敗，順之則成。故道之所在，聖人尊之。」（〈漁父〉）「道」，是萬物所由之源，萬物得之則生，失之則亡，順之則成，逆之則敗，故萬物之生死，皆應順應自然之道，形軀的生死，亦不過是自然的變化而已，《莊子》中呈現的生死觀，實說明著萬物的生命，皆是自然所賦與，而生死的變化，則是與天地自然並存，故人之生死，本是自然，依此順化，當與自然共融而無所違逆。「生」與「死」，皆是自然而然；所謂此形軀之生，是自然而有，即使形軀消亡，亦只是物化現象，若能通豁生死，樂與自然變化，則幾近於「道」。故《老》《莊》皆認爲「生」與「死」，皆應順應自然之道，勿煩憂強爲而招禍。

（三）依道修養，爲養生原則

《老子》的養生之道，主張以「柔弱」、「處下」、「不爭」、「清靜寡欲」、「知止知足」等養生方式，以相應於自然之道而內化於生命的實踐，如此，當能謹守自我而無所不爲，不但能消極的使形軀生命避禍保壽，更能積極的讓精神生命安適自在，順任自然之道而以無爲養生，而後方能無所不爲，無所遭禍。《莊子》亦認爲養生應順乎自然，修養自我，首要即在於能順乎自然，所謂「聖人

們是該做的，什麼是不該做的，同時也能夠知道自己的行爲對特定的複雜系統可能產生的結果是無法預期的。請參看吳秀瑾：〈道的科學性——從混沌論與複雜科學來談老莊自發之道的科學性〉《第一屆比較哲學研討會論文集》（嘉義：南華大學人文學院哲學研究所，1998 年 1 月），頁 67。

不謀，惡用知？不斲，惡用膠？无喪，惡用德？不貨，惡用商？四者，天鬻也。天鬻者，天食也。既受食於天，又惡用人！」〈〈德充符〉〉聖人不圖謀慮，不強爲之，無所缺喪，不求利益，一切應乎自然。故《莊子》所言養生之道，首要於順乎自然之法，因順乎自然，自能保全形軀之身而無強爲之禍，能保全精神生命而無強礙之擾，如是，則能善養自然形軀生命，自能享盡自然天與之壽年。而世俗多誘，故修養自我，當能無執己身，不因世俗感官之好惡而自傷己身，因此，不以貪戀有執，來自傷己身，如是乃能歸反本真，故「天无爲以之清，地无爲以之寧，故兩无爲相合，萬物皆化。芒乎芴乎，而无從出乎！芴乎芒乎，而无有象乎！萬物職職，皆從无爲殖。故曰天地无爲也而无不爲也，人也孰得无爲哉！」〈〈至樂〉〉天地無爲，而得萬物安化自在，故萬物繁多，皆源於無爲，而後無所不爲。因爲無爲，故應無所固執，無因好惡而內傷其身，能虛靜無爲而復於樸，當能不爲外物所擾，能深藏愼世，此爲《莊子》所謂的「不死之道」。故《老》《莊》皆認同依「道」修養，實爲養生的重要原則。

（四）依道修養，必有效驗

《老子》認爲萬物得「一」以生，此「一」即是「道」，所謂「萬物得一以生」〈〈三十九章〉〉即以「道」爲養生之則，故生；而「治人事天莫若嗇。夫唯嗇是謂早服，早服謂之重積德。重積德則無不克，无不克則莫知其極。莫知其極，可以有國。有國之母，可以長久。是謂深根固柢，長生久視之道。」〈〈五十九章〉〉所謂長生久視之道，必以虛靜無爲修之，如是善成淳厚之德，無所不爲，無所不克，能體道修涵，則能使精神清化，以益於生命之長久，故以嗇治人事天，則能「長生久視」；且「用其光，復歸其明，无遺身殃，是爲習常。」〈〈五十二章〉〉以「道」之智慧養生處世，雖用外射之光，終歸於內照之明，既不傷人，對己亦無所禍害，能保己身精神清靈，故能無遺身殃。故《老子》依「道」修養，則能得「生」、「長生久視」、「無遺身殃」之效驗。而《莊子》亦認爲「道」是萬物之由也，故庶物失之者死，得之者「生」；且「緣督以爲經，可以保身，可以全生，可以養親，可以盡年。」〈〈養生主〉〉順應自然，以爲常道，則能不與萬物相違，如是無強爲之禍，當能保全形軀身體、安養精神生命、善盡自然年壽，此爲善養全幅生命之效驗；而「至道之精，窈窈冥冥；至道之極，昏昏默默。無視無聽，抱神以靜，形將自正。必靜必清，无勞女形，无搖女精，乃可以長生。……我守其一以處其和，故我修身千二百歲矣，吾形未常衰。」〈〈在宥〉〉至道深靜潛默，故善體道者，

不煩勞形體，不搖蕩精神，以寧靜修養心靈，至是形體自然較爲安適，乃得精神生命的長生。故《莊子》認爲依「道」養生，則善得「生」、「保身」、「全生」、〔註2〕「長生」之效驗。

《老子》認爲「不見可欲，使民心不亂。」（〈三章〉）以清靜寡欲養生，能使精神生命無所昏亂，善體世事變動而能遠禍，因此清靜寡欲，則「心能不亂」；《莊子》則認爲「其爲物，无不將也，无不迎也；无不毀也，无不成也。其名爲攖寧。攖寧也者，攖而後成者也。」（〈大宗師〉）以「道」修養自身者，懂得於萬物生死成毀之紛變中，保持內心的寧靜，即是「攖寧」，如此內心不爲外境所搖蕩，當使心思無所混亂。

綜合論之，《老》《莊》依「道」養生，則能有「生」、「長生」、「無遺身殃」、「保身」、「全生」、「心不亂」等共通效驗。

二、相異方面

（一）《老》《莊》「生死觀」的歧異部分

《老子》的生死觀念，較重視「不道早已」，及「生」時的安處，而世人所懼怕的死亡問題，及「如何安死」的方法，《老子》並未如《莊子》般顯要的說明。

而《莊子》的生死觀念，首要除了說明生死本是自然現象外，更進一步的說明生死是不斷的變化，「死生存亡，窮達貧富，賢與不肖毀譽，飢渴寒暑，是事之變，命之行也；日夜相代乎前，而知不能規乎其始者也。」（〈德充符〉）死生存亡等世俗之相，如日夜般相代而轉，人生的生死，即是不斷的變化，生死始終相互循環而無所窮盡。因此莊子妻死，「是其始死也，我獨何能無概然！察其始而本无生，非徒无生也而本无形，非徒无形也而本无氣。雜乎芒芴之間，變而有氣，氣變而有形，形變而有生，今又變而之死，是相與爲春秋冬夏四時行也。」（〈至樂〉）人之成爲形體生命，是經由偶然之運化而成氣，氣而成形，形而生命，而後終亡，如是生死之循環，正如同春夏秋多四時般

〔註2〕 道家「貴生」、「重生」、「養生」的目的就是「全生」、「盡年」，老子所謂「長生」，也就是莊子的「全生」說，這實是肯定生命的自然價值，保全生命發展的自然過程，追求心、物、形、神的不離不分，相即相融，反對生命與物養關係上的異化現象。請參看朱喆：〈先秦道家的生死觀〉《中國文化月刊》（臺中：中國文化月刊雜誌社，1999年2月），第227期，頁21。

的反復，知有此自然之理，又何須戀及此必亡之形體生命呢？因此《莊子》認為生死的循環，正如同春夏秋冬四時般的反復，如此，又何須戀及這必亡之形軀生命呢？故《莊子》除了說明生死是自然的現象外，更進而說明生死本是不斷的變化，這些觀念，相較於《老子》的生死觀而言，實有著更深入的見解。

面對「壽夭」觀念，《老子》雖提出「死而不亡者壽」（〈三十三章〉）精神不朽之義，卻未提及面對生命夭折應有的態度；而《莊子》對於所謂壽夭的觀念，卻提出另一種不同的見解。《莊子》認為所謂「人之生也，與憂俱生，壽者惛惛，久憂不死，何苦也！」（〈至樂〉）生命的存在，總是為生存而奮鬥，如此汲營生存，即使長壽，亦是昏沉不智，如此久憂不死，實在痛苦，因此「不樂壽，不哀夭。」（〈天地〉）面對生命的壽夭，實在無需喜與悲，因為壽而昏沉於世，誠為痛苦，如此的形軀生命，長壽，有何意義？《莊子》打破世俗樂壽哀夭，悅生惡死的拘套，說明了生即是惑，死，即是歸回自然！如此，在世為生，又有何喜？離世而亡，又有何悲？因此《莊子》對於生命壽夭的見解，較《老子》的見解更加深入。

對於生死相關問題，《莊子》較《老子》更進一步言之，所謂「生」與「死」，本無異分，「胡不直使彼以死生為一條，以可不可為一貫者，解其桎梏，其可乎？」（〈德充符〉）可否之別，死生之分，皆為桎梏束縛，不如死生一條，皆通而為一。故死生一條，皆通而為一，萬物本是一體，死生又何需相異？能通豁「生」、「死」，方能善體精神生命的無為無待。因此綜合言之，《莊子》的生死觀念，相較於《老子》，是更加的深層開闊，因為《老子》的生死觀，雖然重視生時「精神」的安適，卻未能顯要提出真正生與死的相應問題，然而《莊子》提出「生死不斷變化」、「世人壽夭生死的迷失」及「生死為一」的生死觀念，更能通豁生死真相。

（二）《老》《莊》「養生之道」的歧異部分

《老子》所謂的養生之道，實際是依順自然之道而為。而《莊子》認為的養生之道，亦是順乎自然之道而為，然《莊子》更明白說明了不以好惡內傷其身，所謂「道與之貌，天與之形，无以好惡內傷其身。」（〈德充符〉）道與天，給與人自然之形軀，人不應以世俗之好惡內傷自身，而「吾所謂无情者，言人之不以好惡內傷其身，常因自然而不益生也。」（〈德充符〉）所謂「無情」，即是不以世俗之情為情，不以世俗好惡之情而傷身，常因順自然而不益形軀之生。

在形軀的護養方面，《老子》形軀生命的觀念，說明著「夫唯無以生爲者，是賢於貴生。」(〈七十五章〉)的見解，眞正善養生者，是以虛靜涵養己身，而非過分強愛己身，雖然主張勿執著形軀生命之貪戀，但《莊子》更進而說明了萬物之形軀無所分異，皆順化於自然的流轉變化中，所謂「莊周」與「蝴蝶」之形軀，就世俗視之，有所分別，若就自然而言，則皆通爲一，故有執產生分別，無執則得物化，那麼，自我的形軀，於自然的流轉變化中，又何需執著呢？因此《莊子》對於個體形軀部分，更進而推展至萬物形軀生命的同化義。其精神生命的護養，更超越於《老子》，故《莊子》提出了所謂「仰天而噓，荅焉似喪其耦」、「坐忘」等養生觀念，以使自我精神因心靈的純靜而更加逍遙自在，並擺脫了識知心與分別忘執，回歸向靈台心的虛靈明覺，以觀照於「道」，如是「離形去知」，形體定如槁骸，心靈靜若死灰，不矜固自我形軀，卻能眞實悟道，如是自我免於形軀之累，當能使精神生命更加通適自在。

《老子》雖提出了「善退」的養生法，然而《莊子》卻較《老子》更深入的發揮此養生之道，所謂「彼人含其明，則天下不鑠矣；人含其聰，則天下不累矣；人含其知，則天下不惑矣；人含其德，則天下不僻矣。」(〈胠篋〉)人爲之爭，其禍源皆出自外炫其才，馳騁其知，若能深藏其聰明德智，不顯外露，則天下無所爭亂，必得安和。因此護養生命之道，當能察於安危之際，安於禍福之時，謹愼進退之爲，故《莊子》以東海的意怠鳥爲例，生動的說明了於同列中若能善而退之，不與群爭，則同列不排斥之，外人亦無法害之，此誠免於禍患而爲不死之道。

故《老子》的養生之道，重點仍是在善養有生之時的安適遠禍。然而在通豁所謂的生死之域，及生死變化的問題上，《莊子》較《老子》顯而言之，因此《莊子》說明了善養內心，是不受喜怒哀樂的影響，即使面對死亡，亦能安之若命，此誠爲修心之德的極點。《莊子》認爲眞正的悲哀不是身死，而是墜墮心靈的修養，如是，安於生死自然之命，即是修養心靈之德，而後方能擁有心靈的眞正自在，故安於生死之時而順應自然的生死變化，如此哀樂必不能入於心靈，此爲順天的解脫，亦爲眞正的生死解脫。並且善養精神生命，當能捨棄俗務，善養精神靈明，樂與自然變化，則幾近於「道」。忘掉生死年歲，忘卻世俗仁義，則得精神的靈明逍遙，故《莊子》認爲精神上的眞正逍遙，是能上與造物者同遊，下與忘生死無終始者爲友，欣然服悅超然於生死者，因此修養心靈之最高境界，即是能臻於於不死不生之境。能不爲死生影響，不與物遷，與物

之化而善守道體，自能無損心靈，而得精神眞正的逍遙。而《莊子》進而提出了安生死、忘生死，進而不爲生死所改變，而後臻至精神眞正的逍遙自在。故《莊子》的養生之道，較《老子》的養生之道更加通豁自在。

在精神生命的修養上，《老子》的養生之道，雖然主張護養在世生命的安順無禍，於世能無違而安，但其主張的精神生命，仍處於「有待」的層次。而《莊子》卻更超昇精神生命的「無待」境界，因此所謂的「遊心之法」，即是了解萬物共通之道，得其同一，則四肢百體、死生終始，皆只是自然變化，以自身精神之不變性，以順應自然之通變性，如是遊心萬物之變，而不變者即是心靈的順適逍遙。如此遊心萬物之變，而不變者即是心靈的順適逍遙。且以無所用私之心，參應萬物之變，如以無厚入有間，則能遊心萬物而有所餘地，與萬物無所衝突，是善得精神生命的養生之道。

（三）《老》《莊》「養生效驗」的歧異部分

《老子》觀念中的養生效驗，即爲如嬰兒般的純樸、似愚的應世、無爲而無不爲、成其私、成其利等應世觀念，其思想是著重在解決生時的苦痛。而《莊子》的觀念不但重視安於生死的觀念，更進而說明不爲生死所改變，故「適來，夫子時也；適去，夫子順也。安時而處順，哀樂不能入也，古者謂是帝之縣解。」（〈養生主〉）對於生死問題若能安時處順，則哀樂自能不入於心。如是，精神逍遙自在，不爲外物所擾，形體與精神無所勞累與虧損，善入於精神上的純一境界，「安排而去化，乃入於寥天一。」（〈大宗師〉）使自我精神達致純然自適，安樂而無待之境。故《莊子》的養生效驗，更超越於《老子》的應世思想。

第二節　《老》《莊》生死觀對現代生死的啓示

《老》《莊》生死觀的智慧，對於現代生死的啓示，可析分爲四部分論述：一爲現代人的苦痛之處；二爲現代人的生死問題；三爲老莊生死觀的現代啓示；四爲《老》《莊》生死觀的現代意義。

一、現代人的苦痛之處

自古至今，人人皆有苦痛，即使生活於現代科技、醫藥皆發達的現代人，其感受的生活苦痛，也不會少於古代。人們爲何感到苦痛？究其根源，即是

「欲望」所致,因為有了欲望,就必須承擔苦痛的可能。然而欲望的產生,實有其必然性,因為最基本的生命需求,是必須被滿足的,如是,形軀生命才得以生存下來。然而,究此問題所在,即是所謂適當的欲望,應如何界定?究竟應到何種程度,才算適當?或許這樣問題的產生,很難有確切的答案,然而生活的種種現象,卻皆是此種觀念的重覆。因為適當滿足生存需求的欲望,是必然的,然而當欲望超過自己本分應需求的範圍,卻又勉強妄求,即是所謂的「貪欲」,如是,即是苦痛的開始。

　　人們的苦痛之源,其一即是因爭強好鬥的欲望而妄為,人們往往未能洞悉災禍產生的可能,只是看見了事情的表象,便心生意氣,全然無法融通整個事件,而衝動的與人爭強,無視於可能發生的危險,故爭強好鬥而妄為的結果,即是必須承擔失敗的苦痛與兩敗俱傷的後果。因為爭強好鬥,心靈失卻了純樸美善,心靈因使氣而更加陷溺,如是放縱所欲而妄為,終因與人結怨而招致災禍。故《老子》謂「不知常,妄作凶。」(〈十六章〉)所謂「常」,言詮之便,即是人與人順以和諧的標準,就《老子》而言,即是「道」。人們若不知常道,超過了人們應以和諧的標準,妄為而行,則易於遭非道之禍,故《老子》謂之「凶」。因此,「堅強者,死之徒。」(〈七十六章〉)「強梁者,不得其死。」(〈四十二章〉)人為何而非死?即是爭強好鬥,爭意氣之強,破壞了人群之間的和諧,而與人結怨,背道而馳,如是,則易遭難而死。實際上,《老子》所謂的「非死」,並非定會遭禍而非死,只是《老子》的目的,是強調爭強好鬥的結果,必遭失敗禍害,而必須承擔的禍害程度,極可能是非死的結果。故《老子》意謂因縱欲而陷溺的心靈,終將處下而不復,如是「物壯則老,謂之不道,不道早已。」(〈五十五章〉)爭強妄為,必剛強至老,終因不道而招致災禍。故人們遭凶而禍的苦痛,其源之一,即是來自爭強而妄為。

　　而另一苦痛之源,是因汲營名利富貴的欲望而貪為。自古至今,人們常因汲營於自身的名利富貴而鑽營奔忙,因為人之欲望,其最大的弊端,即是亟欲擁有超過自己本身應有的需要,一味的競逐於外在的需求而不知所止,故極易遭禍而敗亂。《老子》所謂「禍莫大於不知足,咎莫大於欲得。」(〈四十六章〉)災禍的產生,即源於人們的不知足,常常想要擁有非己應有的需求,甚而已擁有的,益欲增強,希望能得到無限的欲求,如是,擴大自身所欲,卻損及他人之權益,非道而為,終無善終。故《老子》所謂「五色令人目盲,五音令人耳聾,五味令人口爽,馳畋獵,令人心發狂,難得之貨,令人行妨。」

（〈十二章〉）「開其兌，濟其事，終身不救。」（〈五十二章〉）《莊子》所謂「失性有五：一曰五色亂目，使目不明；二曰五聲亂耳，使耳不聰；三曰五臭薰鼻，困惾中顙；四曰五味濁口，使口厲爽；五曰趣舍滑心，使性飛揚。此五者，皆生之害也。」（〈天地〉）皆直陳人們之弊，皆是執著於形軀之耳、目、鼻、口之欲，汲汲營營感官所欲而無限追求，因而導致心靈的陷溺發狂，如是傷害本性而無法修養自我清明之心性。

因此《老子》警告「持而盈之，不如其已；揣而銳之，不可長保。金玉滿堂，莫之能守；富貴而驕，自遺其咎。」（〈九章〉）「多藏必厚亡。」（〈四十四章〉）盈滿必溢，強銳必短，多財必失，恃驕必咎，此皆非養生避禍之道，太多的外在刺激，必會喪失原本純一無雜之身，乃至於心。《莊子》則謂「夫富者，苦身疾作，多積財而不得盡用，其為形也亦外矣。夫貴者，夜以繼日，思慮善否，其為形也亦疏矣。」（〈至樂〉）「今世之人居高官尊爵者，皆重失之，見利輕亡其身，豈不惑哉！」（〈讓王〉）「德溢乎名，名溢乎暴，謀稽乎誸，知出乎爭，柴生乎守，官事果乎眾宜。」（〈外物〉）「今世俗之君子，多危身棄生以殉物，豈不悲哉！」（〈讓王〉）倒置之民，役於外物，追求世俗富貴功名，以致見利輕亡其身，這實是令人困惑之事。「小人則以身殉利，士則以身殉名，大夫則以身殉家，聖人則以身殉天下。故此數子者，事業不同，名聲異號，其於傷性以身為殉，一也。」（〈駢拇〉）任何階層的人，皆貪戀競逐於名利富貴卻以身殉之，其傷性痛苦之處，都是心有所欲，執著貪戀，如是以身殉之，是何其不智！此誠《莊子》對於人們貪欲醜態的最大諷刺！

況且人們又亟欲執著於外在形軀的美貌與年歲，青春美貌與長壽不死，皆是人們對於外在形軀所欲求的目標。然而《老子》言及「吾所以有大患者，為吾有身，及吾无身，吾有何患。」（〈十三章〉）人之有大患，即是心靈始終貪執陷溺於形軀之欲，若無此形軀，又有何患？青春美貌，終不長久，即使以美容手術達其所願，亦因過度照顧而心靈昏亂，況且若因手術的失敗，或因藥物的副作用而傷害生命，亦屬落於非死之地。執著於形軀之不死，實為痴愚，即使未來的醫藥科學能使人形軀永久不死，亦屬於非自然之為，若強而為之，人們最終亦因非道而敗亡，即使只為了長生，強自以非安全合法的行為照顧外在形軀，亦屬不智之舉，最後亦將落於非死之地。吾人應體認，外在的形軀終會消亡，即使如何的重視與保養己身，亦終將面對死亡，故重視內心的修為，以使行為合於常道，進而使生命安適無禍，是多麼的重要！

形軀，只是修養心靈的輔助而已，適當的醫藥護身，只是爲了讓自我得到應有的生命品質，即使身體有所殘缺病痛，若是能專心涵養自我心靈，使自我精神生命能安適快樂，那麼形軀生命的存在，即賦有眞切生命的意涵，亦能不枉此生！否則心靈昏亂枯竭，終役於物，那麼即使形軀生命尚在，亦只是如同行屍走肉罷了，此實爲人們苦痛之源的所在。

　　因此人們苦痛之源，究其原因，既源於自我對形軀感官的貪欲而妄爲，如是，若不知止而修養自我，依「道」而養生，那麼自我心靈終將因多欲昏昧而枯亡，以致終身不救而落入敗亡。《莊子》謂世人苦痛所在，即是「有機械者必有機事，有機事者必有機心，機心存於胸中，則純白不備；純白不備，則神生不定；神生不定者，道之所不載也。」（〈天地〉）心中存有機心欲望，心靈必不純明，心神必恍惚不定，如是，「夫道不欲雜，雜則多，多則擾，擾則憂，憂而不救。」（〈人間世〉）心思雜亂，則必生憂擾，憂擾之心，必致困憂，故「道之所以虧，愛之所以成。」（〈齊物論〉）「意有所至而愛有所亡，可不愼邪！」（〈人間世〉）有自我之私欲所愛，則必生偏執困擾，如此，「馳其形性，潜之萬物，終身不反，悲夫！」（〈徐无鬼〉）「近死之心，莫使復陽也。」（〈齊物論〉）將自我實屬有限的身體，卻寄與無限的欲望，馳騁於世俗而汲營競逐，以致終身無救，誠屬悲哀之爲！「一受其成形，不忘以待盡。與物相刃相靡，其行盡如馳，而莫之能止，不亦悲乎！終身役役而不見其成功，苶然疲役而不知其所歸，可不哀邪！人謂之不死，奚益！其形化，其心與之然，可不謂哀乎？」（〈齊物論〉）只顧追求世俗外物爲生而備生困擾，卻遺忘了心靈精神的逍遙自在，傷性殉身，導致終身不反，實可謂人們眞正的悲哀與苦痛！

二、現代人的生死問題

　　生死本是自然現象，然而人們悅生惡死，仍是根深柢固的觀念。即如現今的社會，對於生命的誕生，仍屬喜悅，對於生命的消亡，依舊悲傷，彷彿生命的誕生，就是希望，生命的消亡，就是絕望。人們費盡心思於生活的享樂，卻漠視死亡的終將到來，如是未能正視死亡的準備，卻於死亡時，憾恨離世，如是一再重覆的悲劇，誠是人們對於「生」與「死」的迷失。人們只

重視年壽的長短，甚至希望長生不死，〔註3〕卻未能深入了解生死的問題所在，即是所謂人們生存於世，難道能保證其一生純樂乎？實際的生存環境，若非純然爲樂，則必有所憂，特別是汲營於生存的需求，必是與世有所爭違，如此過度汲營生存，即使長壽未死，亦是昏沉不智，一味的競逐於生時欲望的追求，卻忽略了心靈的自在、人群的和諧，與死亡的安適，如此「生時憂愁，死時憾恨」，這樣的生存與死亡，又有何意義？

尤其死亡，〔註4〕人們一向害怕畏懼，因爲死亡後的不確定感，讓人們缺乏安全感，害怕死後將失去所有，失去在世時的富貴名利，失去與親人的歡樂關懷，而後獨自步入死亡，而此死亡之境，極可能會墮入地獄受苦，彷彿黑洞恐怖的景象，即是死亡的氛圍。如是對於死亡的恐懼，泰半皆是人們共有的負面幻想。這些對於死亡的禁忌，其源即是來自於對死亡的恐懼。因此針對此心理的負面恐懼，宗教的功用即能發揮。〔註5〕宗教以靈魂的超升淨土

〔註3〕 爲了追求永久的生命，在歷史上是容易找到證明的，不論是古代埃及的法老王或中國的秦始皇，其因即是人們面對死亡時之所以感到恐懼，也是因爲害怕擁有的東西失去之故，換句話說，如果能長生不老，就能永遠掌握自己喜愛的人或物品，不會失去他們。請參看小田晉著，蕭志強譯：《生與死的深層心理》（臺北：方智出版社，1998年6月），初版，頁92。

〔註4〕 關於死亡，原始人類由觀察到「人身的變化」推演出「複身」的觀念。原始人以爲陰影、水中的倒影、山谷中的回音皆是人的另一個身體的表現，而將死亡解釋爲：複身不再回歸原來的身體，這個複身就是靈魂，人類死後的靈魂更別稱「鬼魂」。流傳在原始社會裡的許多神話或宗教儀式，認爲死亡不是自然現象，顯示了人們否定死亡與抗拒死亡的用意，例如：美國西南部印地安部落人流傳死亡是由於小狼錯將一塊石頭當作魔杖拋入了泥潭；根據西太平洋吉爾伯特群島土著的傳說，死亡是由於他們的祖先在一個二選一的選擇中選錯了一棵樹。從這裡，我們可以約略看出原始社會的死亡態度：死亡不是生命完全的終結，只是以另一種形式繼續存在著；死亡不是自然現象，也不是不可避免的。請參看簡旭裕：〈面對死亡：死亡態度的歷史演進〉《歷史月刊》（臺北：歷史智庫出版有限公司，1999年8月），第139期，頁40。

〔註5〕 對具有神秘思維者而言，宗教性的解脫是消除死亡焦慮的重要途徑，如基督徒臨終前的懺悔，佛教臨終前的助念，以及喪葬過程中舉辦的消除怨尊的法會，道教的齋醮等，皆能給臨終者及親屬較強的心理慰藉。請參看鄭曉江：〈中國人死亡態度之探討──死亡的神秘〉《安寧照顧會訊》（臺北：財團法人中華民國安寧照顧基金會，2000年3月），第36期，頁21。因此「生死」的事實存在並不能受囿於現象世界，它是有橫跨事實世界和意義世界的雙重性，特別是在死後世界仍須仰仗宗教經驗或密契體驗加以描述的現階段，任何企圖以認知心態去處理生死現象，並設法在生死之間開拓知解之路的努力，都不能不心存戒慎，不能不在認知的限度內以謙遜的態度來處置任何生命裡的死亡事件。請參看葉海煙：〈道家觀點的生死教育〉《哲學、生死與宗教國際

與天堂爲死後目標，其標準是以在生時對宗教的修行、多行善事與服務眾生等行爲多寡爲依則。因此宗教的功用，不但能增益人們生時的努力目標，亦能適時的化解人們對於死亡的恐懼。然而面對《老》《莊》與宗教間對於生死的影響，陳俊輝曾言「面對西洋東傳的基督宗教，道家莊的生死觀，便難以作『無待』、『無心』的達觀暨悠遊了。因爲前者不僅夾帶強勁的學理基礎，它更藉其『眞理』與『生命』的實質教化，不斷建構地闡釋人生的究竟以及人類死後的巧妙安排……莊子的生死觀，它對當代人的啓示，似乎是負面性的，以及又不具建設性的。」〔註6〕針對陳俊輝認爲《莊子》的生死觀對當代人的負面性及不具建設性的觀點，葉海煙即說明「莊子關心的是吾人的現實生命在墮肢體黜聰明之後，如何能彼此相忘，又如何能因相忘而情意互通，精神往來；他企圖建立屬己的生命本體，並試圖通過時間的記憶，邁向絕對的一體存在，其用心與一神信仰，雖有所不同，但關懷生命苦痛以及理應如何『立人極』的心情，本無二致。」〔註7〕筆者認爲，《莊子》的生死觀，雖非如宗教般給與人們死後世界的安頓，但《莊子》對於生死問題省思的智慧，實有益於人們釐清對於生死的迷思，全然的拋卻以己爲尊，戀己執著的主觀意識，這般的客觀超越，是對於自己生命的深度開豁，因爲拋卻對於自我的依戀，實能像《莊子》般眞正的安適於自然變化而無所懼怕，即使獨自的面對死亡，亦能坦然安適。因此《莊子》雖未能如宗教給與人們死後世界的安頓保證，但是《莊子》的生死智慧，亦能使人善於面對死亡而無所畏懼。因此，面對生死問題上，若能通豁《莊子》的生死智慧，並擁有宗教的死後寄託，當然能盡己完善的面對生死；即使是無神論者，若能善體《莊子》的生死智慧，亦能安適無懼的面對終將自然的生死變化，這即是《莊子》正面且具建設性的生死智慧。

因此，現代人生死的問題所在，即是在於悅生惡死，卻又不肯正視自我生命的意義與死亡的價值。故生時競逐於生存的過度所需，即使長壽而時生煩憂，亦當作可喜可賀之事；死時安適順亡，即使短壽而充實快樂，卻被認

學術研討會》（嘉義：南華大學人文學院生死學研究所，1998 年 11 月），第 1 期，頁 16。

〔註6〕 陳俊輝：〈論死談生：話祁克果與莊子的生死觀（下）〉《哲學與文化》（臺北：哲學與文化月刊雜誌社，1993 年 7 月），第 20 卷第 7 期，頁 675。

〔註7〕 葉海煙：〈論莊子的終極關懷〉《哲學年刊》（臺北：台灣大學哲學學會，1994 年 6 月），第 10 期，頁 108。

為應悲應泣。如此錯誤的生死觀念，實是現代人面對生死的重大問題所在，亦是亟需修正的生死觀念。

三、《老》《莊》生死觀的現代啟示

《老》《莊》的生死智慧，表現在重視應世的避禍思想與精神生命的恆常，故《老子》批評人為何會動之於非死之地？所謂「出生入死。生之徒，十有三；死之徒，十有三；人之生，動之死地，亦十有三。夫何故？以其生生之厚。」（〈五十章〉）人之動於非死之地，即是「生生之厚」。能不厚生，即能長生，《老子》雖主張長生，但真正的「壽」意，即是「死而不亡者壽」（〈三十三章〉）之見，是「死而不亡」的精神恆常。但面對真正的壽夭問題，《老子》的生死觀，重視生時的生命意義，卻未觸及如何安適死亡的觀念，而《莊子》卻能真正的通豁於世人生死壽夭迷失之處，所謂「人之生也，與憂俱生，壽者惛惛，久憂不死，何苦也！」（〈至樂〉）「不樂壽，不哀夭。」（〈天地〉）面對生命的壽夭，實無需因而喜與悲，因為壽而昏沉於世，誠為痛苦，因此即使長壽，又有何可喜？故《莊子》為了點醒世人壽夭的錯誤觀念，他以「天下莫大於秋豪之末，而大山為小；莫壽於殤子，而彭祖為夭。」（〈齊物論〉）的反向思考，說明了世俗樂壽哀夭的拘套，皆是身為現代的人亟需修正的生死觀念。

而悅生惡死，是人們生死的迷失之處，《莊子》所謂「夫大塊載我以形，勞我以生，佚我以老，息我以死。故善吾生者，乃所以善吾死也。」（〈大宗師〉）面對生死問題，《莊子》反向的說明了「生」是勞苦，「死」才是安息之處，故能善死者，才能善生。其中麗姬嫁與晉王之例中說明「予惡乎知說生之非惑邪！予惡乎知惡死之非弱喪而不知歸者邪！麗之姬，艾封人之子也，晉國之始得之也，涕泣沾襟；及其至於王所，與王同筐床，食芻豢，而後悔其泣也。予惡乎知夫死者不悔其始生之蘄生乎！」（〈齊物論〉）麗姬當初的哭泣，是因要嫁與晉王的恐懼，這正如同人們要面對死亡時的恐懼一般，等到享受了歡樂，麗姬才後悔當初的哭泣，這亦同於真正了解死亡後，才後悔當初對死亡的恐懼，是何其愚蠢！故生即是惑，死，正是回歸自然而已！而死亡之境的說明，《莊子》所舉與骷髏對話的寓言，最為生動：「髑髏曰：『死，无君於上，无臣於下；亦无四時之事，從然以天地為春秋，雖南面王樂，不能過也。』莊子不信，曰：『吾使司命復生子形，為子骨肉肌膚，反子父母妻子閭里知識，子欲之乎？』髑髏深矉蹙頞曰：『吾安能棄南面王樂而復為人閒

之勞乎！』」（〈至樂〉）骷髏說明的死後世界，是一逍遙從容的自在世界，因此如果回復爲生，則反是勞苦之境。這樣的寓言故事，除了讓我們驚嘆《莊子》的幽默風趣外，更能讓我們省思未知的死亡之境，應非全如世人所理解的恐怖可懼，〔註8〕因此《莊子》的死亡智慧，對於世人「悅生惡死」的生命拘格，更是深層的哲學省思。

所謂「古之眞人，不知說生，不知惡死。」（〈大宗師〉）「古之眞人，得之也生，失之也死；得之也死，失之也生。」（〈徐無鬼〉）古之眞人，不悅生，不惡死，且全然忘卻生死的拘限，故能善得精神的純然自任，逍遙自在。「彼方且與造物者爲人，而遊乎天地之一氣。彼以生爲附贅縣疣，以死爲決丸潰癰，夫若然者，又惡知死生先後之所在！」（〈大宗師〉）《莊子》以人之形軀爲贅瘤（氣的聚結），以死亡爲破癰（氣的消散），如此，其生死爲一的生死智慧，實能打破世俗生死壽夭與悅生惡死的迷失，是值得現代的我們深究的生死問題。

因此《老》《莊》對於生死的省思，尤其《莊子》通豁生死的智慧，都能讓我們在面對生死問題時，有著更深層面的啓示。以下即將《老》《莊》生死觀的現代啓示，析分爲：「生死本是自然不斷的變化」、「壽夭實非相異」、「生死本是爲一」、「安於生死」四部分加以論述。

（一）生死本是自然不斷的變化

《莊子》認爲自然賦與了萬物所有的生命，「生非汝有，是天地之委和也；性命非汝有，是天地之委順也。」（〈知北遊〉）此身之形軀生命，原是天地所委付的自然生命。而生死的變化，本是形軀的自然轉移，「死生存亡，窮達貧富，賢與不肖毀譽，飢渴寒暑，是事之變，命之行也；日夜相代乎前，而知不能規乎其始者也。」（〈德充符〉）生死不斷的變化，亦只是純然順應自然之

〔註8〕 現今醫療心理方面正研究著所謂的「瀕死體驗」，所謂瀕死體驗，是指因發生事故或生病而瀕臨死亡邊緣的人，歷經九死一生，得以回復意識後，所訴說的不可思議的印象體驗。這些體驗有一些共同的模式，例如：脫離肉體、有清楚的視覺體驗、痛苦消失，心情安詳到達極點、見到明亮光線、在彼世遇見另外的存在、隧道體驗、預知未來等。然而體驗者在恢復意識後，會湧現出更爲強烈的生存欲望，即是死亡有死亡該做的事，活著也有活著該做的事，因此趁還活著的時候要盡快做完這些事。請參看立花隆著，吳陽譯：《瀕死體驗》（臺北：方智出版社，1998 年 10 月），初版，頁 669。因瀕死者的經驗，吾人可初步認知所謂歷經死亡過程，並非全然是恐怖痛苦；而生命亦因曾瀕臨死亡，而益顯其積極意義。

變。因此當我們面對生死問題時，首要的認知，即在於人人皆有生死，而生死既是不斷變化的現象，故避諱死亡，強求長生，實無必要。因此合法適當的保養身體，以維持形軀生命的基本健康，本是正常；然而以非法過度的方式妄想長生（如：食用保育類動物、非法藥物等），則屬非道行為，更可能遭禍速死。故認知生死的自然變化，自在生活，不加妄求，誠是現代人應培養的正確生死觀，如是方能不懼死亡，安適順受本是自然的生死變化。

（二）壽夭實非相異

現今的我們，對於生命的壽夭觀念，太多是喜壽悲夭。對於生命的長壽而活，人們總是慶賀喜悅；對於生命的短夭而逝，卻是哀傷悲嘆。如此截然不同的觀念，即是悅生惡死。因此世人總認為生命的存在，無論是幸福的，或是悲苦的，只要是長壽，總是好的。然而面對這樣的壽夭問題，吾人應了解：

第一，健康無慮而長壽，本是幸福；然而久病煩憂而長壽，真的亦是全然幸福嗎？實際上，身體的病痛，本是無奈，如果能安適於病痛而長壽，則是生命的勇者；但問題是煩憂而長壽，這樣的生活品質，真會是幸福嗎？「好死不如賴活著」這句話，是否是對生命價值的扭曲呢？是否是對於死亡的錯解呢？

第二，當面對生命的夭折而逝時，是否應深思於此生在世時，自我生命的價值觀何在？正如同周大觀小朋友的生命雖是短暫的，然而對於生命的珍惜與熱愛，其精神實能令人動容與學習，如此短暫卻豐富的生命，相較於長壽卻渾噩的人們，更是超越生命的藩籬而臻至精神的恆常。如此，是否我們仍應認為周大觀小朋友生命的夭逝，是需哀傷悲泣嗎？這樣的問題，亦是我們對於壽夭觀念的另一層思考空間。

因此，所謂生命的價值，是在於對生命的熱愛，〔註9〕因為精神的昭然呈現，亦可能是在身體極度病痛的時候，故壽夭的真正意義，不是年歲長短所能判定，而是生命內容的豐富或空虛所決定的。因此《莊子》打破世俗的壽夭觀念，實應值得現代的我們深刻省思的問題。

〔註9〕 人類存在的短暫性對不同的人呈現出不同的人生觀：悲觀主義者既悲且懼地發現它每天撕去一頁的日曆越來越薄。樂觀積極的人則在每天撕下的日曆背後摘記一天的生活景況，然後按序歸檔；他能夠驕傲及喜悅地從那些摘記中回憶生活的豐盈，品嘗所有他已經充分活過的歲月。請參看簡旭裕，同註4，頁46。

（三）生死本是為一

現今的我們，只要提及「死亡」二字，就是恐懼，就是不祥，彷彿死亡就是不應該在生活中出現，因此長輩們總是叮嚀著小孩子，如果看見有人家裡辦喪事，一定不能直視喪家及棺木，且要繞道而行，以免「穢氣」上身；若小孩言及「死」字，就會被長輩們斥為「破格」；醫院不能有四樓，因為「四」與「死」同音；在喪禮中，必定要表現悲淒哀傷的氣氛；醫院的太平間及殯葬館，幾乎給與生者陰森恐怖的感覺。這種種與「死亡」有關的事物，都瀰漫著不祥恐怖的氣氛。因此，「死」，仍然是人們亟欲避諱的，「惡死」，道盡了人們對於死亡的不安心理。並且只要面對親友的死亡，全然是悲傷哀泣的氣氛，如果有人表現不盡如此，旁人就認定此人必定「不孝」，必是「冷血動物」並加以批評，然而無論此人真正的心理為何，吾人應了解，無論一個人是壽終正寢或是意外身亡，如果生者的悲傷哀泣，是因為對亡者的想念與不捨，這樣的情感，本是合乎人之常情，可以理解；然而如果是因為亡者死了，不在人世了而哀傷哭泣，那麼即是對死亡現象的迷惑與不智。因為人人都會死亡，如果不能真正了解死亡的必然，那麼將來真正要面對自身的死亡時，必會不安而終，這人生即是缺憾不全。因此如何消解對死亡的恐懼，以培養「生與死是齊一重要」的生死觀，實是人人當下就必須努力的人生課題。而《莊子》將「生」、「死」視如同一，是因為人們對生死有了異分，即是有待，即是桎梏痛苦。因為有了「生」，必定喜悅，這很容易，然而必需面對「死」時，豈不痛苦悲傷？如此「有待」的心理，最終，人生總是缺憾。因此，《莊子》視死生為一，是因為他不希望人生被死亡所役使，死生為一，人的生命才能自在享樂，即使終至死亡，也不會有所恐懼不安，如此的人生，不是真正的自在快樂嗎？故《莊子》「生死為一」的生死智慧，誠是現代人對生死應以反向思考的一大啟示。

（四）安於生死

人人都會步入死亡，這是生死問題的必然現象，而《莊子》認為能順乎自然的變化而安於生死，方是真正的通達者。「適來，夫子時也；適去，夫子順也。安時而處順，哀樂不能入也，古者謂是帝之縣解。」（〈養生主〉）能安於生死之時，而順應自然的生死變化，如此哀樂必不能入於心靈，此為順天的解脫，亦是真正的生死解脫。因此，如何安生？如何安死？是現代人必須培養的生死態度。

　　如何安生？《老》《莊》認為能依順自然之道而修養自我，自能遠禍而安，精神逍遙自在。因此在活著的時後，無所強執，寡欲復樸，並能安於病痛，依順自然的生活，正如同周大觀小朋友、「漸凍人」陳宏等，他們動人的生命背後，就是生命教育最佳的呈現。〔註10〕因此健康的生活著，固是一種幸福；然而當生命無法承受病痛的極度痛苦時，如何能保有自我生命尊嚴與生活品質，實是現代人另一層需加以思考的空間，故「安樂死」的是否合法，亦是現代醫學與法律間應加以平衡的難題。〔註11〕故能安於生，就是生命智慧的昭然呈現，而老莊依順自然不戕生的生命觀，誠是現代人深切思考生命意涵的重要參考。

　　人人都會死亡，認識到死之將至對個體來說，是生命意義的真正覺醒，或者說是人的真正覺醒，這將使他思索生命的意義和價值，擺脫蒙昧的生存狀態，開始清醒的因而是真正的人的生活，所以不能正視死亡的人生應該說是還未真正開始的人生。〔註12〕因此如何安死，亦是每人應加以重視的生命問題，而《莊子》「善死者才能善生」的生死觀，實是現代的我們應深思的問題，因為除了精神上安於接受死亡的必然性之外，對於身後事的交代，亦屬重要，譬如遺囑的預先設立，實能清楚的交代自我生前的種種，及自我死後

〔註10〕　所謂「尋獲生命意義」的必要心理條件，即是心理轉機，一個人愈是能夠有同理的心胸，能夠在重視自我效能的同時，也願意做靈性方面的思考，於發現自己有極限或是遭逢絕境時，能夠發出適切的問題，凡此種種都是尋獲生命意義的準備狀態，因為一個人若能具備愈多的準備，則愈有可能尋獲生命的意義。請參看張利中：〈「尋獲生命意義」的時態與心理歷程〉《生死學通訊》（嘉義：南華大學人文學院生死學研究所，2001年7月），第5期，頁32。

〔註11〕　「安樂死」一詞，源自希臘文 enthanasia，意指「快樂的死亡」，或「尊嚴死」，或「安適的無痛苦死亡」，或「絕症病人的愉快死亡」。「安樂死」行為分為消極安樂死與積極安樂死兩種。無論消極或積極安樂死，從其定義面來看，二者終極目的都是為了減除痛苦而消極地任其死亡或積極地加速其死亡。很多支持安樂死的人認為這是一種「尊嚴死」，因為它可以達到人類追求活得有意義、死得有尊嚴的目標。世界各國中，荷蘭於一九九三年首先通過安樂死的立法，但在執行上亦受到相當嚴格的限制，其他國家則因宗教與道德等因素引發爭議而無法完成立法程序。而臺灣因王曉民母親過世的事件又再度引起討論，幾經多方爭議與多年波折，西元二千年五月「安寧緩和醫療條例草案」，終於三讀通過，未來無法治癒的末期病人，經兩位醫師診斷定後，可以立意願書，選擇安寧緩和醫療，拒絕施行心臟電擊、氣管插管、急救藥物注射等心肺復甦術，以較有尊嚴的方式自然的離開人世。請參看林綺雲：《生死學》（臺北：洪葉文化事業有限公司，2000年7月），一版一刷，頁452。

〔註12〕　郭于華：《死的困惑與生的執著》（臺北：洪葉文化事業有限公司，1994年10月），初版一刷，頁210。

的儀式權利（譬如宗教儀式、處理遺體的方式等等），〔註13〕如是可以避免突然死亡的無措與遺憾，因此曹又方的死前告別會，即是對自我生命即將消亡的通豁，如是開通的生死觀，不但能讓自我更加珍惜有生之時，亦能在面對死亡時，能無憾的安然接受。因此，擁有正確的死亡觀並能安於死亡，誠是現代人應迫切學習的重要生命課題。

四、《老》《莊》生死觀的現代意義

　　《老》《莊》依順自然而化的生死觀，對於現代整個自然環境與生命建設的意義為何？〔註14〕以下筆者即析分為四部分說明：一為維護自然環境的完整；二為重視萬物生存的權利；三為增進人類群體的和諧；四為安順精神生命的自在。

（一）維護自然環境的完整

　　《老》《莊》生死觀重視依順自然的原則，以自然為重，故引申至整個大自然環境而言，現今的社會，所造成的環境污染更甚於從前，從工業污染到科技污染，〔註15〕人為的貪欲，使人類賴以生存的自然環境遭受前所未有的傷害。因此空氣污染造成的溫室效應，使得地球溫度日益增高；工業與家庭廢水造成

〔註13〕根據《民法》第一千一百八十九條說明，預立遺囑共有五種方式：自書遺囑、公證遺囑、密封遺囑、代筆遺囑、口授遺囑。請參看劉清景、施茂林：《最新詳明六法全書》（臺北：學知出版事業有限公司，1998 年 1 月），修正版，頁312。而預立遺囑必須注意的幾項原則：（1）表達對過去生命的回顧即遺言（2）遺物的處理（3）遺贈（4）醫療照顧的處理及指定醫療代理人（5）遺體處理（6）喪葬事宜（7）遺產分配及指定或委託監護人（8）財產信託（9）保險受益之指定與否或更改（10）依衛生署所擬定之緩和醫療條例草案第五條之規定，須二十歲以上成年人，始得預立意願書。請參看劉俊麟：《臺灣生死書——婚喪習俗及法律知識》（臺北：聯經出版社，1999 年 5 月），初版，頁60。

〔註14〕鄭基良於〈老子生死學研究〉一文中，將「老子生死學的現代意義」分為：反對戰爭的和平主義、法天能容、知足不爭。請參看鄭基良：〈老子生死學研究〉，《空大人文學報》，第五期，1996 年 5 月。於〈莊子生死學研究〉一文中，將「莊子生死學的現代意義」分為：改變人與自然萬物敵對的態度、培養新的自然環境倫理、環境保護優於經濟發展、珍惜天然資源、快樂的人生。請參看鄭基良：〈莊子生死學研究〉，《空大人文學報》，第六期，1997 年 5 月。

〔註15〕「生命的意義」在於盡力保護此生命，以免於科技風險的傷害；再者，知覺與思考科技的風險社會，善用左右我們生命的科技，防止意外災禍造成遺憾。請參看陳瑞麟：〈風險生活與科技的死神面容——反省科技造成的死亡〉《第二屆全國現代思潮學術研討會》（臺中：靜宜大學文學院，2001 年 6 月），頁9。

的河川污染，使得河川生態受到直接的傷害；破壞山林資源，使得人類受到土石流的威脅；其他非自然界所能消化之物，如塑膠袋、保利龍等障礙物，充斥在我們賴以生存的生活環境。如果我們再這樣的以無止盡的欲望去破壞整個自然環境，那麼大自然反撲的力量，終將使人類以及萬物無法生存。所以維護自然環境的完整，使其生氣盎然順其所生，才不會使人類以及萬物落入共同滅亡的地步。因此落實環境保護的觀念，對整個自然環境是非常重要的。環保的進一步瞭解是：人自覺到自身的肉體生命、意識、精神各層面都與自然世界、物質世界有密切的關係，人來自自然的事實，使人類在環境的生活體驗中，瞭解到與自然的和諧的重要性，一個人要如何安頓自己的生命在塵世間，不能忽視自身和自然界的和諧，乃致於合一的訴求。〔註16〕最終極目標，就是讓整個地球的自然環境維持其生機盎然，如是善性循環，方能共生共榮，得其和諧同利；否則不依自然之道而妄為，終將落至非死之地而不復。而人類建立尊重自然，順乎自然以養生的觀念，必將有助於此一現象的改善。

（二）重視萬物生存的權利

萬物皆有生存權利。然而人類常因自己無止盡的欲望而威脅其他生物生存的權利，因此為了滿足口腹欲與虛榮心，不惜殺害瀕臨絕種動物，以滿足自我的需求，因為過度妄為而戕生，破壞了大自然的生物鍊，個人受害，整個人類也將受到影響。平心而論，上古天然災害，對人民的威脅是不爭的事實，然《莊子》既不訴諸鬼神，也不加以詛咒，乃是特別強調人與自然的血脈相連的和諧關係，這和他對禽獸的立場一樣，上古必須狩獵或躲避野獸，則勢必與野生動物產生對立，而《莊子》同樣美化淡化人與動物的緊張關係，而主張與禽獸同居，時至今日，一則地球森林銳減，二則自己不必依賴狩獵野生動物為生，那麼我們應更懂得欣賞《莊子》對野生動物的態度了。〔註17〕因此所謂的自然環境，實包涵了萬物眾生，而《老》《莊》重視的依順自然之道，亦即重視自然萬物的生死之道，依順萬物的自然生死，而非因人類過度的戕生之為而非死，如是重視萬物生存的權利，不過度干涉有為，方是依順自然之道的真正表現。

〔註16〕沈清松：《簡樸思想與環保哲學》（臺北：立緒文化事業，1997 年 10 月），初版一刷中，鄔昆如：〈從簡樸到清貧——靈肉二元、環保哲學與簡樸生活〉，頁 40。

〔註17〕莊萬壽：〈莊子與自然生態〉《中國學術年刊》（臺北：國立臺灣師範大學，1991年 4 月），第 12 期，頁 26。

（三）增進人類群體的和諧

《老》《莊》「柔弱」、「處下」、「不爭」、「清靜寡欲」、「知止知足」、「無執」、「虛靜」、「無爲復樸」等依順自然的養生之道，雖是個人的修養之法，然而其產生的實質效益，當能增進人類群體的共同和諧。不執戀自己過度的需求，不強爲自我而與世爭求，如是群體無所衝突，無所紛爭，自能與他人和諧共處。尤其身處現代的高競爭壓力，使得人與人間的衝突競爭性增高，情感則日漸疏離，其因即是太多的我執，因爲如果競爭是因爲了維持自我基本生存，只要合法，當然合情合理；然而如果競爭是爲了滿足自己過度的需求與虛榮而與人衝突，則屬機心非道，如此的行爲，實非養生之道。因此，依順自然的養生之道，將是他己共利，人群共和，人類共享的眞正幸福。

（四）安順精神生命的自在

老莊的生死觀，是精神生命重於形軀生命，外在的形軀生命終會消亡，精神生命才是能讓自我享受生命的一切。現代人心靈的痛苦，即是機心而爲，終日昏墮於外在形軀的享受，而無法安享心靈平和的快樂。而簡樸生活的積極性原則，即是精神生命的建構，精神生命之所以能成爲簡樸生命的積極性條件，乃是因爲簡樸生活在面對物質生活時，必須有一更內在、更積極的選擇方式，才能使簡樸生活有更深的意義，不然，只是消極的削減或刪除物質生活的享受，又如何能算是眞正的簡樸生活？因此，簡樸生活的積極性原則，乃在簡樸之餘，能使人有更高尚的修養及提升，以使這萬物之靈，能更具有尊嚴與信心。〔註 18〕因此如何依順自然之道修養自我，不役於物，使自我精神生命得以安順，而能享受眞正清樸自在的生活，如此順適的人生，當是現代人應重視的生命品質。

〔註18〕同註 16 中，黎建球：〈簡樸生活的倫理原則——精緻的精神生活與自主的物質生活〉，頁 229。

第六章 結 論

　　經過前面各章節的論述之後，對於《老》《莊》生死觀的智慧，筆者最後在此對本論文作一綜合式的論述：

　　　「現代生死學」乃是一門強調實務需求與實際經驗結合的「應用生死學」，吾人應透過現代生死學的現況與觀點，以瞭解現代生死學所探究的內涵爲何。因爲身居現代的我們，在面對自我的生死時，有系統的生死理論，實能讓自我更清楚的面對生死問題，此亦是「現代生死學」發展的重要目的。而「哲學生死學」是一切「應用生死學」的後設基礎，因此筆者以現代生死學理論，與先秦時代《老》《莊》的生死觀念作基礎，說明《老》《莊》的生死觀對現代生死學與現代人面對生死問題時可能有的價值。

　　《老子》生死思想之精神所在，是讓生命如何得以安然而存，安然而亡。而探究其生死思想的中心，誠應回歸於其「道」論的價值統攝。道體成爲超越的形上學意義，即是其超越天地萬物而存在，「道」既超越天地萬物，自古至今亦固存，故此「道」實超越宇宙萬物。而道體渾然深遠的內質中，不但具備了「象」、「物」的內質基礎，亦涵蘊了眞切徵驗的特質；然此眞切徵驗的道體產生了變化時，則呈現了微妙莫測的特質。且道體的另一內質性，即爲自然之性，道以自然無爲不主的方式，順任存在界萬物相生相長。道體經「有」之道用，而得化生萬物，而此道體不竭的虛無變化，爲深微母性的所在，亦即化生萬物的根本。道體的發用，是周遍靈動而無所窮盡。道體虛無，容受而不餒；道用靈動，變化而生生。道體的獨立超然，道用的化育成質，皆是自然，如是「道」因常以自然而然的無爲，順任萬物，故能無爲而無不爲。

　　再者，《老子》思想所呈現的生死觀，即是順道自然，並內化成無所強爲的涵養爲其中心理念。故世人踐道，當知「道」易知易行，不因善與不善者而有所異。因此眞正有修爲之士，能知「道」之微妙和常，驗證體認，並勤而行之，如是不居浮華而飾禮矯僞，眞實的以「道」和潤自身，以得性情之本眞，此即「道」可實踐性的智慧証驗，不但是知明者，亦能善得護養生命的眞實效驗。相反的，非道而爲，將使人易遭速死，因依《老子》所謂世人戕生之爲，不外乎有三種型態：其一是爭強好鬥而妄爲；其二是汲營富貴而貪爲；其三是愛戀形軀而痴爲。此三者戕生之爲，皆爲過分欲望的呈現，世人的苦痛，實源於自我貪欲而妄爲，如此，若不知有所止，依「道」而養生，那麼自我心靈終將因多欲昏昧而枯亡。

　　而世人養生之道，應順應自然而柔弱謙退，故動靜之間，善守柔靜，謹言愼行，勿急躁強爲，如是當能心靜平和，遠禍而安。而內在主體修養，即應順受「道」之處下特質，誠如水般，既柔弱謙退，亦因善利萬物而不爭，處卑而安，故吾人內在主體修養，亦應守得此特質，不與世爭，如是，世人亦不與己爭，自能遠禍避害，而得精神生命之清靜無雜，安然自適。如此清靜寡欲，進而知止知足，則能使生命遠禍而長久，所謂心理上知足，則必能不辱；行爲上知止，則必得不殆，如是，知止知足，當能使生命定靜而安，長久而適。故護養生命，當以「柔弱」、「處下」、「不爭」、「清靜寡欲」、「知止知足」等養生之道，內化於生命的實踐，如此，消極的使形軀生命避禍保壽，積極的讓精神生命安適自在，此誠涵養生命的眞正價值所在。

　　故《老子》最終的養生效驗，則是依「道」養生，能使生命臻至嬰兒般純柔無戕之境，以赤子淳厚之德爲修養之境，以謙退無欲修養自我，善於不爭，遠離智巧，雖笨拙無才似愚，然實微妙深識，虛靜無爲，故能無爲而無所不爲。而依道實踐，體道修涵，則當能使精神清化，以臻於生命長生久視之境。就長生久視問題而言，形軀生命終將消亡，精神生命卻能恆常無盡，故能透過修養自我，以使自我精神生命清明靈動，而非佚亡枯竭，如是，方得《老子》「壽」之眞意，且能勇於勿強出頭而爲，虛靜無爭，如是生命才是眞正的靈活。故遇事紛爭，若能適時退讓，則得合全之效。且善爲道者，當以虛靜退下、樸嗇若愚之法修養自我，故能形似不盈若蔽，而心誠靈活若新，乃能終身不殆，無遺身殃。故善養生者，應能依道修養，與物無爭，並能善於與萬物和處，如是，當能臻至無死地之效驗，並成就《老子》中人格的典

範──聖人，此實因聖人整合了既形上而又內在的「道」，根本實現了生命的終極意義。

《莊子》對於「道」的詮解，亦是植基於客觀之「道」，而加以應化，以為人生實踐的顯揚與飛昇。其對於生死的詮解，即以順化自然變化為依則，以成就心靈的逍遙自在，而能突破世人悅生惡死的拘格，即說明了「道」與「生死」的相應關係，是《莊子》生命哲學中最重要的思想。故「道」與「生死」的相應詮解，為會通《莊子》生死觀真正的意涵所在。

就《莊子》「道」之客觀形上義而言，道體必是先於宇宙萬物而存在，並彰顯著其超越時空萬物的意義。而其內涵特性，非但是具備了真實有信驗的實質體，並且是深蘊了淵深澄清、靈動微妙的變動有機體。不偏執任何有形無形之象，無所作為，也無所形跡，其虛靜恬淡、寂寞、無為之呈現，乃是天地的本原，只能心傳，而不能流於表象經驗的傳受，因其自然神妙無為的特質，而有微妙深極之道體變化。而這一切的客觀形上之道，亦成為心靈實踐的相應實體，方是通變生死觀的依則所在。

《莊子》中的踐道原則，說明著世人應能體「道」於天下一切事物現象，皆無所異分，若強自異分，則必生對立，有對立之勢，則有所毀。因此萬物通而為一，無所異分，故順任自然而不強知所以然，則是無為之道。順任自然的變化，不以好惡之情違逆自然而傷及自身，順任萬物而不役於物，如是，則能無所累患，使精神逍遙遊於無窮之境，那麼精神上又有何可待者？而「道」之無為謙退，若世人依此修養，誠能不與世爭，世人亦不與之爭。因此世之所謂無所可用，方是無患之真實保障，此為無用方為大用之真切義涵。故世人依「道」而實踐，當能順化萬物而解脫束縛，安應於生死，進而使精神臻至逍遙自在的境界。

《莊子》中呈現的生死觀，說明著萬物的生命，皆是自然所賦與，而生死的變化，則是與天地自然並存，故人之生死，本是自然，依此順化，當與自然共融而無所違逆。因生死本為自然變化，故人的生死，亦是不斷的變化，如是生始死終，循環而無所窮盡。而人的形軀之生，只是天地之氣的聚合，形軀之亡，亦是天地之氣的消散而已，生死既是相繼反復的自然現象，吾又何患焉？生死本是自然之事，然世人悅生惡死，誠為世人迷失之處，因世人汲營生存，即使為壽，亦是昏沉不智，久憂不死，實是痛苦。如是，夭無所悲，壽亦何足樂？故生是惑，死，即是歸回自然而已！而世人因己而有所待，

如是悅生惡死，生死異分，實爲痛苦之源，故能體認生死本是自然變化，無所執著，能通豁生死一體，即是善解生死眞相。故善順自然變化而無待於生死，誠是《莊子》精神無所畏懼，順任生死而逍遙自在的生死觀。

世人苦痛，《莊子》究其原因所在，誠是不知如何善養自我，以使自我心靈安適。心中存有機心，心靈必不純明，無純明之心，則心神恍惚不定，心思雜亂，則必生憂擾，憂擾之心，必致困惑，究其原因，實是心中有所愛戀慾望，故《莊子》所謂的失性有五，即是執著形軀之耳、目、鼻、口之欲，而導致心靈的陷溺，如是傷害本性而無法修養自我清明之心性，實生之害也。而倒置之民，追隨世俗功名利祿，在乎權力名位，以致見利而輕亡其身，是何其不智！因爲只顧追求世俗外物爲生而備生困擾，卻遺忘了心靈精神的逍遙自在，傷性殉身，而終導致終身不反，實可謂世人眞正的悲哀！

《莊子》所言養生之道，首要於順乎自然之法，因順乎自然，自能保全形軀而無強爲之禍，亦因善養自然形軀生命，自能享盡自然天與之壽年。而世俗多誘，因此，不以貪戀有執，來自傷己身，如是乃能歸反本眞，跳脫世俗好惡之拘格，得生命的逍遙自在。自然形軀，本會消亡，若過分執著而有所貪戀，則心生痛苦，因此藉由「仰天而噓」、「坐忘」等養生方法，以使心靈黜棄聰明，離形去智，與大道相通，忘乎形體而得精神生命的逍遙自在，如是眞實悟道，不矜固自我形軀，則能免於形軀之累，而益於精神生命的逍遙自適。故修養自我，應善以虛靜、無爲之法，而深藏愼世，察於安危之際，安於禍福之時，謹愼進退之爲，使自我聰明德智，不顯外露，如此無所爭亂，天下必得安和，個人亦能得全其形生。然而生死，本是自然之事，若能通豁生死，樂與自然變化，則幾近於「道」，而後忘卻生死，終能入於不死不生之境，使心靈絕對逍遙自任。如此依道而不與物遷，與物並化而善守道體，死生無變於己，乃能體道而善得精神的眞逍遙自在。

故依「道」修養，能順應萬物，與物諧和而不相對，故得其所生所成。不執著此形軀之生，順任自然安排而順應生死，如是精神生命自可入於純一之境而逍遙自在。並懂得於萬物生死成毀之紛變中，保持內心極端寧靜，而不爲外境所搖蕩。捨棄俗事，使形體不勞；遺忘形軀，使精神無虧。棄事則形不勞，如是順勢歸返自然而形體精神皆得成全。故順應自然常道，不與物違，無強爲之禍，當能保全形軀身體、安養精神生命、善盡自然年壽，此爲善養全幅生命之效驗。而《莊子》中養生的至高境界，即誠如「至人」、「神

人」、「聖人」、「眞人」般的逍遙自在，其要旨所在，只是無私無己，超越世俗外在之相，以應無窮之境，如是精神清明無待，自能達致涵養精神生命的超越境界。

自古至今，人人皆有苦痛，即使生活於現代科技、醫藥皆發達的現代人，其感受的生活苦痛，也不會少於古代。人們爲何感到苦痛？究其根源，即是「欲望」所致，因爲有了欲望，就必須承擔可能的苦痛。適當滿足生存需求的欲望，是必然的，然而當欲望超過自己本分應有與需求的範圍，仍勉強妄求，即是所謂的「貪欲」，這就是人生苦痛的開始。

現代人生死的問題所在，即是在於悅生惡死，卻又不正視眞正生命的意義與死亡的價值。故生時競逐於生存的過度所需，即使長壽卻常生煩憂，仍當作可喜可賀之事；死時安適順亡，即使短壽而充實快樂，卻被認爲應悲應泣。如此錯誤的生死觀，實是現代人面對生死的重大問題所在，亦是亟需修正的生死觀念。故如何安生？《老》《莊》認爲能依順自然之道而修養自我，即能遠禍而安，精神逍遙自在，就是生命智慧的昭然呈現。因此《老》《莊》依順自然不戕生的生命觀，誠是現代人深切思考生命意涵的重要參考。而如何安死？尤是現代的我們應深思的問題，因爲除了精神上安於接受死亡的必然性之外，對於身後事的交代，亦屬重要，所以遺囑的預先設立，實能避免突然死亡的無措與遺憾，因此，擁有正確的死亡觀並能安於死亡，誠是現代人應迫切學習的重要生命課題。

而依順《老》《莊》自然而化的生死觀，對於現代整個自然環境與生命建設的意義，即是維護自然環境的完整，使人類建立尊重自然，順乎自然以養生的觀念，必將有助於自然環境的改善。重視萬物生存的權利，依順萬物的自然生死，不過度干涉有爲，方是依順自然之道的眞正表現。進而增進人類群體的和諧，實踐《老》《莊》「柔弱」、「處下」、「不爭」、「清靜寡欲」、「知止知足」、「無執」、「虛靜」、「無爲復樸」等自然的養生之道，其產生的實質效益，必能增進人類群體的共同和諧，終而得安順精神生命的自在。順任自然之道修養自我，不役於物，使自我精神生命得以安順，方能享受眞正清樸自在的生活。如此順適的人生，才是現代人應重視的生命品質。

參考書目

一、原典釋譯注疏部分（依作者姓氏筆劃先後順序排列）

1. 王弼：《老子・帛書老子》，臺北：學海出版社，1994 年 5 月，再版本。
2. 王先謙：《莊子集解》，臺北：三民書局，1981 年，再版。
3. 王夫之：《莊子通・莊子解》，臺北：里仁書局，1995 年，三刷。
4. 王淮：《老子探義》，臺北：商務印書館，1990 年 12 月，九版。
5. 李勉：《莊子總論及分篇評注》，臺北：商務印書館，1990 年，修訂一版。
6. 郭象：《莊子注》，臺北：商務印書館，1968 年。
7. 郭慶藩：《莊子集釋》，臺北：萬卷樓圖書有限公司，1993 年 3 月，初版二刷。
8. 陳鼓應：《老子今註今譯》，臺北：商務印書館，1998 年 8 月，二版二刷。
9. 陳鼓應：《莊子今註今譯》，臺北：商務印書館，1985 年 11 月，七版。
10. 焦竑：《莊子翼》，臺北：廣文書局，1974 年，初版。
11. 錢穆：《莊子纂箋》，臺北：東大圖書有限公司，1989 年 4 月，三版。
12. 蔣錫昌：《老子校詁》，臺北：藝文印書館，1970 年，初版。
13. 嚴靈峰：《老子達解》，臺北：華正書局，1987 年 8 月，初版。

二、當代著述部分（依作者姓氏筆劃先後順序排列）

1. 小田晉著，蕭志強譯：《生與死的深層心理》，臺北：方智出版社，1998 年 6 月，初版。
2. 王煜：《老莊思想論集》，臺北：聯經出版公司，1981 年，初版二刷。
3. 王叔岷：《先秦道法思想講稿》，臺北：中央研究院，1992 年 5 月，初版。

4. 王邦雄：《二十一世紀的儒道》，臺北：立緒文化事業公司，1999 年 6 月，一刷。

5. 立花隆著，吳陽譯：《瀕死體驗》，臺北：方智出版社，1998 年 10 月，初版。

6. 牟宗三：《中國哲學十九講：中國哲學之簡述及其所涵蘊之問題》，臺北：學生書局，1997 年 1 月，第七次印刷。

7. 李存山：《中國氣論探源與發微》，中國社會科學出版社，1990 年，初版。

8. 吳怡：《逍遙的莊子》，臺北：東大圖書，1991 年 4 月，三版。

9. 吳汝鈞：《老莊哲學的現代析論》，臺北：文津出版社，1998 年 6 月，一刷。

10. 沈清松：《簡樸思想與環保哲學》，臺北：立緒文化事業，1997 年 10 月，初版。

11. 林安梧：《中國宗教與意義治療》，臺北：文海學術思想研究發展文教基金會，1996 年 4 月，初版。

12. 林火旺：《倫理學》，臺北：五南圖書，1999 年 10 月，初版一刷。

13. 林綺雲：《生死學》，臺北：洪葉文化事業有限公司，2000 年 7 月，初版。

14. 邱仁宗：《生命倫理學》，上海：人民出版社，1987 年 5 月，初版。

15. 胡哲敷：《老莊哲學》，臺北：中華書局，1987 年 12 月，九版。

16. 段德智：《死亡哲學》，武漢市：湖北人民出版社，1996 年，二版。

17. 徐復觀：《中國人性論史·先秦篇》，臺北：商務印書館，1984 年 4 月，七版。

18. 徐文珊教授百歲冥誕紀念論文集編委會：《徐文珊教授百歲冥誕紀念論文集》，臺北：文史哲出版社，1999 年，初版。

19. 唐君毅：《中國哲學原論：原道篇卷一》，臺北：學生書局，1992 年 3 月，全集校訂版第二刷。

20. 袁保新：《老子哲學之詮釋與重建》，臺北：文津出版社，1991 年 9 月，初版。

21. 馬丁·海德格著，王慶節、陳嘉映譯：《存在與時間》，臺北：桂冠圖書公司，1994 年 8 月，再版一刷。

22. 高柏園：《莊子內七篇思想研究》，臺北：文津出版社，1992 年 4 月，初版。

23. 恩斯特·卡西爾著，范進、楊君游、柯錦華譯：《國家的神話》，臺北：桂冠圖書，1994 年 4 月，初版。

24. 崔大華：《莊學研究》，北京：人民出版社，1992 年 11 月，初版。

25. 郭于華：《死的困惑與生的執著》，臺北：洪葉文化事業有限公司，1994

年 10 月，初版一刷。

26. 陳鼓應：《道家文化研究第八輯》，上海：上海古籍出版社，1995 年，初版。

27. 陳鼓應：《老莊新論》，香港：中華書局，1999 年 5 月，初版三刷。

28. 陶在樸：《理論生死學》，臺北：五南圖書，1999 年 9 月，初版一刷。

29. 尉遲淦：《生死學概論》，臺北：五南圖書出版有限公司，2000 年 3 月，初版。

30. 傅偉勳：《死亡的尊嚴與生命的尊嚴——從臨終精神醫學到現代生死學》，臺北：正中書局，1998 年 11 月，臺五版第七次印行。

31. 傅偉勳：《學問的生命與生命的學問》，臺北：正中書局，1998 年 11 月，第三次印行。

32. 張起鈞：《老子哲學》，臺北：正中書局，1983 年 5 月，臺十版。

33. 張榮明：《中國古代氣功與先秦哲學》，臺北：桂冠圖書，1992 年 1 月，初版。

34. 張捷夫：《中國喪葬史》，臺北：文津出版社，1995 年 7 月，初版一刷。

35. 張淑美：《死亡學與死亡教育——國中生死亡概念、死亡態度、死亡教育態度及其相關因素之研究》，高雄市：復文圖書出版社，1996 年 3 月，初版一刷。

36. 楊儒賓：《先秦道家「道」的觀念的發展》，臺北：國立臺灣大學出版委員會，1987 年 6 月，初版。

37. 路易斯‧波伊曼著，江麗美譯：《生與死——現代道德困境的挑戰》，臺北：桂冠圖書，1997 年 3 月，初版二刷。

38. 齊格蒙‧包曼著，陳正國譯：《生與死的雙重變奏——人類生命策略的社會學詮釋》，臺北：東大圖書，1997 年 4 月，初版。

39. 趙衛民：《莊子的道》，臺北：文史哲出版社，1998 年 1 月，初版。

40. 葉海煙：《老莊哲學新論》，臺北：文津出版社，1997 年 9 月，一刷。

41. 葉海煙：《莊子的生命哲學》，臺北：東大圖書，1999 年 2 月，三版。

42. 鄭曉江：《超越死亡》，臺北：正中書局，1999 年 12 月，第二次印行。

43. 劉清景、施茂林：《最新詳明六法全書》，臺北：學知出版事業有限公司，1998 年 1 月，修正版。

44. 劉俊麟：《臺灣生死書——婚喪習俗及法律知識》，臺北：聯經出版社，1999 年 5 月，初版。

45. 蔣錫昌：《莊子哲學》，臺北：鳴宇出版社，1980 年 5 月，初版。

46. 蔡瑞霖：《宗教哲學與生死學》，嘉義：南華大學管理學院，1999 年 4 月，初版。

47. 魏元珪：《老子思想體系探索（上）》，臺北：新文豐出版社，1997 年 8 月，初版。

48. 嚴靈峰：《老莊研究》，臺北：中華書局，1966 年，初版。

49. 嚴靈峰：《老子研讀須知》，臺北：正中書局，1992 年 4 月，臺初版。

三、期刊論文部分（依出版年代先後順序排列）

1. 沈清松：〈莊子的人觀〉，《哲學與文化》，臺北：哲學與文化月刊雜誌社，1987 年 6 月，第 14 卷第 6 期。

2. 丁原植：〈老子思想中「聖人」觀念的提出〉，《哲學與文化》，臺北：哲學與文化月刊雜誌社，1991 年 2 月，第 18 卷 2、3 期。

3. 杜正勝：〈生死是連續或是斷裂——中國人的生死觀〉，《當代》，臺北：合志文化事業股份有限公司，1991 年 2 月，第 58 期。

4. 莊萬壽：〈莊子與自然生態〉，《中國學術年刊》，臺北：國立臺灣師範大學，1991 年 4 月，第 12 期。

5. 陳俊輝：〈論死談生：話祁克果與莊子的生死觀（上）〉，《哲學與文化》，臺北：哲學與文化月刊雜誌社，1993 年 6 月，第 20 卷第 6 期。

6. 陳俊輝：〈論死談生：話祁克果與莊子的生死觀（下）〉，《哲學與文化》，臺北：哲學與文化月刊雜誌社，1993 年 7 月，第 20 卷第 7 期。

7. 葉海煙：〈論莊子的終極關懷〉，《哲學年刊》，臺北：臺灣大學哲學學會，1994 年 6 月，第 10 期。

8. 鄔昆如：〈《莊子》的生死觀〉，《哲學與文化》，臺北：哲學與文化月刊雜誌社，1994 年 7 月，第 21 卷第 7 期。

9. 鄭基良：〈老子生死學研究〉，《空大人文學報》，臺北：國立空中大學人文學系，1996 年 5 月，第 5 期。

10. 鄭基良：〈莊子生死學研究〉，《空大人文學報》，臺北：國立空中大學人文學系，1997 年 5 月，第 6 期。

11. 鈕則誠：〈從科學學觀點考察生死學與應用倫理學的關聯〉，《應用倫理學區域會議》，中壢：國立中央大學文學院哲學研究所，1997 年 6 月。

12. 吳秀瑾：〈道的科學性——從混沌論與複雜科學來談老莊自發之道的科學性〉，《第一屆比較哲學研討會論文集》，嘉義：南華大學，1998 年 1 月。

13. 王邦雄：〈老莊哲學的生死智慧〉，《宗教哲學》，臺北：中華民國宗教哲學研究社，1998 年 7 月，第 4 卷第 3 期。

14. 尉遲淦：〈生死學與通識教育〉，《通識教育季刊》，新竹：國立清華大學通識教育中心，1998 年 9 月，第 5 卷第 3 期。

15. 葉海煙：〈哲學、生死與宗教國際學術研討會——道家觀點的生死教育〉，

《生死學研究通訊》，嘉義：南華大學人文學院生死學研究所，1998 年 11月。

16. 歐崇敬：〈哲學、生死與宗教國際學術研討會——生死構造的哲學省察〉，《生死學研究通訊》，嘉義：南華大學——人文學院生死學研究所，1998年 11 月。

17. 蔡瑞霖：〈哲學、生死與宗教國際學術研討會——藝術治療與生死學，有關生死學、哲學生死學及其審美問題之探討〉，《生死學研究通訊》，嘉義：南華大學——人文學院生死學研究所，1998 年 11 月。

18. 朱：〈先秦道家的生死觀〉，《中國文化月刊》，臺中：中國文化月刊雜誌社，1999 年 2 月，第 227 期。

19. 簡旭裕：〈面對死亡：死亡態度的歷史演進〉，《歷史月刊》，臺北：歷史智庫出版股份有限公司，1999 年 8 月，第 139 期。

20. 蔡昌雄：〈從心理治療範型論死亡悲傷輔導論題與範疇的澄清〉，《生死學研究通訊》，嘉義：南華大學人文學院生死學研究所，1999 年 12 月，創刊號。

21. 鄭曉江：〈中國人死亡態度之探討——死亡的神秘〉，《安寧照顧會訊》，臺北：財團法人中華民國安寧照顧基金會，2000 年 3 月，第 36 期。

22. 洪如玉：〈存在哲學取向的生死教育〉，《中等教育》，臺北：國立台灣師範大學，2000 年 8 月，第 51 卷第 4 期。

23. 陳瑞麟：〈風險生活與科技的死神面容——反省科技造成的死亡〉，《第二屆全國現代思潮學術研討會》，臺中：靜宜大學，2001 年 6 月。

24. 張利中：〈「尋獲生命意義」的時態與心理歷程〉，《生死學通訊》，嘉義：南華大學人文學院生死學研究所，2001 年 7 月，第 5 期。

25. 趙可式：〈且讓生死兩相安〉，《生死學通訊》，嘉義：南華大學——人文學院生死學研究所，2001 年 7 月，第 5 期。

26. 慧開法師：〈現代生死學之建構與展望〉，《生死學通訊》，嘉義：南華大學——人文學院生死學研究所，2002 年 1 月，第 6 期。

四、學位論文部分 （依出版年代先後順序排列）

1. 全明鎔：《先秦生死觀研究》，臺北：輔仁大學中文所碩士，1984 年。

2. 康韻梅：《中國古代死亡觀之探究》，臺北：臺灣大學中文所博士，1992年。

3. 蘇雅慧：《莊子生死觀對死亡教育的啟示》，臺北：師範大學教育所碩士，1995 年。

4. 劉秋固：《莊子的人學與超個人心理學》，臺北：輔仁大學中文所博士，1995

年。

5. 盧建潤:《莊子養生思想研究》,臺北:輔仁大學中文所碩士,1996 年。

6. 李宗蓓:《莊子生死觀研究》,臺北:輔仁大學中文所碩士,1999 年。